HISTOIRE

DE

NAPOLÉON II

ROI DE ROME.

Paris. — Imprimerie de Cosson, rue du Four Saint-Germain, 43.

HISTOIRE

DE

NAPOLÉON II

ROI DE ROME.

PAR

M. GUY DE L'HÉRAULT.

SUIVIE DU

TESTAMENT POLITIQUE

DE

L'EMPEREUR NAPOLÉON Ier

(Manuscrit venu de Sainte-Hélène.)

———— ❧ ————

PARIS,

H. MOREL, LIBRAIRE-ÉDITEUR,

5, Rue de Madame.

—

1853.

CHAPITRE PREMIER.

Nous avons essayé de raconter impartialement la vie du prince Napoléon. Racontons maintenant celle du roi de Rome, duc de Reichstadt. Ces deux histoires se complètent l'une par l'autre. Les sympathies qui ont accueilli la première ne feront pas défaut, nous en sommes certain, à la seconde. D'ailleurs, omettre celle-ci serait laisser une lacune, tromper une espérance du lecteur; celui qui a été curieux de connaître le neveu de l'Empereur, doit l'être également de savoir tout ce qui concerne son fils.

Malheureux héritier d'un grand homme, hélas ! il lui manqua à lui, ce que Dieu n'a pas refusé à son cousin, les dédommagements de l'avenir après les malheurs du passé, les sourires par lesquels la fortune nous fait oublier quelquefois ses colères, le rayon de soleil qui, si tardif qu'il soit, luit si pur et si doux après une longue tempête.

Lamentable destinée ! « Ma tombe et mon ber-
» ceau seront bien rapprochés l'un de l'autre, »
disait dans ses derniers jours le prince infortuné, et, en effet, cette existence si pleine d'é-
clatantes promesses, cette jeune et bouillante
intelligence où l'on reconnaissait déjà avec émotion les éclairs du génie paternel, cette vie
d'un enfant sur la tête duquel rayonnaient
toutes les auréoles, tout ce qui frappe l'esprit de
l'homme, l'illustration de la race par sa mère,
et par son père la grandeur du talent, tout cela
s'éteignait prématurément à l'âge de vingt-et-
un ans.

Rien ne devait manquer dans la postérité à
la gloire immortelle de l'Empereur, ni les triomphes du conquérant, ni les mérites moins brillants mais plus solides de l'organisateur civil,
ni son martyre personnel à Sainte-Hélène, ni
même le martyre moins grandiose mais non
moins douloureux et touchant de ce fils innocent qui ne mourut de cette mort précoce, que
parce qu'il représentait comme son père, aux
yeux du droit divin, le droit impérissable des
nations et les principes régénérateurs du grand
mouvement social de 1789.

Notre devoir, on le comprend, est de dire dans
ce récit toute la vérité ; tant pis pour ceux qu'elle

pourra blesser. Nous ne voulons ni susciter les passions, ni provoquer des attendrissements au profit de haines ou de sympathies politiques ; loin de nous cette amère pensée ! Nous voulons être historien fidèle, voilà tout. Du reste, nous parlerons avec tous les ménagements que le sujet commande vis-à-vis des personnes. Les hommes en général et les hommes d'État particulièrement, dépendent dans leurs actions du temps et du milieu où s'écoule leur vie ; les circonstances sont quelquefois plus fortes qu'eux. Pourquoi ne pas faire la part, en toutes choses, des entraînements de l'intérêt personnel ? La politique a d'implacables exigences auxquelles il est parfois assez naturel de céder ; elle a des arguments et malheureusement des arguments bien forts pour et contre toutes les causes, des obscurités où le vrai et le faux se distinguent souvent avec de bien grandes difficultés, de décevants sophismes auxquels se laissent prendre les consciences les plus droites et les cœurs les plus généreux. Quand deux sociétés sont en présence, l'une ancienne, établie, en possession du monde, l'autre naissante, à peine assise et lui disputant l'univers, l'une attaquant, l'autre réduite à se défendre, toutes les armes paraissent bonnes aux combattants.

Nous jugeons inutile de répéter ici ce que nous avons déjà dit dans l'histoire du prince Napoléon. La vie de l'héritier, du fils de l'Empereur touche à de trop grands événements, l'intérêt qu'elle doit exciter est trop sérieux et d'un ordre trop élevé, pour qu'il soit possible d'en faire le récit sans parler en passant de ces mêmes événements auxquels elle se mêle et se rattache. Enfermer notre narration dans l'étroit domaine des faits purement personnels, ce serait la restreindre à des banalités plus ou moins émouvantes. La matière que nous allons traiter a besoin d'être prise de plus haut.

Voyons d'abord par quelles hautes considérations l'Empereur fut conduit à l'idée d'un mariage avec la fille de l'empereur d'Autriche.

Le but auquel tendait Napoléon, c'était l'unité de l'Europe quant aux institutions politiques et même aux intérêts matériels. Les grandes guerres de l'Empire, qu'on a tant insultées et calomniées en les présentant au public comme les inspirations égoïstes d'une insatiable ambition, n'étaient qu'autant d'étapes glorieuses sur le chemin qui aboutissait à ce but gigantesque. Un bon mot qui fut prononcé, dit-on, aux cérémonies du baptême du fils de l'Empereur, exprime merveilleusement cette pensée de fusion qui, tout en absorbant provisoirement les diverses nationalités pour assurer le succès de son œuvre, n'excluait pourtant pas la possibilité de reconstituer ultérieurement ces grands corps, mais cette fois sur des bases nouvelles, sur celles de la concorde, de la fraternité et du bonheur des peuples. On prétend que le maire de la ville de Rome, s'étant trouvé dans une de ces cérémonies placé près de celui de Hambourg, le salua en lui disant : Bonjour voisin ; — Salut frère, lui répondit son interlocuteur. Ainsi, ce que tend à réaliser aujourd'hui cette sublime découverte, la vapeur qui, à l'aide des voies de fer, efface les distances, rapproche et réunit les nations dans un perpétuel embrassement ; une puissante volonté, celle du plus magnifique génie des temps modernes, voulut déjà le faire au commencement de ce siècle.

On a dit de Napoléon qu'il était l'ennemi de la liberté. Il est vrai, en effet, qu'il l'étouffa ou du moins lui imposa silence jusqu'à la fin de son règne ; mais ne faut-il pas accuser de ce fait la nécessité du moment plutôt que son esprit de tyrannie ? La France, quand il la reçut des mains du Directoire, avait besoin de toute sa force pour se défendre, pour s'asseoir dans l'ordre nouveau créé par la révolution de 1789 ; or, la force d'un peuple, alors surtout qu'il se trouve menacé par des ennemis redoutables et supérieurs en nombre, ne s'achète qu'au prix du sacrifice des dissidences et des fantaisies individuelles, et exige la direction de tous vers un but unique et suprême. La liberté politique, à l'époque du consulat et de l'empire, n'eût servi qu'à livrer au génie de l'absolutisme et du vieux monde la France affaiblie et l'esprit des temps modernes.

Mais, si l'Empereur comprima momentanément les instincts de liberté en attendant des temps meilleurs, nul ne saurait nier que ce fût lui qui introduisit en Europe et sacra de sa main cet autre grand principe plus nécessaire peut-être, sinon plus respectable aux yeux de l'homme, le principe d'égalité universelle et d'admissibilité de chacun et de tous aux faveurs de l'État et aux fonctions publiques. A la place d'une aristocratie usée qui n'avait plus pour elle que le prestige des ancêtres et l'impuissante majesté des souvenirs, il mit une noblesse de services, qui, faisant naître de toutes parts une émulation féconde, plaçait le mérite en lumière dans tous les rangs, et en rendant justice aux personnes, portait profit à la chose publique. Le livre d'or de la France nouvelle s'ouvrit intelligent et large à toutes les capacités, à tous les bons vouloirs, et la moitié de l'Europe, en voyant ce qui se passait chez nous, se mit à réfléchir et commença à comprendre les abus qu'elle avait jusqu'alors acceptés.

Nous avons dit que la pensée de l'Empereur était de donner satisfaction aux intérêts tant moraux que matériels, à tous les intérêts légitimes enfin dont la révolution de 1789 était l'expression. Sur cette route il devait rencontrer des oppositions acharnées, et cependant, même sur le trône de la Russie et parmi les hommes d'État de l'Angleterre il trouva des approbateurs de sa politique. L'illustre Fox, le chef du parti wigh, à Londres, et Paul Ier, le père de l'empereur Alexandre, avaient compris Napoléon et se préparaient à l'aider dans la réalisation de ses vues; mais malheureusement la mort de Fox rendit le pouvoir aux tories, et celle de Paul Ier appela sur le trône son fils. « Cet » événement, » dit Napoléon en parlant de la mort du chef du parti libéral en Angleterre, « fut » une des fatalités de ma vie; si Fox eût vécu, » la cause des peuples l'eût emporté, et nous » eussions fixé un nouvel ordre de choses en Europe. » Après la mort de Fox, ce fut la politique de Pitt qui prévalut au sein du cabinet britannique, c'est-à-dire la politique du passé et de la suprématie commerciale de l'Angleterre, qui, repoussant toutes les propositions d'accommodement de la France, arma et poussa si souvent contre nous la coalition des rois.

A cette ligue de l'or de l'Angleterre avec le fer des baïonnettes monarchiques, Napoléon répondit par ce qu'on est convenu d'appeler le système continental.

Le système continental, c'était la ruine du monopole commercial de l'Angleterre, c'était une mesure par laquelle on fermait tous les ports du continent européen à la marine marchande de la Grande-Bretagne. Cette mesure tendait à supprimer pour elle les immenses profits qu'elle devait à son commerce et à tarir dès lors les sources où puisait l'Europe monarchique dans sa lutte contre la France.

Pour assurer le succès du système continental, il fallait embrasser dans une vaste alliance tout ce qui n'était pas l'Angleterre en Europe. Cette grande entreprise fit peut-être commettre des fautes à l'Empereur, peut-être l'emporta-t-elle trop loin ; il eût été plus sage, par exemple, de placer Ferdinand VII sur le trône à Madrid et de s'en faire un allié reconnaissant et utile, que de franchir les Pyrénées et d'irriter par l'invasion les fières susceptibilités de la nation espagnole.

Tout porte à croire que Ferdinand, d'un caractère sans dignité, se serait rallié aux vues impériales, sinon par gratitude et conviction, du moins par crainte, et le sol espagnol ne se serait pas abreuvé du sang de nos meilleurs soldats. Peut-être aussi Napoléon, qui devait bien sentir qu'il ne pouvait compter sur l'alliance d'Alexandre, aurait-il dû, après ses nombreuses victoires contre la Prusse, l'Autriche et la Russie, rétablir la nationalité polonaise et la dresser, comme un inexpugnable rempart, entre le Nord et nous. Quoi qu'il en soit de ces diverses considérations sur lesquelles de plus longs développements ne seraient pas ici à leur place, toujours est-il qu'il faudrait être aveugle pour nier que l'hostilité des puissances du Nord contre la France, et la part qu'y prenait l'Angleterre en la soldant de ses deniers, firent de la pensée du système continental une nécessité et un trait de génie tout à la fois.

Sans doute l'application de ce système froissait souvent les intérêts qui s'y étaient soumis, et pour ce qui concerne particulièrement la Russie, les exigences de son commerce lui rendaient onéreuse l'interruption de ses rapports avec la Grande-Bretagne. Aussi Napoléon, il faut le dire, pour conserver ses alliances continentales, adoucissait-il le plus qu'il pouvait la rigueur du principe. Laissons ici parler M. de Méneval qui a connu sur l'histoire de cette époque, grâce à sa position dans le palais impérial, et qui a retracé dans des mémoires intéressants et vrais, de curieux détails que nous aurons fréquemment occasion d'emprunter.

« L'Empereur, dit-il, s'appliquait de tout
» son pouvoir à affaiblir l'effet des mesures pro-
» hibitives qu'il était obligé de prendre ; il pro-
» posa des équivalents. Au moyen du système
» des licences, il empêchait l'Angleterre de tirer
» du continent du numéraire dans l'échange
» des produits de son commerce. Tout vaisseau
» qui était porteur d'une licence et chargé d'une
» cargaison indigène, pouvait l'échanger en An-
» gleterre contre une valeur équivalente en
» denrées coloniales et en matières premières
» seulement.

» Ainsi l'Angleterre ne recevait pas d'espèces
» ni le continent de marchandises de fabrique
» anglaise. La Russie pouvait faire usage de ce
» moyen pour se procurer les denrées coloniales
» nécessaires à sa consommation, ainsi que les
» matières premières que réclamait son indus-
» trie, en échange de ses goudrons, de ses
» bois, etc., etc. »

Mais si ce correctif pouvait suffire aux intérêts
de la Russie, il devait mécontenter l'Angleterre,
qui ne recevait pas de numéraire et voyait frappés
de prohibition ses produits manufacturés. Rendons encore ici la parole à M. le baron de Méneval.

« Alexandre n'était plus le maître, l'Angle-
» terre s'était tout à fait emparée de lui ; il n'y
» avait pas d'intrigues qu'elle n'employât pour
» exalter ses passions contre l'empereur Napo-
» léon : supposition de pièces, falsification d'é-
» critures, de signatures, tout lui était bon.

» Une cabale dont le principal agent fut le ba-
» ron d'Arenfeld, longtemps soudoyé par l'An-
» gleterre, supposa les preuves d'une corruption
» dont l'empereur Napoléon aurait été le prin-
» cipal auteur, et le secrétaire du cabinet russe,
» Spéranski, le complice. Ce dernier entretenait
» avec le secrétaire général du conseil d'État
» français une correspondance relative à des ob-
» jets d'administration intérieure, qu'avait or-
» donnée l'empereur Alexandre, et autorisée par
» le gouvernement français. Ces communica-
» tions, tout à fait étrangères à la politique,
» furent transformées en complot. On exila Spé-
» ranski sans l'entendre. Après lui le comte de
» Nesselrode et le prince Grégoire Gagarin

» furent nommés secrétaires du cabinet. C'est
» par de telles manœuvres que l'Angleterre agis-
» sait sur l'esprit soupçonneux de l'empereur
» Alexandre, et qu'elle le conduisait à s'enga-
» ger, par un traité que l'on tiendrait secret, jus-
» qu'au moment où éclateraient les hostilités. »

Ainsi, telle était la pente fatale sur laquelle
se trouvaient placés les deux peuples les plus ci-
vilisés de l'univers, l'Angleterre et la France. Il
semblait qu'il fallût qu'un des deux écrasât l'autre, que chacun ne pût vivre qu'aux dépens de
la vie de son rival. Pour atteindre leur but, Napoléon et le cabinet de Saint-James ne ménagè-
rent rien, aucun moyen ne leur répugna ; pendant que l'Angleterre bombardait Copenhague,
et, par cet attentat au droit des gens, se faisait
mettre au ban des nations policées, la France
envahissait l'Espagne, le Portugal, coupables
seulement d'alliance avec l'Angleterre, et imposait à la moitié de l'Europe le joug de l'étranger. Mais si le philosophe n'assiste qu'en gémis-
sant à ce spectacle des abus de la force, du
moins il est forcé de reconnaître que dans cette
lutte implacable l'avantage moral resta toujours
à la France. Le cabinet de Saint-James ne faisait
que poursuivre un but étroit et égoïste. Le but
du cabinet français était au contraire plein de

grandeur et de saine philanthropie. Partout où les soldats de l'empereur Napoléon entraient en conquérants, ils apportaient avec eux les réformes. En Espagne, par exemple, pour ne parler que de cette contrée où le fanatisme patriotique creusa sous les pas de Napoléon le gouffre qui devait l'engloutir, en Espagne, disons nous, Joseph, le frère de l'Empereur, à peine assis sur le trône, se faisait connaître au pays par la réduction des couvents, l'abolition dés droits féodaux et celle de l'inquisition ; mais le peuple espagnol, dans sa fierté, ne voulant devoir qu'à lui-même ces réformes, pour lesquelles en effet quelques années après il se levait contre Ferdinand VII, refusa de les recevoir d'une main étrangère.

Vainement, après l'entrevue d'Erfurt, Napoléon, et Alexandre qui venait de dire au grand homme ce mot mémorable, sincère ou non, qu'il démentit si bien plus tard : « Je suis, comme vous, l'ennemi de l'Angleterre ; » qui, un autre jour, à une représentation théâtrale, entendant sortir de la bouche d'un acteur ce vers de Voltaire :

L'amitié d'un grand homme est un bienfait des dieux !

se tourna vers Napoléon, assis à ses côtés dans

une loge, et l'embrassa publiquement; vainement, disons-nous, les deux souverains écrivi-
rent-ils au roi d'Angleterre une lettre collective
où ils disaient : « Nous nous réunissons pour
» prier Votre Majesté d'écouter la voix de l'hu-
» manité en faisant taire celle des passions ; de
» chercher, avec l'intention d'y parvenir, à con-
» cilier tous les intérêts, et par là à garantir toutes
» les puissances qui existent, et assurer le bon-
» heur de l'Europe et de cette génération à la
» tête de laquelle la Providence nous a placés. »
La réponse du gouvernement anglais ne tarda
pas à faire évanouir tout espoir de rapprochement.

Il fallait que la guerre suivît son cours.

Il est un fait sur lequel, dans l'histoire que
nous entreprenons de raconter, nous ne sau-
rions trop appeler l'attention du lecteur; c'est
que l'ambition de Napoléon, si on peut se servir
de ce mot, était une ambition utile et salutaire
à la patrie. Assurément nous ne voulons pas dire
que l'Empereur fût plus qu'un autre exempt des
faiblesses humaines ; l'âme d'un homme de génie n'est pas plus inaccessible que celle d'un
homme vulgaire au plaisir du commandement,
à l'orgueilleuse volupté qu'on éprouve toujours
à dominer ses semblables et à conduire les des-

tinées des nations; ce que nous voulons dire, seulement, c'est que l'intérêt du pays et la force des choses voulaient tout ce qui s'est accompli en France depuis le 18 brumaire jusqu'à la chute de l'Empereur, sauf peut-être quelques points de détail qui auraient pu être évités. Tout cela, il est vrai, a fini par aboutir au coup de tonnerre de Waterloo; mais le résultat ne saurait rien ôter ni rien ajouter à la moralité des choses.

« Les proclamations du général de l'armée
» d'Italie, dit encore le baron de Méneval dans
» ses *Souvenirs historiques*, annonçaient assez que
» si Napoléon arrivait au pouvoir, il établirait
» un gouvernement qui ne serait pas la répu-
» blique. Au 18 brumaire cet événement était
» consommé. De cette époque date la monar-
» chie napoléonienne; d'abord élective à temps,
» puis à vie, enfin héréditaire, elle a dû subir
» ces modifications. La conspiration de Georges
» et de Moreau a décidé la déclaration de l'hé-
» rédité. Consul à temps, un coup de main pou·
» vait le renverser; à vie, il suffisait d'un assas-
» sin. Il prit l'hérédité comme un bouclier. Il
» ne s'agissait plus dès lors de le tuer, il fallait
» bouleverser l'État. La nature des choses ten-
» dait à l'hérédité ; elle était forcée.

« La monarchie de l'ancien régime français
» avait les droits féodaux, la noblesse exclusive
» et privilégiée, la vénalité des offices, les sub-
» stitutions, les parlements, les couvents, le
» clergé propriétaire, la confusion du trésor de
» l'État dans celui du prince. Napoléon a-t-il ré-
» tabli tout cela? Il a consacré la liberté des in-
» dividus et celle des propriétés, l'accessibilité
» à tous les emplois, l'égalité politique et civile
» des droits et des impôts, la liberté des cultes,
» le jury, les actes de l'état civil, les ministres
» du culte salariés, des distinctions sans privi-
» léges, la séparation des deniers de l'État et la
» reddition des comptes. L'institution de la Lé-
» gion-d'Honneur a précédé l'empire; mais les
» décorations, au lieu d'être répandues sur des
» classes spéciales et exclusives, étaient étendues
» à tous les genres de services, à tous les genres
» de talents. Il y eut un monarque, mais il fut
» empereur et non roi. Ce ne fut, ni le hasard,
» ni le caprice, ni une vanité puérile qui a fait
» prendre l'un de ces titres plutôt que l'autre.
» La monarchie impériale constitutionnelle fut
» une monarchie puisqu'il y avait un monarque;
» mais elle fut tout autre chose que la monar-
» chie royale française. » (*Souvenirs historiques
de Méneval.*)

Il est des gens qui ne voient guère dans l'institution de l'Empire qu'une vanité comparable à celle d'un bourgeois parvenu qui se fait octroyer des titres de noblesse. La transition du Consulat aux formes impériales avait un sens profond et élevé. La carrière de Napoléon eut avant tout, comme nous l'avons vu, le caractère d'un combat incessant contre l'hostilité de l'Angleterre. Or, pour combattre avantageusement cette puissance, il fallait s'appuyer sur les autres monarchies européennes, et l'Empereur pensa avec quelque raison que le meilleur moyen de s'attirer les sympathies des souverains du Nord, et de les réconcilier avec la révolution française, c'était d'assimiler les formes de gouvernements, et, à côté des autres trônes du continent, de relever, en le rajeunissant, le trône de France renversé le 10 août.

Mais qu'était-ce que l'établissement de l'Empire sans la certitude d'un héritier qui continuât l'œuvre de l'Empereur après sa mort? ce n'était en ce cas qu'un accident sans portée et sans avenir. Parmi les lieutenants du nouvel Alexandre, quel était celui dont la main eût été assez ferme pour saisir et tenir le sceptre après lui? Il est vrai qu'un sénatus-consulte avait déclaré, en 1804, que la dignité impériale, à défaut d'en-

fants mâles du vainqueur de l'Égypte et de l'Italie, serait héréditaire dans la descendance directe, naturelle et légitime de Joseph et Louis
Bonaparte ; mais, outre qu'il était fort naturel
que l'Empereur aimât mieux transmettre son
pouvoir et sa pensée à un fils qu'à un neveu, de
hautes considérations, qui avaient bien leur côté
séduisant et spécieux, durent exercer une grande
influence sur la détermination qu'il prit lorsqu'il
se décida à rompre le lien qui l'attachait à madame Joséphine de Beauharnais.

Napoléon connaissait trop les hommes, il
avait trop l'intelligence de sa position, pour
croire à la franchise, à l'amitié loyale des souverains d'Autriche, de Russie et de Prusse. Il
sentait bien que plus il les avait humiliés par ses
victoires, moins il devait compter sur eux. Il com-
prenait que quoi qu'il fît, jamais la gloire dont
il se couvrirait n'effacerait pour eux son origine
de soldat parvenu. Voilà pourquoi il résolut,
dans un intérêt national, de greffer cette gloire
roturière sur une tige de rois ou d'empereurs.
Il pensait s'assurer au moins un allié fidèle dans
la personne de son futur beau-père. Il oublia
que l'amour-propre ne pardonne jamais les blessures qu'on lui fait, et que la politique n'a pas
d'entrailles. Quel que fût le monarque qui s'al-

lierait.à lui, ce monarque aurait à lui reprocher des défaites, et l'intérêt d'ailleurs ferait taire les devoirs de famille.

C'est ainsi que les choses se sont passées, mais était-il facile de prévoir les événements? A la place de Napoléon, tout autre se serait trompé comme lui.

Déjà, au congrès d'Erfurt, l'empereur Alexandre avait offert à Napoléon d'une manière indirecte la main de la grande-duchesse Anne, sa « sœur. Dès la fin de 1807, dit le baron de Mé-
» neval, Fouché avait essayé de sonder l'opinion
» publique sur une éventualité de divorce, et
» il avait jeté en avant l'idée d'une alliance de
» Napoléon avec la grande-duchesse Catherine
» de Russie. Connaissant la répugnance de l'Em-
» pereur, il voulut se donner le mérite de lui for-
» cer la main. Il se plaça entre les deux époux,
» parla à des sénateurs du divorce comme d'un
» projet arrêté, et se présenta à Joséphine
» comme un intermédiaire officieux. L'impéra-
» trice atterrée de cette ouverture, croyant Fou-
» ché envoyé par l'Empereur, répondit avec une
» résignation douloureuse, qu'aucun sacrifice ne
» lui coûterait pour obéir à son époux. L'Empe-
» reur, qui ignorait ces menées, trouva un jour
» Joséphine en pleurs, et obtint l'aveu de la dé-

» marche que Fouché s'était permise auprès
» d'elle. Outré de tant d'audace, il fit venir le
» ministre, et le traita comme il méritait de
» l'être ; il lui aurait même, à l'instant, ôté le
» portefeuille, s'il eût eu quelqu'un sous la
» main. Fouché fit intervenir Murat et les frères
» de l'Empereur, qui calmèrent son ressenti-
» ment. »

Napoléon, en effet, aimait tendrement Joséphine, et il recula tant qu'il put devant l'idée
de se séparer d'elle. Mais enfin, quand le temps
lui eut donné la pleine conviction qu'il fallait renoncer à l'espoir qu'elle le rendît père, ses pensées se modifièrent, et le 3 décembre 1809, dans
le discours d'ouverture de la session du Corps
législatif, il prononçait ces paroles, dans lesquelles on vit la résolution arrêtée d'un nouveau mariage : « Moi, et ma famille, nous sau-
» rons toujours sacrifier nos affections les plus
» chères aux intérêts et au bien-être de la grande
» nation. »

Mais quel choix devait faire Napoléon ?

« En même temps qu'il chargeait son minis-
» tre à Pétersbourg, de s'ouvrir à l'empereur
» Alexandre, ses regards s'étaient arrêtés sur
» deux autres princesses, la fille du roi de Saxe
» et la fille aînée de l'empereur d'Autriche.

» Quoique son désir fût d'avoir au plus tôt des
» enfants, et que sous ce rapport la princesse
» Auguste et l'archiduchesse Marie-Louise lui
» convinssent plus par leur âge, cependant l'ac-
» cord de ses vœux politiques avec son penchant
» pour l'empereur Alexandre et le souvenir de
» l'offre que ce prince lui avait faite à Erfurt,
» l'avaient décidé à reprendre une ouverture
» qu'il n'avait d'abord pas encouragée. L'alliance
» avec la maison de Saxe, pour le chef de la-
» quelle il professait une estime particulière,
» fut écartée après un mûr examen, à cause de
» la position dépendante de cet État, qui pou-
» vait devenir une occasion de guerre : restait
» donc le parti de l'archiduchesse d'Autriche.
» Celui-ci fut tenu en réserve dans la pensée
» secrète de Napoléon. Ce ne fut que quand les
» retards qu'éprouvait la négociation de Péters-
» bourg lui eurent donné à penser, qu'il fit son-
» der indirectement la légation autrichienne à
» Paris, sans compromettre son nom. Certain
» qu'il ne rencontrerait pas d'obstacle de ce côté,
» il attendit patiemment la réponse de l'empe-
» reur de Russie. Dans le courant de janvier, un
» mot avait été jeté par M. de Metternich dans
» une conversation avec M. de Narbonne, qui
» laissa tomber cette insinuation, n'ayant au-

» cune instruction de son gouvernement pour y
» répondre. Déjà l'on s'était entendu avec le
» prince de Schwartzemberg, ambassadeur d'Au-
» triche à Paris, par l'intermédiaire de MM. de
» Sémonville et Delaborde, et de M. de Floret,
» secrétaire de l'ambassade autrichienne. On
» commençait à soupçonner que les délais de la
» Russie cachaient un refus déguisé sous des
» motifs de religion, et sous le prétexte de vain-
» cre les hésitations de l'impératrice-mère. L'âge
» de la grande-duchesse Anne, qui n'était pas
» encore nubile, l'obligation, si la différence de
» religion était un motif réel, d'admettre dans
» le palais des popes (1), avec leurs intrigues,
» étaient des considérations qui appelaient un
» examen sérieux. Était-il prudent de renoncer
» aux dispositions que montrait l'Autriche, pour
» attendre qu'il convînt à l'empereur Alexandre
» et à l'impératrice-douairière de se décider ?
» Cette conduite eût exposé Napoléon à la risée
» de l'Europe : il se décida au moment où il de-
» vait le faire, et montra dans cette circon-
» stance, comme dans mille autres, que per-
» sonne mieux que lui ne savait disposer du
» temps. Il ne pouvait plus se dissimuler que le

______

(1) Prêtres russes.

» duc de Vicence n'obtenait de l'empereur
» Alexandre que des réponses évasives ; mais,
» pour échapper à tout reproche de légèreté et
» d'inconséquence, et savoir en définitive à quoi
» s'en tenir, Napoléon écrivit à ce prince, lui
» donnant à entendre qu'après des délais qui
» prolongeaient indéfiniment une incertitude
» sans motif plausible, et qu'il importait de
» faire cesser, il ne pouvait tarder plus long-
» temps à lui demander une réponse catégori-
» que. Cette réponse pleine de protestations flat-
» teuses, et dans lesquelles Alexandre témoignait
» le désir de multiplier ses liens avec l'empe-
» reur Napoléon, laissait les choses au même
» point où elles étaient après la première entre-
» vue. Jugeant alors que sa dignité et celle de la
» nation seraient compromises par une plus lon-
» gue attente, et prenant l'initiative du refus, Na-
» poléon prêta l'oreille aux propositions du prince
» Schwartzemberg, qui, cherchant à aplanir
» toutes les difficultés, s'engageait sans que l'Em-
» pereur fût engagé. Dès lors le choix de l'ar-
» chiduchesse fût arrêté dans son esprit ; il con-
» voqua un conseil privé qu'il chargea d'exa-
» miner à laquelle des trois alliances, de la
» Russie, de l'Autriche ou de la Saxe, la préfé-
» rence était due. L'Empereur écouta sans se

» prononcer ce qui fut dit pour ou contre, et le
» conseil se sépara sans qu'il eût fait connaître
» son opinion. Le soir du même jour, il signifia
» son choix au ministre des relations extérieu-
» res, et un rendez-vous fut assigné au prince de
» Schwartzemberg pour venir le lendemain faire
» l'offre de la main de l'archiduchesse. . . . . .
» . . . .

» Le choix de l'archiduchesse Marie-Louise
» était dans la position autant que dans les con-
» venances ; sans doute il ne pouvait changer
» subitement les sentiments de répulsion que la
» jeune princesse avait puisés dans sa famille ;
» mais on se flattait que Napoléon, mieux connu
» et compensant en quelque sorte par cette al-
» liance les sacrifices imposés précédemment à
» l'Autriche, ferait bientôt évanouir des préven-
» tions exagérées. La répugnance de l'archidu-
» chesse s'explique naturellement ; la conduite
» de Marie - Louise, devenue Impératrice des
» Français et mère du roi de Rome, accusera
» éternellement sa mémoire. »

Mais le mariage devait être précédé du divorce
avec Joséphine. L'Empereur était tout puissant,
sa volonté suffisait pour briser le lien qui l'unissait à madame de Beauharnais, et pourtant on
ne saurait croire avec quelles hésitations, quelle

tendre sollicitude, quels délicats ménagements,
il prépara le coup qu'il était condamné à porter
à l'affection de sa première femme. Napoléon,
que l'esprit de parti a présenté souvent comme
un homme dont l'ambition avait endurci le
cœur, était au contraire dans son intérieur d'une
rare sensibilité. « Cet homme, dit M. de Méne-
» val, que l'on a regardé comme impitoyable,
» redoutait le spectacle des larmes et de l'afflic-
» tion... Je l'ai vu souvent après quelques scè-
» nes de jalousie causées par la tendresse tou-
» jours inquiète de Joséphine, troublé au point
» qu'il restait des heures entières à demi couché
» sur la causeuse de son cabinet, livré à une
» émotion silencieuse, sans pouvoir se remettre
» au travail... »

Dans la position où se trouvait placé Napoléon, on laisse deviner les choses, plutôt que de
les dire. A défaut des lèvres, les faits les plus indifférents en apparence, la conduite dans les relations de tous les jours, ne se font que trop bien
comprendre. Napoléon, une fois résolu, gardait
en présence de Joséphine un silence, il éprouvait un embarras, qui glacèrent leurs tête-à-tête
auparavant si pleins de confiance et d'expansion :
il la voyait le moins souvent possible, et finit
même par faire fermer les communications qui

avaient existé jusqu'alors entre leurs appartements respectifs. M. de Méneval raconte dans
son ouvrage, d'une façon touchante, les préoccupations et les souffrances morales par lesquelles passa pendant cette époque de crise la malheureuse Joséphine, triste victime d'un calcul
politique. Sachant qu'il possédait les plus intimes secrets de l'Empereur, elle l'interrogeait
souvent pour connaître la cause de ce changement de conduite de son mari ; mais des réponses évasives la rejetaient sans cesse dans ses
angoisses et dans ses doutes. Elle n'osait ques-
tionner directement Napoléon lui-même ; car,
comme il arrive toujours en pareil cas, le doute
était pour elle une torture, mais il lui laissait
au moins l'espérance.

On comprend qu'en se prolongeant, cette situation finit par devenir intolérable pour l'un
comme pour l'autre. D'ailleurs il fallait s'expliquer. Napoléon pensa qu'il était urgent et
humain tout à la fois d'annoncer à sa femme la
terrible nécessité qui les séparait l'un de l'autre.
Le coup le plus pénible et le plus douloureux
vaut mieux qu'un supplice de tous les jours et
de tous les instants.

Un soir, après un repas plein de gêne et de
muette tristesse, Napoléon dit tout : qu'on juge

du désespoir de Joséphine. Cependant les regrets qu'il lui exprima du sacrifice qu'il allait s'imposer à lui-même, l'assurance qu'il lui donna du souvenir qu'il garderait toujours des dix ans de bonheur passés auprès d'elle, apaisèrent un peu son affliction. Après le premier paroxysme de douleur, Napoléon appela Eugène et Hortense, leur recommanda leur mère, et leur dit qu'ils pouvaient toujours compter sur son paternel dévouement. « Dès ce moment, dit le baron » de Méneval, Joséphine ne parut plus à la cour; » elle fut cependant obligée de quitter la re- » traite qu'elle s'était imposée pour assister au » *Te Deum* qui fut chanté à Notre-Dame, à l'oc- » casion de la paix de Vienne, et d'accompagner » l'Empereur à l'Hôtel-de-Ville ; mais, à l'excep- » tion de ces deux circonstances, elle passa, re- » tirée dans son appartement, les quinze jours » qui s'écoulèrent entre le moment où la cruelle » révélation lui avait été faite et le jour où le » divorce fut prononcé. »

Quinze jours après, en effet, un sénatus-consulte déclarait dissous le mariage de Napoléon et de Joséphine.

Mais la politique a beau faire; elle n'étouffe pas facilement la voix de la conscience; à peine séparé de sa première femme, Napoléon avait

besoin, pour s'étourdir, de se livrer à l'exercice
de la chasse.

» Bientôt pourtant, dit Méneval, les affaires
» le ramenèrent à Paris; il y fit un séjour de
» trois mois environ, attendant l'issue des né-
» gociations entamées à Pétersbourg, faisant si-
» gner l'acte de ses fiançailles avec l'archidu-
» chesse Marie-Louise, par le duc de Cadore et
» par le prince de Schwartzemberg, expédiant à
» Vienne comme ambassadeur extraordinaire le
» prince de Neufchâtel, pour demander en son
» nom l'archiduchesse, et faisant partir avec un
» service d'honneur, la reine Caroline pour al-
» ler recevoir l'auguste fiancée à la frontière au-
» trichienne. Après avoir pourvu à tout et pris
» toutes les dispositions nécessaires, il partit
» lui-même pour Compiègne... Le projet de
» contrat avait été envoyé à l'ambassadeur de
» France à Vienne, accompagné de pleins pou-
» voirs pour signer la convention diploma-
» tique...

» ..... L'Empereur avait prescrit lui-même les
» dispositions de son mariage. Il envoya à l'am-
» bassadeur de France l'état des présents à faire
» au moment de la remise de l'archiduchesse à
» Braunau. Ils étaient pareils à ceux qu'avaient
» faits Louis XV lors de la remise de Marie-An-

» toinette à Strasbourg. Il voulut que tout se fît
» avec magnificence. Il exprima le désir que si
» c'était un frère de l'archiduchesse qui dût
» épouser cette princesse en son nom, ce fût le
» prince impérial ; que si la minorité du fils de
» l'empereur était un obstacle, ce fût le prince
» Charles ; du reste, il ajouta qu'il s'en rappor-
» terait au choix que ferait l'empereur d'Au-
» triche. Il faisait connaître en même temps la
» composition de la maison de la nouvelle Im-
» pératrice et l'itinéraire qui devait être suivi.
» Le comte Anatole de Montesquiou, officier d'or-
» donnance de Napoléon, avait été chargé de
» présenter son portrait à l'archiduchesse, et de
» rapporter la première nouvelle de la conclu-
» sion du mariage.

» Le prince de Neufchâtel trouva à l'extrême
» frontière le prince Paul Esterhazy qui avait
» charge d'aller le recevoir et de le conduire au
» palais impérial. Berthier fit son entrée à Vienne
» en passant sur un pont jeté sur les ruines des
» remparts que l'armée française avait fait sau-
» ter dans la dernière guerre en se retirant.
» L'ambassadeur fut conduit le jour de son en-
» trée à l'audience de l'Empereur pour faire la
» demande solennelle de la main de l'archidu-
» chesse ; il fut traité avec une distinction inac-

» coutumée. Le jour suivant, le prince Charles
» reçut les pouvoirs de l'empereur Napoléon
» pour épouser en son nom l'archiduchesse. Le
» lendemain, 9 mars, l'archiduchesse renonça
» solennellement, selon l'usage, à la succession
» impériale et prêta serment. Le soir du même
» jour la signature de l'acte civil du mariage
» eut lieu dans les grands appartements du pa-
» lais, et cinq cent mille francs, montant de la
» dot, furent remis à l'ambassadeur en rouleaux
» de ducats renfermés dans une cassette.

» Le 11 mars, la cérémonie religieuse du ma-
» riage fut célébrée dans l'église des Augustins.
» Cette cérémonie fut suivie d'un banquet impé-
» rial; l'ambassadeur extraordinaire y prit place.
» On dérogea, en cette circonstance, au cérémo-
» nial de la cour de Vienne, qui n'admet les am-
» bassadeurs à la table de l'empereur que dans
» de très rares occasions, comme au mariage
» d'une archiduchesse; mais alors ils quitten
» la table au dessert et se confondent dans la
» foule des seigneurs qui sont admis dans la salle
» du banquet. On ne manqua pas de rappeler à
» cette occasion, qu'au mariage du dauphin de
» France, Louis XVI, avec l'archiduchesse Ma-
» rie-Antoinette, le marquis de Durfort, am-
» bassadeur de France, ne fut pas invité au

» banquet, pour qu'il ne s'élevât pas de contes-
» tation entre lui et le prince de Saxe-Teschen.
» Le même duc Albert, auquel l'âge réservait le
» spectacle d'un trône roturier élevé sur les
» ruines de l'ancien et sur lequel allait s'asseoir
» une archiduchesse, s'abstint de paraître. Ces
» concessions, dont je pourrais multiplier les
» exemples, faites par une cour scrupuleuse-
» ment attachée aux formes, montre combien
» on tenait à Vienne à être agréable à l'empe-
» reur Napoléon, ou plutôt à déguiser sous des
» dehors trompeurs le mécontentement secret
» et les blessures de l'orgueil.

« Le 14, la nouvelle impératrice, après avoir
» reçu les adieux de sa famille, fut conduite à sa
» voiture par l'archiduc Charles. Elle prit congé
» du peuple de Vienne, dont les bénédictions se
» mêlaient au bruit des cloches et du canon.
» Pour la première fois des drapeaux tricolores
» étaient arborés aux fenêtres, et la musique
» de la garde impériale autrichienne jouait des
» airs militaires français. Quand l'impératrice
» eut passé la porte de Burg, une décharge de
» l'artillerie des remparts l'annonça à la ville
» de Vienne. L'Empereur son père l'avait de-
» vancée à Saint-Polten, où elle coucha... A
» Braunau, à Munich, à Stutgard, à Carlsruhe,

» elle fut accuillie avec les plus grands hon-
» neurs. » (*Souvenirs de M. de Méneval.*)

La pensée de l'Autriche se résignant à ce que,
dans ses préjugés dynastiques, elle devait considérer comme une mésalliance, le mariage
d'une fille du sang impérial avec un soldat
couronné, est facile à saisir : l'Angleterre et
la Russie ne s'y méprirent pas. Le cabinet de
Vienne savait bien que la guerre européenne
n'était pas terminée, et ne pouvait finir que
par la destruction ou l'amoindrissement de la
Grande-Bretagne ou de la France. Or, voici
quel était le calcul de l'empereur d'Autriche.
Si la victoire restait fidèle au génie de Napoléon, celui-ci n'aurait rien à refuser à son
beau-père, qui deviendrait l'arbitre du sort des
peuples et des rois; si, au contraire, la fortune
abandonnait le mari de sa fille, le souverain
de l'Autriche ferait comme elle, désavouerait
Napoléon, et, se tournant du côté opposé, di -
rait aux membres de la coalition triomphante :
« Cet homme était mon ennemi comme le
» vôtre; j'ai les mêmes intérêts que vous tous;
» je suis souverain comme vous, et comme
» vous je lutte contre les nouvelles idées que
» la France veut jeter en Europe. Ma fille a
» épousé l'usurpateur, c'est vrai; mais je me

» suis sacrifié, et je l'ai immolée elle-même à
» votre intérêt et au mien. N'oubliez pas que
» si Marie-Louise est devenue la femme de
» Napoléon, Marie-Antoinette fut celle de
» Louis XVI, Marie-Antoinette que dévora la
» Révolution. »

Cette politique étroite du cabinet de Vienne
se trouve formulée dans la lettre suivante, qu'é-
crivait de Paris à son maître M. de Metternich,
peu de temps après le mariage : « Je me suis
» rendu à Paris pour observer Napoléon, pour
» examiner si son mariage avec Marie-Louise
» était le terme de son ambition, ou si ce n'est
» qu'un nouveau point de départ pour de nou-
» velles et gigantesques entreprises, qu'un
» point d'appui pour bouleverser l'Europe.
» C'est dans cette dernière hypothèse, qu'après
» de longues observations, j'ai rencontré la
» réalité : Napoléon aspire évidemment à la
» monarchie universelle. Il va d'abord attaquer
» la Russie. Engageant ses armées dans des
» contrées si vastes et si lointaines, il les ex-
» pose à une destruction presque inévitable.
» S'il est vainqueur, l'année suivante vous mé-
» nagerez la paix à l'Europe; s'il est vaincu,
» dans deux ans vous la dicterez à Paris. »
C'est cette politique qui mit aussi dans la

bouche du prince de Metternich les paroles suivantes, adressées par l'astucieux diplomate à Marie-Louise, lors de son passage à Strasbourg pour aller à Paris : « L'empereur, votre père,
» espère que des devoirs nouveaux ne feront
» pas oublier à Votre Majesté ce que l'archi-
» duchesse d'Autriche doit à son pays et à sa
» famille. » Triste et embarrassante position qu'on avait faite à cette femme, ainsi placée entre des intérêts qui pouvaient devenir hostiles et des devoirs contradictoires. Pour se tirer à son honneur de pareilles difficultés, il eût fallu une femme de cœur et d'énergie, et malheureusement Marie-Louise était, comme nous le verrons, une âme indécise et vulgaire.

Tandis que la fille de l'empereur d'Autriche quittait Strasbourg pour aller trouver son futur époux, l'empereur des Français venait l'attendre à Compiègne.

« A deux lieues de Soissons, dit Méneval,
» des tentes avaient été dressées ; on y arrivait
» par deux rampes du côté de cette ville et du
» côté de Compiègne. Napoléon devait partir
» de Compiègne avec les princes et prin-
» cesses de sa famille, les grands officiers
» de sa maison, précédé et suivi par des déta-

» chements de sa garde. Il devait traverser la
» première tente du côté de Compiègne, tandis
» que l'Impératrice passerait par la tente dres-
» sée du côté de Soissons. L'entrevue se serait
» faite dans la tente du milieu, devant un car-
» reau sur lequel l'Impératrice s'inclinerait et
» serait relevée aussitôt par l'Empereur... Ce
» cérémonial ne fut pas suivi. L'Empereur, qui
» venait de recevoir de l'Impératrice une lettre
» qui lui annonçait son départ de Soissons, se
» décida à se rendre sur-le-champ au-devant
» d'elle. Il fit préparer une calèche sans armoi-
» ries, y monta avec le roi de Naples, et partit
» incognito de Compiègne, où il rentra avec
» l'Impératrice le soir du même jour, à dix
» heures, par une pluie battante, au milieu de
» la foule, dont cette arrivée imprévue redou-
» blait encore l'empressement et la curiosité.
» Les princes et princesses, qui attendaient à
» la descente des voitures, furent présentés à
» l'Impératrice; les autorités de la ville étaient
» réunies dans la galerie. »

Le surlendemain du jour de l'arrivée de la
princesse à Compiègne, la cour partit pour
Saint-Cloud, où le mariage civil fut célébré le
1er avril. Le lendemain, 2, on était à Paris, et
la grande galerie du Louvre vit bénir le jour

même, par le clergé catholique, cet auguste hyménée.

Paris, à l'occasion du mariage, fut le théâtre de fêtes splendides, qui firent dire que le peuple, dont le courage triomphait de toutes les autres nations sur les champs de bataille, les surpassait autant par sa magnificence que par son génie militaire. Sauf quelques mécontents dans les classes moyennes, et surtout dans l'aristocratie, la capitale tout entière s'associa aux espérances et aux joies de Napoléon. Les hommes de parti, soit parmi les républicains, soit parmi les légitimistes, essayèrent vainement de dénaturer la pensée de l'Empereur ; ils eurent beau dire que cet enfant de la Révolution, en faisant entrer dans son lit une fille de race souveraine, reniait sa mère, la démocratie, le peuple ne s'y trompa pas ; il comprit bien que Napoléon, au contraire, n'avait eu d'autre but qu'une transaction entre l'ancien ordre de choses et le nouveau ; qu'il voulait marier la jeune et vigoureuse démocratie européenne avec le vieux principe d'autorité.

Entreprise sublime, qui ne fut, hélas, que le rêve d'une puissante intelligence, laquelle, séduite et enivrée par des succès inouis jusqu'alors, croyait que ses forces pouvaient suffire à tout et espérait plier selon sa fantaisie ces deux obstacles inflexibles qui se dressèrent devant elle, le cœur humain et la force des choses !

Reconnaissons toutefois, en passant, que les regrets laissés par Joséphine refroidirent un peu l'élan de l'allégresse qui se manifesta à l'occasion du mariage. Quoique le peuple comprît et approuvât la pensée nationale qui animait Napoléon, il ne put se défendre d'accompagner de ses plus tendres souvenirs l'Impératrice déchue, dans la retraite où elle s'enferma. On eût dit que ce n'était pas seulement de sa part un hommage à la douleur de l'épouse délaissée, à la bonté bien connue de son âme, mais qu'il y avait déjà dans le cœur de la France comme un secret pressentiment de l'inutilité de cette tentative du grand homme. Une voix instinctive et fatale semblait crier à tous que du moment où cet officier de fortune, abandonnait, comme indigne de lui, la compagne fidèle et dévouée des jours d'obscurité, sa gloire ne pouvait que décroître, et qu'à partir de cet instant maudit, son étoile si éclatante, comme pour venger la morale outragée et méconnue, devait pâlir graduellement jusqu'à ce qu'elle s'éteignît tout à fait dans une nuit pleine de catastrophes et de tempêtes.

CHAPITRE DEUXIÈME.

SOMMAIRE :

Portrait de l'impératrice Joséphine. — Éducation de Marie-Louise à Vienne. — Son portrait. — Décret de Napoléon sur les enfants trouvés. — Naissance du Roi de Rome, détails à ce sujet. — Joséphine félicite Napoléon. — Offre d'un berceau en vermeil par la ville de Paris. — Baptême. — Détails sur la première enfance du Roi de Rome. — Tendresse idolâtre de Napoléon pour son fils. — Projet d'un palais spécial pour l'héritier de l'Empire. — Une anecdote à ce sujet. — Joséphine demande à voir le Roi de Rome. — Situation de l'Europe à cette époque. — La Russie se prépare à attaquer la France. — Napoléon se décide à la prévenir. — Voyage à Dresde, traité d'alliance avec la Prusse et l'Autriche. — Vie de l'Empereur dans les camps. — M. de Bausset va de France en Russie porter à Napoléon un portrait de son fils. — Retour en France après l'incendie de Moscou. — Complot Mallet. — Paroles de Marie-Louise à cette occasion. — Effet de la Retraite de Russie sur l'opinion publique. — Marie-Louise régente. — Scène touchante aux Tuileries.

Avant de raconter la naissance du Roi de Rome, commençons par faire connaître à nos lecteurs la nouvelle femme que le vainqueur de l'Europe élevait jusqu'à lui, et qui crut cependant, en acceptant sa main, descendre et se mésallier. Mais faisons précéder cette appréciation d'un portrait rapide de Joséphine. Le contraste des deux épouses sera fécond en réflexions.

On sait comment le hasard mit en présence Joséphine et Napoléon. Celui-ci, général déjà, reçut un jour la visite d'Eugène Beauharnais, qui venait pour solliciter sa protection. Bonaparte, quand il connut le fils, éprouva le désir de connaître la mère. Les extrêmes se touchent, dit-on ; cette nature forte et virile du futur empereur sympathisa vite avec la nature élégante, gracieuse de madame Beauharnais. Celle-ci reconnut de son côté les mâles qualités du jeune militaire, et on

prétend qu'elle devina la fortune qui l'attendait.
Ils se marièrent, et personne n'ignore le service
qu'elle rendit à sa naissante ambition en lui fai-
-sant donner le commandement en chef de l'armée
d'Italie. Devenue la compagne de Bonaparte, Joséphine eut assez de tact pour vouloir demeurer
étrangère à la politique. Jamais on ne la vit intervenir dans tout ce qui touchait aux affaires publiques. Se renfermant dans un rôle plus humble
et plus aimable, elle se bornait à faire chérir
par les bienfaits qu'elle répandait autour d'elle
ce même gouvernement que son mari s'appliquait,
lui, à faire craindre et respecter. D'un accès facile, d'un cœur compâtissant, elle ouvrait à tous
les malheurs sa porte et sa bourse. Toujours
prête à sécher les larmes qu'elle voyait couler,
elle était comme l'ange miséricordieux placé entre
le monde et ce Dieu vivant des armées qu'on appelait Napoléon; sans cesse détournant de la tête
des uns la foudre qui les menaçait, ou bien appelant sur celle des autres la rosée vivifiante du
pouvoir. Dans les circonstances où elle fut placée, une conduite prudente était bien difficile,
et pourtant, dans la sphère où elle se trouvait,
elle appliqua avec intelligence cette pensée de conciliation généreuse, de fusion de tous les intérêts
qui était le mobile de Napoléon; elle accueillait

avec une égale distinction et savait honorer sans préférence blessante toutes les supériorités de position, qu'elles fussent héréditaires ou personnelles : auprès d'elle le parvenu de mérite, le fils de ses propres œuvres était le bienvenu autant que le grand seigneur de naissance; Murat, Cambacérès marchaient de pair dans ses salons avec les plus illustres noms de l'ancienne aristocratie.

Telle se montra Joséphine tant que ses destinées furent associées à celles de Napoléon, et, nous aurons occasion de la montrer à nos lecteurs, plus admirable encore lorsque la politique eut violemment séparé ces deux existences, et quand l'heure des revers sonna pour le grand homme; admirable dans sa résignation douloureuse au veuvage qui lui était imposé, comme dans son ardent et immuable dévoûment à celui qu'elle aima toujours après son abandon, et qu'elle aima encore davantage lorsqu'il fut devenu malheureux.

Plaçons maintenant en regard de ce portrait, tracé sans flatterie, celui de la princesse qui vint de Vienne prendre dans la couche impériale la place de Joséphine.

Pour compléter, autant qu'il est en nous, cette

esquisse, transcrivons les détails que donne Méneval sur la manière dont la fille de l'empereur d'Autriche fut élevée à Vienne.

« Les précautions les plus minutieuses, dit-il,
» avaient été prises pour préserver les jeunes ar-
» chiduchesses des impressions qui auraient pu
» alarmer leur innocence. Au lieu d'éloigner de
» ces princesses les livres contenant des passages
» qui auraient pu égarer ou éclairer prématuré-
» ment leur intelligence, on avait imaginé de
» faire disparaître non-seulement des pages en-
» tières, mais des lignes et même des mots dont
» le sens était équivoque ou suspect. Devenue
» impératrice, l'archiduchesse avouait que l'ab-
» sence de ces passages avait excité sa curiosité.
» On poussait même le scrupule jusqu'à écarter
» de l'intérieur des appartements des princesses
» les animaux domestiques du genre mâle et les
» seules femelles étaient tolérées... Cette prin-
» cesse, ajoute l'écrivain, m'a fait l'honneur de
» me raconter qu'elle avait grandi, sinon dans
» la haine, du moins dans des sentiments peu fa-
» vorables à la France. Les jeux habituels de ses
» frères et de ses sœurs consistaient à ranger en
» lignes de petites statuettes en bois ou en cire,
» qui représentaient l'armée française, à la tête
» de laquelle ils avaient soin de mettre la figure

» la plus noire et la plus rébarbative qu'ils per-
» çaient de coups d'épingles. »

Il est juste de faire la part de l'éducation.
Quels étaient les spectacles que la cour de Vienne
avait évoqués sous les yeux de Marie-Louise enfant, dont on avait effrayé son adolescence? Et,
d'un autre côté, quelles avaient été les premières
impressions de sa jeunesse? Ces impressions et
ces spectacles ne pouvaient pas lui faire aimer la
France et l'Empereur; car, c'était d'une part Marie-Antoinette, cette innocente et royale victime,
montant sur l'échafaud, et d'autre part Napoléon
enfonçant à coups de canon les portes de la capitale de l'Autriche. Aussi, est-il facile de s'expliquer les répugnances qu'elle put apporter de
son pays dans le palais des Tuileries. Ce n'est pas
elle qu'on pourrait accuser de son consentement
à un mariage qu'elle subit; le seul coupable dans
cette circonstance, ce fut le cabinet de Vienne
qui la força à épouser un homme dans lequel la
veille encore on lui montrait un ennemi. Mais
du moment où la princesse autrichienne eut accepté à la face du ciel Napoléon pour son mari et
la France pour patrie adoptive, elle fut blâmable
de ne pas embrasser résolument les devoirs nouveaux d'impératrice, d'épouse et surtout de mère
que son mariage lui imposait.

Ame timide, esprit irrésolu et caractère sans initiative; aussi curieuse des futilités de la vie de boudoir que pleine d'aversion pour les choses sérieuses, Marie-Louise était tout l'opposé de cette femme énergique dont la maison de Hapsbourg a le droit d'être fière, de son aïeule Marie-Thérèse. Les actes de son gouvernement, quand du trône de France elle fut descendue à l'infime souveraineté de Parme, la montrèrent jusqu'à la fin de sa carrière toujours semblable à elle-même, inférieure partout, en Italie comme en France, au rôle que la fortune lui assignait. Voilà pour sa vie politique.

Quant à sa vie intérieure, nous voudrions qu'il nous fût possible de ne pas en parler.

Ce n'est pas, toutefois, que la seconde femme de l'empereur Napoléon, malgré les lacunes de son esprit et les infirmités de son caractère, fût complétement étrangère au sentiment du beau et eût l'âme fermée aux émotions honnêtes. Placée dans d'autres conditions d'alliance, sur un autre théâtre, sa vie se serait écoulée sans éclat, mais n'aurait pas mérité de reproches. « Elle se délas-
» sait, dit encore Méneval, de l'ennui qui la ga-
» gnait souvent en France, en cultivant les arts,
» le dessin et la musique. — Je la trouvai un jour
» devant une fenêtre de son salon à Saint-Cloud,

» contemplant d'un air pensif le paysage qui se
» déroulait devant elle. M'étant permis de lui de-
» mander la cause de sa rêverie, elle me dit :
» qu'en considérant le beau site qu'elle avait
» sous les yeux, elle s'était surprise à regretter
» les collines des environs de Vienne et à dési-
» rer qu'une baguette magique lui en fît décou-
» vrir seulement un coin. Elle était naturelle,
» elle ne savait pas cacher ses impressions; et
» l'événement a prouvé que si elle était portée à
» la vertu en ce qu'elle a de facile, elle man-
» quait de la force nécessaire pour la pratiquer
» en ce qu'elle a de rigoureux. »

Maintenant que nous avons fait connaître les
deux femmes qui furent appelées à l'honneur de
partager la destinée du plus grand capitaine des
temps modernes, reprenons le cours de notre
récit.

S'il nous était donné d'écrire l'histoire du
Consulat et de l'Empire, il nous serait facile de
montrer l'Empereur légitimant en quelque sorte
tout ce qu'on appelait ses usurpations, son des-
potisme et sa soif de conquêtes, par les réformes et les améliorations. Le cadre où nous
sommes renfermé nous interdit ces développements, ou du moins ne nous les permet que
lorsqu'ils se rattachent à notre sujet.

4

Au commencement de l'année 1811, la grossesse de Marie-Louise faisait espérer à la France un héritier de l'Empire. Chez Napoléon, toute impression portait ses fruits; un mot prononcé devant lui, un fait sans importance, développaient souvent dans son esprit des réflexions fécondes. L'utilité publique, objet de ses constantes préoccupations, profitait des moindres accidents de sa vie. C'est ainsi qu'un jour, ayant vu représenter au Théâtre-Français la tragédie d'Esther, il pense aux Juifs et demande vivement à un de ses ministres assis à ses côtés quel est leur état social en France. Quelques jours après on lui soumet un rapport sur ce sujet, et ce rapport est bientôt suivi d'un décret qui relève la position civile et politique des Israélites français.

Dans un pareil esprit, l'attente de sa prochaine paternité ne pouvait pas être stérile; l'enfant que Napoléon attendait devait attirer ses réflexions et ses sympathies sur ces nombreux enfants abandonnés à leur naissance, et que la pauvreté, l'égoïsme ou le vice déshéritent, dès le berceau, des joies de la famille, et laissent sans protection dans le monde. Aussi l'époque de l'accouchement de l'Impératrice coïncida-t-elle avec la publication d'un décret qui appelait la classe des enfants trouvés aux bienfaits gratuits d'une éducation nationale, et leur ouvrait la carrière des services publics.

C'est le 20 mars 1811 que naquit, au palais des Tuileries, l'héritier présomptif du trône impérial. On sait que cent et un coups de canon annoncent la naissance d'un prince, vingt et un seulement celle d'une princesse. Après la vingt et unième détonation, la moitié de Paris, informée de l'accouchement et entassée dans le jardin et aux abords des Tuileries, attendait anxieuse et en silence. La vingt-deuxième fut saluée par un immense cri de joie.

Voici les détails officiels dans lesquels entre Méneval sur l'accouchement de Marie-Louise.

« Les premières douleurs, dit-il, s'étaient dé-
» clarées la veille au soir ; elles furent suppor-
» tables jusqu'au jour ; elles cessèrent alors, et
» l'Impératrice put s'endormir. L'Empereur
» avait passé le commencement de la nuit au-
» près d'elle ; voyant qu'elle reposait, il re-
» monta dans son appartement et se mit au bain.
» Une heure après, l'Impératrice fut éveillée par
» des douleurs très vives, qui faisaient présager
» que l'accouchement serait prochain ; mais le
» docteur Dubois ne tarda pas à s'apercevoir
» qu'il serait très laborieux, parce que l'enfant

» se présentait de côté. L'Empereur était dans
» une parfaite sécurité, lorsque M. Dubois ou-
» vrit brusquement la porte et annonça, tout
» troublé, à Napoléon que les préliminaires de
» l'accouchement lui donnaient de très vives in-
» quiétudes. Sans lui répondre, l'Empereur s'é-
» lança hors du bain, passa à la hâte une robe
» de chambre, et, suivi de l'accoucheur, des-
» cendit chez l'Impératrice. Il s'approcha de son
» lit en dissimulant son inquiétude, embrassa
» tendrement sa femme, et l'encouragea par les
» mots les plus rassurants. Les douleurs aug-
» mentaient d'intensité. L'Impératrice était frap-
» pée de terreur, et criait qu'on allait la sacr-
» fier. L'Empereur était dans une extrême agi-
» tation; il disait que si l'enfant ne pouvait ve-
» nir à bien, il fallait avant tout qu'on sauvât la
» mère. Enfin, après les efforts les plus dou-
» loureux, cet enfant si désiré vint au jour; c'é-
» tait un fils; mais il ne donnait aucun signe de
» vie. L'Empereur, rassuré sur l'état de la mère,
» avait reporté toute sa sollicitude sur son fils;
» il contemplait avec une vive anxiété cet enfant
» en apparence inanimé, quand un faible cri que
» poussa ce dernier fit évanouir ses inquiétudes.
» Les membres de la famille impériale, les
» grands dignitaires, les principaux officiers et

» les dames de la cour, avaient été mandés au
» palais lorsque les premières douleurs se firent
» sentir ; mais vers cinq heures du matin,
» M. Dubois ayant pensé que la délivrance pour-
» rait n'avoir lieu que dans vingt-quatre heures,
» l'Empereur avait renvoyé tout le monde. Mes-
» dames de Montébello, de Luçay et de Montes-
» quiou étaient seules restées avec le médecin,
» les dames d'annonce et les femmes de cham-
» bre. L'archi-chancelier accourut en toute hâte,
» et successivement arrivèrent le prince de Neuf-
» châtel, toute la cour, et les principaux fonc-
» tionnaires de l'État qui devaient être témoins
» de l'accouchement. L'Empereur, dans l'effu-
» sion de sa joie, annonça lui-même la nais-
» sance de son fils à toute sa maison. Il était en-
» core ému du spectacle douloureux de l'accou-
» chement de l'Impératrice, et il disait qu'il
» aurait préféré assister à une bataille. La nou-
» velle de cet heureux événement s'était répan-
» due dans Paris avec une rapidité miraculeuse.
» Quand le bourdon de Notre-Dame et le canon
» l'annoncèrent, une foule considérable était
» déjà rassemblée dans le jardin, sous les fenè-
» tres du palais. Les spectateurs, dont le nombre
» grossissait à chaque instant, semblaient crain-
» dre de troubler le repos de l'auguste accou-

» chée, et leur silence témoignait de leur sym-
» pathie. L'Empereur contemplait avec atten-
» drissement un spectacle si doux pour lui.

» Les officiers de la maison impériale, des
» pages et des courriers allèrent porter cette nou-
» velle aux grands corps de l'État, aux bonnes
» villes et aux ambassadeurs français et étran-
» gers. Le corps municipal de Paris et celui de
» Turin votèrent des pensions aux pages por-
» teurs de cette communication si désirée. »

Déjà dans cette première circonstance Joséphine prouva que, dans son âme ouverte seulement aux plus pures affections et à l'amour du
bien public, des rancunes, pourtant bien légitimes, ne pouvaient trouver place. Les premières
félicitations que reçut l'Empereur furent les
siennes.

Le lendemain, 21 mars, Napoléon reçut les
compliments officiels du Sénat, du Corps législatif, des principaux fonctionnaires et des ambassadeurs des puissances étrangères. Le comte
Frochot, préfet de la Seine, offrit le même jour
pour le nouveau-né, au nom de la ville de Paris,
un magnifique berceau de vermeil, œuvre d'art
remarquable, exécutée d'après les dessins du célèbre peintre Prudhon, et représentant un vaisseau. Le *Moniteur* constate que le lendemain, 22,

le grand chancelier de la Légion-d'Honneur et le grand chancelier de la Couronne-de-Fer déposèrent sur ce berceau les cordons de ces ordres. Quelques jours après, l'ambassadeur d'Autriche apporta, de la part de son maître, la grande décoration de l'ordre de Saint-Étienne.

De même que le mariage, la naissance du roi de Rome fut célébrée par des fêtes publiques où éclata la joie populaire. Tous les théâtres de la capitale ouvrirent gratuitement leurs portes au public auquel ils présentèrent des pièces de circonstance. Tous les souverains de l'Europe s'associèrent plus ou moins franchement aux paternelles notions de l'Empereur, les uns par l'organe d'envoyés extraordinaires, les autres directement et personnellement, comme les rois de Naples, de Westphalie et d'Espagne.

La cérémonie du baptême fut peu de temps après marquée par de nouvelles réjouissances. Le Roi de Rome fut baptisé dans l'église de Notre-Dame en présence du Sénat, du conseil d'État, du Corps législatif, du Corps municipal, des cours et tribunaux, des députations des principales municipalités de la province, et des membres du corps diplomatique. Jamais Paris n'assista à un spectacle plus imposant, jamais ses yeux ne furent plus charmés, que devant la splendeur des

démonstrations officielles , ni son cœur plus ému
par la solennité d'une fête religieuse. Partout
sur le passage du cortége, des drapeaux tricolores flottaient aux fenêtres et des tapisseries décoraient la façade des plus humbles maisons.

L'empereur d'Autriche, selon l'usage, était le
parrain de l'enfant : il s'était fait représenter par
le grand-duc de Wurtzbourg. Deux marraines le
tinrent sur les fonts baptismaux, madame-mère
(Lætitia Bonaparte, mère de l'Empereur) et la fille
de Joséphine, la reine Hortense, remplaçant la
reine de Naples absente. On remarqua à la cérémonie le prince Poniatowski, qui y représenta le
roi de Saxe, grand-duc de Varsovie.

Il y eut, après le baptême, un instant où l'é-
motion générale, jusque-là contenue , déborda
tout à coup, et où les applaudissements de tous
les assistants traduisirent éloquemment les sympathies nationales. Ce fut quand l'Empereur, recevant des mains de sa mère, son fils que venait
de bénir la religion, l'éleva dans ses bras, et
d'un geste attendri, le montra à la foule pressée
dans cette vaste enceinte.

Il fallait à l'impérial enfant une gouvernante.
On jeta les yeux sur madame de Montesquiou,
mère d'un homme distingué à plusieurs titres,
M. le comte Anatole de Montesquiou. Il était im-

possible de faire un meilleur choix. C'était une femme d'un esprit supérieur, d'un caractère énergique, d'un cœur capable de tous les dévoûments.

Nous trouvons ici dans l'ouvrage du baron de Méneval, les plus touchants détails sur la première enfance du Roi de Rome. Nous croirions gâter son récit en ne le reproduisant pas avec la plus scrupuleuse fidélité.

« On portait, dit-il, chaque matin l'enfant à
» sa mère, et elle le gardait jusqu'à l'heure de
» sa toilette. Pendant la journée, dans les in-
» tervalles de ses leçons de musique ou de des-
» sin, Marie-Louise allait le voir dans son ap-
» partement et travaillait près de lui à quelque
» ouvrage d'aiguille. Souvent suivie de la nour-
» rice, qui portait l'enfant, elle le conduisait à
» son père pendant son travail. Quand on l'an-
» nonçait, l'Empereur se levait pour aller le re-
» cevoir. L'entrée de son cabinet étant interdite
» à tout le monde, il n'y laissait pas entrer la
» nourrice, et priait Marie-Louise de lui apporter
» son fils; mais l'Impératrice était si peu sûre
» d'elle-même, que l'Empereur s'empressait
» d'aller au-devant d'elle, prenait son fils dans ses
» bras en l'emportait et le couvrant de baisers. Ce
» cabinet qui vit éclore tant de vastes et géné-

» reuses pensées d'administration, tant de com-
» binaisons savantes destinées à repousser les
» attaques de nos éternels ennemis, fut bien
» souvent aussi le confident des tendresses d'un
» père. Combien de fois ai-je vu l'Empereur y
» retenir son fils près de lui, comme s'il eût été
» impatient de l'initier dans l'art de gouverner !
» soit qu'assis sur sa causeuse favorite, auprès
» d'une cheminée que décoraient deux magni-
» fiques bustes en bronze de Scipion et d'Anni-
» bal, il fût occupé de la lecture d'un rapport
» important ; soit qu'il allât à son bureau échan-
» cré au milieu, dont les côtés, disposés en ailes,
» étaient couverts de ses nombreux papiers,
» pour signer une dépêche dont chaque mot de-
» vait être pesé ; son fils placé sur ses genoux ou
» serré contre sa poitrine ne le quittait pas. Doué
» d'une merveilleuse puissance d'attention, il
» savait dans le même temps vaquer aux affaires
» sérieuses et se prêter aux caprices d'un en-
» fant. Quelquefois faisant trêve aux grandes
» pensées qui occupaient son esprit, il se cou-
» chait par terre à côté de ce fils chéri, jouant
» avec lui comme un autre enfant, attentif à ce
» qui pouvait l'amuser ou lui épargner une con-
» trariété.

» Il avait fait faire des pièces de manœuvre :

» c'étaient de petits morceaux de bois d'acajou
» de longueurs inégales et de figures différentes,
» dont le sommet était dentelé, et qui figu-
» raient des bataillons, des régiments et des di-
» visions. Quand il voulait essayer quelques
» nouvelles combinaisons de troupes, quelque
» nouvelle évolution, il se servait de ces pièces,
» qu'il rangeait sur le tapis du parquet pour se
» donner un champ plus vaste. Quelquefois son
» fils le surprenait sérieusement occupé de la
» disposition de ces pièces, et préludant à quel-
» qu'une de ces savantes manœuvres qui lui as-
» suraient le succès dans les batailles. Son fils,
» couché à ses côtés, charmé de la forme et de
» la couleur des pièces de manœuvre qui lui rap-
» pelaient ses jouets, y portait à chaque instant
» la main et dérangeait l'ordre de bataille, sou-
» vent au moment décisif et quand l'ennemi al-
» lait être battu : mais telle était la présence d'es-
» prit de l'Empereur, qu'il n'était point troublé
» par ce désordre momentané, et il recommen-
» çait, sans s'impatienter, ses dispositions stra-
» tégiques. Sa patience, sa complaisance pour
» cet enfant, étaient inépuisables ; ce n'était
» pas seulement l'héritier de son nom et de
» sa puissance qu'il aimait dans son fils :
» lorsqu'il le tenait dans ses bras ; les idées

» d'ambition et d'orgueil étaient loin de son es-
» prit.

» L'Empereur déjeunait seul; chaque jour, à
» ce moment, madame de Montesquiou lui con-
» duisait le Roi de Rome. Il le prenait sur ses ge-
» noux, s'amusait à le faire manger et à appro-
» cher son verre de ses lèvres ; il riait beaucoup,
» tout en le gourmandant, de la grimaee qu'il
» faisait quand une goutte de vin lui piquait la
» langue. Un jour il lui présenta un morceau de
» je ne sais quel mets, qu'il avait sur son as-
» siette, et quand l'enfant approcha sa bouche
» pour le saisir, il le retira. Il voulut continuer
» ce jeu dont il s'amusait ; mais à la troisième
» épreuve l'enfant détourna la tête ; son père lui
» abandonna alors le morceau, mais il le refusa
» obstinément. Comme l'Empereur s'en éton-
» nait, madame de Montesquiou dit que l'enfant
» n'aimait pas qu'on cherchât à le tromper ;
» qu'il était fier et sensible. — Sensible et fier,
» répéta Napoléon, cela est très bien, voilà
» comme je l'aime. »

Napoléon, à cette époque, conçut le projet de
construire un palais pour son fils ; il en avait
choisi l'emplacement ; c'était la rampe de Chail-
lot, vis-à-vis de l'École militaire. Il chargea le
célèbre architecte M. Fontaine de lui soumettre

un plan, et si les événements politiques qu'un prochain avenir nous réservait ne se fussent mis en travers de ce dessein, Paris aurait vu s'élever en face du Champ-de-Mars, sur ces hauteurs qui avoisinent Passy et à deux pas du bois de Boulogne, un monument d'une architecture imposante, aux vastes proportions, et sans rival peut-être dans le monde pour l'étendue et pour la beauté de la vue.

Ici se place une anecdote fort peu connue qui, en se rattachant à l'objet de ce livre, a encore le mérite de montrer l'injustice de ces reproches d'abus d'autorité, que les ennemis de Napoléon lui ont si largement prodigués.

Un tonnelier possédait une chétive masure sur le sol où devaient s'élever les dépendances du palais du Roi de Rome. Il était nécessaire d'acheter cette propriété : des experts convenus entre les parties ayant été chargés de l'estimer, l'intendant général de la liste civile crut devoir proportionner la générosité de son offre à la haute position de l'acquéreur, et proposa le double du prix d'évaluation. La proposition fut pourtant repoussée, et le tonnelier spéculant sans pudeur sur une heureuse occasion, demanda de son terrain un prix exorbitant. L'Empereur, consulté, répondit qu'il fallait subir les exigences de cet homme;

mais cette concession ne fit qu'exalter la cupidité du propriétaire, dont il devint tout à fait impossible d'accueillir les extravagantes prétentions. Les négociations furent rompues, et Napoléon se borna à dire en souriant : « Cet homme est fou, » mais il est dans son droit. » Et sur l'insistance de l'intendant général, qui faisait observer à l'Empereur qu'il ne fallait pas s'arrêter devant la ridicule avidité du tonnelier. « Je ne puis for-» cer cet homme à me vendre à un prix qu'il re-» pousse ; la loi le protége, répondit Bonaparte, » et je dois être le premier à m'incliner devant » la loi : cette maison restera où elle est comme » une preuve de mon respect pour le principe » inviolable de la propriété. »

Joséphine sollicita avec instance la faveur de voir le Roi de Rome. Sa demande fut agréée, et c'est à Bagatelle que l'Ariane impériale put voir pour la première fois l'enfant de sa rivale. Marie-Louise n'en fut pas informée. Joséphine, dit-on, embrassa l'héritier de l'Empire avec tout le cœur d'une mère. Aucune marque de dépit ne se montra sur son visage. Quelques larmes cependant vinrent mouiller ses yeux. Sans doute elle enviait involontairement, mais sans amertume ni sentiment de haine, et comme savent envier les âmes de cette trempe, le bonheur de la femme qui avait pris sa place dans le cœur de Napoléon.

Tandis que cet auguste enfant, espoir de la patrie, croissait en grâce et en beauté, de graves événements s'accomplissaient autour de son berceau. La résistance de Louis Bonaparte aux volontés impériales amenait l'incorporation de la Hollande à l'Empire; le pape, dépouillé des États romains, se retirait à Savone et de là refusait l'institution canonique aux évêques que nommait Napoléon. Les possessions pontificales devenaient des annexes de la France; l'Espagne continuait avec un héroïque acharnement sa lutte contre l'invasion, et les armées françaises venaient s'y engloutir comme dans un gouffre sans fond. Tous ces changements étaient dus à une seule et même cause, le système continental. L'Espagne, le pape, le roi de Hollande avaient voulu se dérober à l'alliance anti-britannique. De là une guerre sanglante d'une part, et d'autre part des trônes supprimés.

Pendant que ces faits se passaient, l'Angleterre, obérée par les énormes sacrifices qu'elle avait faits dans cette longue et incessante lutte des puissances du Nord contre la France, l'Angleterre dont les caisses étaient vides et qui, trouvant partout des ports fermés, cherchait vainement le moyen de les remplir, offrait désespérément son dernier écu à nos ennemis pour une nouvelle campagne.

Déjà, dans les premiers mois de l'année 1811, l'empereur de Russie méditait une levée de boucliers contre Napoléon. Le colonel moscovite Boutourlin, dans son Histoire de la campagne de 1812, confesse franchement que le czar aurait attaqué au printemps de l'année précédente, s'il eût été en mesure. Il est donc impossible d'avoir le moindre doute à cet égard. Jamais Alexandre n'avait sérieusement rompu ses relations avec la Grande-Bretagne. Ses ports étaient toujours restés plus ou moins accessibles au commerce anglais. Il craignait que Napoléon ne finît par rétablir à ses dépens l'ancien royaume de Pologne, et que l'Autriche, cette nouvelle alliée de la France, ne s'agrandît au préjudice de la Russie.

Au reste, les circonstances étaient favorables pour une offensive contre la France ; occupée qu'elle était au Midi par cette meurtrière campagne d'Espagne, elle aurait moins de forces pour se défendre dans le Nord. Déjà depuis longtemps, Alexandre attendait un prétexte pour rompre avec éclat, lorsque l'envahissement par nos troupes du duché d'Oldembourg, acte qui le blessait dans ses affections de famille, vint lui fournir ce qu'il cherchait.

Il essaya d'entraîner la Prusse dans la guerre qu'il préparait. Mais la Prusse ne fit d'abord à ses ouvertures qu'une réponse embarrassée et équivoque. Elle voulait attendre les évènements.

Avant de prendre parti pour ou contre, elle jugea prudent de laisser prononcer la fortune entre les deux athlètes.

Telle était la position des choses. Il fallait que la France soutînt sur les rives du Rhin le choc de la Russie, ou que, prenant une initiative hardie, elle portât elle-même la guerre jusqu'au cœur de cette puissance.

Dans cette alternative, l'hésitation n'était pas possible.

Toutefois, avant d'entamer la lutte, Napoléon, au mois de février 1812, voulut essayer d'une tentative de conciliation, et il chargea le colonel Tchernischef, aide-de-camp du czar, de paroles de paix pour son maître. Le colonel partit pour Saint-Pétersbourg, emportant dans ses poches les états de situation des armées françaises, états secrètement vendus par un employé des bureaux de la guerre. Alexandre prit connaissance de ces notes et repoussa les offres conciliatrices de l'Empereur.

Tirer l'épée de la France devenait une impérieuse et urgente nécessité.

Sans doute, c'était une colossale et presque surnaturelle entreprise que cette campagne de Russie, et néanmoins, sans un hiver prématuré et le fanatisme national qui mit le feu à la ville de Moscou, qui peut dire que l'Empereur n'aurait pas réussi ? Il fallut pour le vaincre que les éléments conspirassent contre lui avec les plus vivaces et les plus formidables des passions humaines. Du reste, ce n'était pas, comme on l'a remarqué, un désir de conquête, mais cette pensée fixe du système continental qui l'avait conduit en Russie. Il espérait, après une grande victoire, dicter la paix et en régler les conditions.

Une fois résolu à la guerre, Napoléon commença par signer avec l'Autriche et la Prusse un traité d'alliance et se rendit à Dresde où il avait donné rendez-vous aux souverains de ces deux pays : accompagné de Marie-Louise, il entra aux flambeaux dans cette ville le 14 mai. Le lendemain, le roi de Prusse et l'empereur François y arrivaient de leur côté. On remarqua qu'à la veille d'une campagne que tous pressentaient devoir être décisive, le souverain de l'Autriche ne pouvait se défendre d'une vive émotion en embrassant son gendre, et que le roi de Prusse, courtisan soumis et obséquieux jusqu'au jour de l'adversité, présentait son fils à Napoléon en le priant de lui permettré de le suivre en qualité d'aide-de-camp.

Le cœur humain est ainsi fait partout, en haut comme en bas, sous la pourpre royale comme sous les modestes habits : flatteur servile de la prospérité, infidèle au malheur.

Napoléon, en donnant à l'Europe ce spectacle d'une réunion de souverains à Dresde, et des apparences de bon et sympathique accord qui l'unissait à eux, avait espéré intimider la Russie et l'amener à un arrangement. Il ne savait pas qu'Alexandre était mieux informé que lui des tendances cachées de ses deux prétendus alliés tout prêts à rompre un traité importun et à se montrer ennemis à la première occasion qui se présenterait.

Après quelques jours de séjour à Dresde, l'Empereur partait pour la Lithuanie, réjoignait ses armées et bientôt commençait la fatale campagne qui devait aboutir à la retraite de nos soldats.

Dans cette expédition comme toujours, Napoléon déploya cette activité infatigable qui était un des caractères de son individualité. Pour donner une idée des habitudes surhumaines de cet homme exceptionnel, nous empruntons à un ou-

vrage du général Gourgaud le passage suivant.
On y verra que l'homme qui savait se gouverner
si rudement lui-même était mieux que tout autre organisé pour commander à ses semblables.

« La vie que Napoléon menait dans les camps
» était subordonnée aux opérations militaires.
» Habituellemennt il marchait à cheval avec l'ar-
» mée, quand elle était à la suite et près de l'en-
» nemi. Lorsqu'elle était en grandes manœuvres,
» et que les opérations avaient lieu à de fortes
» distances, il attendait que les corps qui étaient
» en marche fussent près d'être rendus dans les
» positions qu'il avait indiquées; il restait alors
» à son quartier-général. Là, il recevait les rap-
» ports qui lui étaient adressés directement par
» les commandants des différents corps. Dans les
» intervalles il donnait ses soins à l'administra-
» tion intérieure de la France; il répondait aux
» rapports qui lui étaient envoyés de Paris par
» ses ministres et à ceux des ministres réunis en
» conseil que lui apportait chaque semaine un
» auditeur du conseil d'État, lequel était mis à
» la disposition de l'intendant général de l'ar-
» mée, pour être employé à différentes missions;
» il gouvernait ainsi l'Empire en même temps
» qu'il dirigeait l'armée. Économe de son temps,
» il calculait l'époque de son départ de manière

» à se trouver à la tête de ces corps au moment
» où sa présence y devenait nécessaire; il s'y
» transportait alors rapidement en voiture; mais
» pendant le trajet même il ne restait pas oisif,
» il s'occupait à lire des dépêches, et le plus sou-
» vent il recevait les rapports de ses généraux et
» expédiait à l'instant ses réponses. Une lumière,
» disposée dans le fond de sa voiture l'éclairait
» pendant ses voyages de nuit, et lui permettait
» de travailler comme s'il eût été dans son cabi-
» net; le major-général voyageait ordinairement
» avec lui. Aux portières marchaient toujours ses
» aides-de-camp et ses ordonnances, et une bri-
» gade de ses chevaux de selle suivait avec l'es-
» corte.

» Telle était l'organisation privilégiée de l'Em-
» pereur, qu'il pouvait dormir une heure, être
» réveillé pour un ordre à donner, se rendormir,
» être réveillé de nouveau sans que sa santé ni son
» repos en souffrissent : six heures de sommeil
» lui suffisaient, soit qu'il les prît de suite, soit
» qu'il dormît à divers intervalles dans les vingt-
» quatre heures.

» Les jours qui précédaient une grande bataille,
» il était constamment à cheval, pour reconnaître
» la force et la position de l'ennemi, étudier son
» champ de bataille, parcourir les bivouacs de

» ses corps d'armées. La nuit même, il visitait la
» ligne pour s'assurer de la force de l'ennemi par
» le nombre de ses feux, et en quelques heures
» il fatiguait plusieurs chevaux. Le jour de la
» bataille, il se plaçait sur un point central, d'où
» il pouvait voir tout ce qui se passait. Il avait près
» de lui ses aides de camp et ses officiers d'or-
» donnance; il les envoyait porter ses ordres sur
» tous les points. A quelque distance en arrière
» de lui, étaient quatre escadrons de la garde,
» un de chaque arme; mais lorsqu'il quittait cette
» position, il ne prenait pour escorte qu'un pe-
» loton. Il indiquait ordinairement le lieu qu'il
» avait choisi à ses maréchaux, afin d'être faci-
» lement trouvé par les officiers qu'ils lui enver-
» raient. Aussitôt que sa présence devenait néces-
» saire quelque part, il s'y portait au galop. »
(*Examen de l'ouvrage du comte de Ségur*, par M. le
général Gourgaud.)

« Partout où s'arrêtait Napoléon, ajoute sur
» le même sujet M. le baron de Méneval, sa pre-
» mière sollicitude était pour son cabinet. Le
» portefeuille contenant ses papiers, ses cartes,
» deux ou trois longues boîtes en bois d'acajou et
» à compartiments où était sa bibliothèque de
» voyage, étaient étalées sur des tables, quand
» on en trouvait, ou sur des planches et des

» portes que supportaient des tréteaux. Quand
» il n'y avait qu'une pièce, son petit lit de fer et
» son nécessaire y étaient aussi placés. Là, il
» dictait les nombreux ordres qu'il avait à expé-
» dier. Il déjeunait et dînait tous les jours avec le
» major-général et quelques maréchaux et offi-
» ciers généraux. Après dîner, il aimait à jouer
» au wisth, mais surtout au vingt-et-un, jeu qu'il
» préférait parce que toutes les personnes pré-
» sentes pouvaient y prendre part. Le jeu était
» modéré; il y admettait quelquefois des offi-
» ciers subalternes présents; quand la fortune le
» favorisait, il faisait des largesses de son gain. »

Nous ne pouvons, on le comprend, entrer ici
dans les détails de cette campagne. Ceux qui les
ignorent les trouveront dans les ouvrages de
MM. de Ségur, Gourgaud, etc.; nous nous bor-
nerons à dire que l'Empereur ne s'attendait pas
à la stratégie, calculée ou non, de l'armée russe.
Plusieurs fois il crut avoir forcé l'ennemi à une
bataille décisive; mais celui-ci se dérobait toujours devant ses pas. Au lieu d'une affaire générale, il n'y eut, jusqu'au combat de Borodino,
que des escarmouches et des engagements sans
importance. Les troupes d'Alexandre, au moment où les nôtres se croyaient prêtes à les saisir, leur glissaient dans les mains, et l'épée d'Aus-

terlitz frappait pour ainsi dire dans le vide. On sait comment, enfin, Napoléon entra vainqueur dans Moscou, où il ne rencontra bientôt que ruines et déceptions; comment la cité s'embrasa tout à coup autour de lui, comment enfin l'armée française se vit inopinément aux prises avec les intempéries de la saison, du climat, et avec toutes les horreurs de la faim.

Tout le monde connaît aussi cette magnifique retraite à laquelle présida l'illustre maréchal Ney, qui lui valut le titre de prince de la Moskowa, et qui vint clore la plus calamiteuse campagne peut-être dont jamais armée ait souffert. La veille du grand combat, M. de Bausset, préfet du palais de Napoléon, arrivait au camp des Français. Il venait apporter à l'Empereur des lettres de l'Impératrice et un portrait du Roi de Rome, gravé d'après un tableau du peintre Gérard. Le Roi de Rome était représenté sur cette gravure à demi-couché dans son berceau; un sceptre et un globe lui servaient de jouets.

Laissons parler ici le préfet du palais impérial.

« En 1812, dit-il, je partis emportant le por-
» trait du Roi de Rome. Depuis Saint-Cloud jus-
» qu'au quartier-général, je trouvai la route
» couverte de soldats marchant isolément ou

» par compagnies, des blessés qui rentraient
» dans leurs foyers, des prisonniers que l'on
» conduisait, des trains d'artillerie, des équi-
» pages de toute nature; enfin un mouvement
» continuel. La France, l'Allemagne, l'Italie, la
» Prusse, la Pologne, l'Espagne, etc., sem-
» blaient s'être donné rendez-vous sur cet étroit
» passage. De nombreux employés et des traî-
» nards de toute espèce encombraient les der-
» rières de l'armée, et ce ne fut pas sans beau-
» coup de peine que j'arrivai, le 6 septembre au
» matin, à la tente de Sa Majesté. Je lui remis
» les lettres que l'Impératrice avait bien voulu
» me confier, et je lui demandai ses ordres rela-
» tivement au portrait de son fils. Je pensais
» qu'étant à la veille de livrer la grande bataille
» qu'il avait tant désirée, il différerait de quel-
» ques jours de faire ouvrir la caisse dans la-
» quelle le portrait était renfermé... Je me trom-
» pais. Pressé de jouir d'une vue qui lui rappe-
» lait un lien si cher, il m'ordonna de le faire
» porter à sa tente. Je ne puis exprimer le plai-
» sir que cette peinture lui fit éprouver. Le re-
» gret de ne pouvoir serrer son fils contre son
» cœur fut la seule pensée qui vint troubler une
» si douce jouissance. Ses yeux exprimaient l'at-
» tendrissement le plus vrai. Il appela lui-même

» les officiers de sa maison et tous les généraux,
» qui attendaient à quelque distance ses ordres,
» pour leur faire partager les sentiments dont
» son cœur était rempli. « Messieurs, leur dit-il,
» si mon fils avait quinze ans, croyez qu'il se-
» rait ici autrement qu'en peinture. » Un mo-
» ment après il ajouta : « Ce portrait est admi-
» rable ! » Il le fit placer en dehors de sa tente,
» sur une chaise, afin que les officiers et les sol-
» dats de sa garde pussent le contempler et pui-
» ser dans cette vue un nouveau courage. Il resta
» ainsi exposé toute une journée. . . . .

» Quand l'Empereur se fut emparé de Moscou
» et qu'il fixa sa résidence au Kremlin, cette
» peinture, pendant tout son séjour dans ce pa-
» lais, resta placée dans sa chambre à cou-
» cher. »

Bientôt après, l'Empereur quittait son armée
à Smorgoni, en laissait le commandement à Murat, se dirigeait vers Varsovie, allait à Dresde,
que l'illustre vaincu avait traversée en vainqueur
quelques mois auparavant, passait par Erfurth
et Mayence, et arrivait le 18 décembre au soir
aux Tuileries.

Napoléon avait été précédé à Paris par la nouvelle des catastrophes de Moscou ; le vingt-neu-
vième bulletin n'avait rien caché à la France des

événements accomplis. Aussi, devant l'immensité de nos revers, l'esprit de parti enhardi, se réveillant du long sommeil auquel l'avait condamné jusqu'alors la fortune de plus en plus heureuse de l'Empereur, avait-il subitement tenté un coup de main. Le complot connu sous le nom de *conspiration Mallet* avait tout à coup éclaté, et, profitant de la consternation générale produite par nos défaites, avait failli s'emparer de Paris par surprise. Le général Mallet, tous nos lecteurs le savent, voulait substituer à l'empire la république. Gardé à vue dans une maison de santé, où quelques tentatives antérieures contre le gouvernement établi l'avaient fait enfermer, il s'en était évadé, avait fait propager dans les casernes, par ses acolytes, le bruit de la mort de Napoléon, réussi à prendre possession de l'hôtel de la préfecture de police ; et déjà M. Pasquier, le préfet d'alors, avait été jeté dans la prison de la Force, lorsque, sur la première nouvelle de ce qui se passait, quelques mesures habilement prises et énergiquement exécutées vinrent heureusement faire avorter cette audacieuse entreprise.

La duchesse d'Abrantès signale avec amertume, dans ses mémoires, la conduite que tint Marie-Louise dans cette circonstance, et cite avec reproches quelques-unes de ses paroles.

Nous ignorons si les assertions de la duchesse sont en tous points exactes, si elle fut bien renseignée ; mais les actes postérieurs de la fille de l'empereur d'Autriche nous donnent lieu de croire que tout est vrai dans le récit que fait la veuve de Junot.

« L'archi-chancelier de l'Empire, prince Cam-
» bacérès, dit-elle, était venu rendre compte à
» l'Impératrice du complot. Il lui demandait des
» instructions. Marie-Louise ne savait que répon-
» dre. Se préoccupant avant tout d'elle-même,
» de son intérêt personnel, et mettant 'en oubli
» celui de son mari et de son fils, la seule inspi-
» ration qu'elle trouva dans son âme devant ce
» grand péril fut celui-ci : « Je voudrais bien sa-
» voir, dit-elle d'un ton dédaigneux qui marquait
» autant d'égoïsme que peu d'intelligence, ce que
» ces gens-là auraient pu faire à la fille de l'em-
» pereur d'Autriche ? — Ma foi, répliqua l'archi-
» chancelier, Votre Majesté est bien heureuse de
» voir les choses d'une façon aussi philosophi-
» ques. Je ne sais pas ce qu'on aurait fait de la
» fille de l'empereur d'Autriche, les conjurés
» n'avaient encore rien arrêté à cet égard ; mais
» ce que je sais bien, c'est ce qu'ils devaient
» faire de votre fils, du fils de l'Empereur : il
» ne s'agissait de rien moins que de mettre le

» Roi de Rome à l'hospice des Enfants-Trou-
» vés. »

De la campagne de Russie date la décadence
de l'Empereur. Les trois quarts de l'armée péri-
rent, et la mort de tant de braves porta malheur
au héros d'Austerlitz et de Marengo. Jusque-là,
la patrie avait eu foi en lui, et la longue fidélité
de la victoire à ses drapeaux l'avait environné
d'une éblouissante auréole. Aux yeux des popu-
lations émerveillées ce n'était pas un homme,
c'était un dieu. Mais après la retraite de Moscou
cet incomparable prestige s'était évanoui. La résistance de l'Espagne d'abord, puis les désastres
dont la Russie fut le théâtre, prouvaient que le
grand homme, si grand qu'il fût, n'était pas invincible. Alors, tandis que ceux qui l'aimaient
sentaient chanceler malgré eux dans leur âme
leur confiance en lui, l'espérance revint à tous
ceux qui ne l'aimaient pas ou qui le haïssaient.

L'Empereur, à peine de retour à Paris, s'y
occupait de réorganiser l'armée, de combler les
vides que la mort avait faits dans ses rangs. Il
s'apprêtait activement à prendre une revanche
éclatante; mais la France, cette fois, ne donnait qu'à regret ceux de ses fils que la guerre
lui demandait encore. Avant de partir pour l'armée, il confia, par des lettres-patentes datées du

30 mars, le titre et les pouvoirs de régente à l'Impératrice, nomma le roi Joseph, son frère, lieutenant-général de l'Empire, et le prince Cambacérès premier conseiller de la régence.

Voici l'acte officiel par lequel, le 14 avril 1813, il régla le jeu du mécanisme gouvernemental provisoire qui devait fonctionner en son absence :

« Au palais de Saint-Cloud, le 14 avril.

» La régence que nous avons conférée à notre
» bien-aimée épouse l'Impératrice-reine Marie-
» Louise commencera son exercice le jour où
» nous aurons quitté le territoire de l'Empire,
» et se terminera le jour où nous rentrerons sur
» sur ledit territoire.

» Lorsque nous aurons quitté notre bonne
» ville de Paris, la régente entrera pourtant en
» exercice comme si nous avions quitté le terri-
» toire de l'Empire, mais sans rien signer, sans
» faire aucun acte de gouvernement.

» La régente pourra néanmoins tenir le con-
» seil des ministres, présider le Sénat, le con-
» seil d'État et convoquer des conseils privés.

» Les actes de la régence seront toujours
» faits en notre nom. La signature de la ré-

« gente sera précédée de ces mots : *Pour l'Em-*
» *pereur et en vertu des pouvoirs qu'il nous a*
» *confiés.*

» Les actes de la régence seront visés par notre
» cousin, le prince archi-chancelier, comme pre-
» mier conseiller de la régence. Ils seront con-
» tre-signés par le duc de Cadore, qui signera :
» *Ministre secrétaire d'État de la régence.*

» L'Impératrice régente présidera le Sénat, le
» conseil des ministres, le conseil privé et les
» conseils extraordinaires qui seront réunis dans
» le cas où l'Impératrice-régente le jugerait con-
» venable, lorsque des circonstances urgentes
» exigeraient de promptes mesures et ne permet-
» traient pas d'attendre notre décision.

» L'Impératrice-régente statuera sur les affaires
» ordinaires d'administration, sur celles des fi-
» nances qui seront purement de forme, et sur
» les objets provisoires et urgents, soit après
» avoir entendu le conseil d'État, soit sur le rap-
» port du ministre compétent.

» Les rapports journaliers ou hebdomadaires
» des ministres de la police, de la guerre et gé-
» néralement de tous les ministres autres que ce-
» lui des relations extérieures, seront adressés
» à l'Impératrice-régente.

» L'archi-chancelier suppléera, s'il y a lieu,
» à la présence de l'Impératrice. »

En même temps que l'acte ci-dessus, le *Moniteur* publiait un sénatus-consulte qui fixait à quatre millions de francs le douaire de l'Impératrice dans le cas où elle survivrait à l'Empereur.

Tous ces actes, et surtout le dernier, produisirent une fâcheuse impression sur l'opinion publique. On commença à dire que l'Empereur désespérait de l'avenir et doutait de lui-même. Il y avait bien quelque chose de vrai dans ces tristes conjectures. Aussi tous les esprits paraissaient-ils troublés et inquiets ; on eût dit que d'un bout à l'autre de la France il y avait dans l'air comme des signes précurseurs, comme des avertissements électriques de l'orage terrible qui s'approchait.

Quelques jours avant le départ de Napoléon pour l'Allemagne, une scène touchante d'intérieur se passait au palais des Tuileries. Napoléon s'entretenait avec quelques-uns de ses ministres de la campagne prochaine ; il énumérait devant eux avec complaisance tous ses motifs d'espérer le succès, lorsque l'huissier du cabinet vint annoncer le Roi de Rome. L'enfant, à peine descendu des bras de sa nourrice, courut vers l'Empereur d'un pas encore mal assuré. Napoléon l'embrassa avec la plus vive tendresse, se promena pendant quelques instants dans la chambre en le serrant sur sa poitrine, puis il s'assit, et le plaçant sur ses genoux : « Nous parlions de » vous, sire, » s'écria-t-il en le frappant douce- » ment sur la joue... nous te bâtissions un beau » palais. » Puis tout à coup un nuage passa sur son front, une larme perla dans ses yeux, et remettant l'enfant aux mains de sa gouvernante, il dit avec un accent douloureux et sans prendre souci de cacher aux regards qui l'entouraient l'émotion dont son cœur était plein : « Oui, nous te bâ- » tissions un palais, et si le sort vient encore » nous trahir, tu n'auras pas même une chau- » mière. »

Ce n'est pas seulement parce qu'ils tiennent à notre sujet que nous retraçons ces détails de famille. Nous aimons à les rencontrer sous notre plume, parce qu'ils découvrent au lecteur un profil peu connu, et laissé dans l'ombre jusqu'à ce jour d'une des plus austères figures de l'histoire du monde. Les passions politiques, dit-on, dessèchent l'âme et y tarissent la source des sentiments les plus intimes et les plus doux. Elles ne firent pas ces ravages dans le cœur de Napoléon, et nous verrons encore plus d'une fois cette âme de granit s'ouvrir ainsi aux attendrissements et aux saintes émotions de la paternité.

Le 15 avril 1813, Napoléon quittait son palais de Saint-Cloud et retournait se mettre à la tête de ses armées.

CHAPITRE TROISIÈME.

SOMMAIRE :

Coup d'œil sur l'Europe. — Ligue des cinq puissances contre la France : Défection de l'Autriche et de la Prusse. — Victoires de Lutzen et de Dresde. Défaite de Leipsick. — Libéralisme intempestif du Corps législatif français. — Campagne de 1814. — Entrée des alliés en France. — Napoléon confie son fils à la garde nationale de Paris. — Un mot du Roi de Rome. — Lettre de Napoléon à son frère Joseph. — Détermination fatale : Marie-Louise quitte Paris pour Blois malgré les officiers de la garde nationale. — Résistance du Roi de Rome qui veut rester à Paris. — Proclamation du conseil de Régence. — Prise de Paris. — Napoléon cherche à mourir en combattant. — La politique des alliés. — Manifeste de Napoléon à l'armée. — Il abdique. — M. de Bausset à Fontainebleau. — Napoléon pense un instant au suicide. — Départ pour l'île d'Elbe. — Marie-Louise. — Portraits de l'empereur d'Autriche et du prince de Metternich. — Marie-Louise part pour l'Autriche au lieu d'aller à l'île d'Elbe. — Incidents divers du voyage. — Conduite de Marie-Louise comparée à celle de Joséphine. — Le comte de Neupperg, successeur de Napoléon. — Son portrait. — Napoléon appelle en vain sa femme auprès de lui. — Accueil que fait au Roi de Rome la famille de sa mère. — Le congrès de Vienne. — Le gouvernement de Louis XVIII. — Une phrase de Fouché. — Retour de l'île d'Elbe. — Effet produit à Vienne par ce retour. — Nouveau traité d'alliance contre la France. — Manifeste brutal des alliés. — Marie-Louise renie solennellement son mari. — Conduite intéressante du Roi de Rome. — On le sépare de madame de Montesquiou. — Haine des alliés contre la France : *Le Mercure du Rhin* et une proclamation d'un haut fonctionnaire allemand. — Rôle que destinait M. de Metternich au Roi de Rome. Le Roi de Rome et le baron de Méneval. — La bataille de Waterloo. — Napoléon abdique pour la seconde fois. — On lui tend un piége pour le conduire à Sainte-Hélène. — Sa protestation contre le gouvernement anglais. — La France ne tarde pas à regretter Napoléon.

Pendant que ces faits se passaient, l'Espagne luttait toujours contre l'invasion française, avec l'appui, soit militaire, soit financier, de l'Angleterre. Cette résistance prolongée devenait tous les jours plus funeste à Napoléon; car elle l'empêchait de concentrer toutes ses forces dans le Nord, là où allait se débattre les armes à la main une question de vie ou de mort pour l'Empire.

L'hypocrisie des protestations et des promesses diplomatiques des royaux alliés de l'Empereur se révéla bientôt après les événements de Russie. La Prusse fut la première à déserter notre drapeau, et l'Autriche, tout en couvrant d'abord d'un masque d'amitié ses trahisons secrètes, commença à organiser furtivement ses ressources et ses armées.

On sait la politique habile que les souverains

absolus de l'Allemagne déployèrent alors. Pour sauver leurs trônes, menacés par Napoléon, non-seulement ils exaltèrent le patriotisme de leurs peuples, mais ils firent miroiter à leurs yeux des promesses de liberté et de réformes. Hélas! ils furent aussi sincères avec les nations soumises à leur autorité, qu'avec Napoléon.

La campagne de 1813 s'ouvrit sous des auspices favorables. Les batailles de Lutzen et de Bautzen réhabilitèrent avec éclat la gloire militaire de la France; mais l'armistice de Plessitz donna aux alliés le temps d'accroître leurs ressources, et d'arrêter un plan plus régulier d'attaque et de défense. Un congrès fut organisé à Prague, dans lequel intervint l'empereur d'Autriche, se posant comme médiateur entre Napoléon et ses adversaires, et cette comédie diplomatique se termina, le 16 août, par la dénonciation de la reprise des hostilités.

L'Autriche, cette fois, avait renoncé à son rôle de dissimulation. Elle s'était déclarée franchement ennemie, et Napoléon allait avoir à lutter tout à la fois, contre elle, contre la Russie, la Suède, la Prusse et l'Angleterre. Le chiffre des forces coalisées contre la France montait à huit cent mille hommes.

Napoléon se hâta d'attaquer, et à tant de brillantes victoires il en joignit bientôt une de plus, celle de Dresde, que signala la mort du général Moreau, l'un des plus remarquables hommes de guerre produits par notre première révolution, mais dont la France doit voiler la statue; car, s'il l'honora quelque temps par ses services, il finit, mû par un sentiment d'envie contre Napoléon, par vendre son épée à Alexandre. Mais à cette victoire de Dresde succédèrent rapidement plusieurs échecs, à Gross-Beeren, à Katz-Bach et enfin la terrible bataille de Leipsick, qui livra à nos ennemis les places fortes de l'Allemagne, et leur permit de s'avancer jusqu'aux bords du Rhin.

Comme pour compléter l'humiliation de la patrie, le duc de Dalmatie, qui commandait en chef l'armée laissée en Espagne, repassait à la même époque la rivière de la Bidassoa, poursuivi par l'armée anglo-espagnole.

Le 9 novembre, Napoléon arrivait à Saint-Cloud, pendant que l'ennemi menaçait les frontières rhénanes. Sa tendresse pour sa femme et son fils semblait s'accroître en raison des périls qui le menaçaient. Il les pressa tous deux sur son cœur avec une effusion dont s'étonnèrent ceux qui étaient présents, quoiqu'ils eussent assisté plusieurs fois aux plus expansifs témoignages de ses sentiments de famille.

Cependant l'honneur et l'indépendance de la France périclitaient. 1812 et 1813 avaient complétement bouleversé l'état des choses en Europe. De vainqueur, l'Empereur était descendu au rôle de vaincu ; ce flot de gloire et de conquêtes qu'il promenait depuis quinze ans d'Italie en Égypte, d'Espagne en Allemagne et en Russie, s'était vu refouler dans son lit, et ce lit même, l'étranger s'apprêtait à le lui disputer. Pour éviter la profanation du territoire national, Napoléon se résigna à tous les sacrifices ; il ôta du front de son frère Joseph la couronne d'Espagne, et la plaça sur la tête de Ferdinand ; il se reconcilia avec le Pape, et convoqua le corps législatif ; mais, malheureusement le corps législatif ne comprit pas les devoirs que lui imposaient les circonstances. Au lieu de se préoccuper uniquement de la défense du pays et des mesures qu'elle nécessitait, il demanda avec un zèle inopportun des institutions nouvelles. A ces mots sacrés : *dignité nationale, indépendance!* que prononçait Napoléon, il répondait obstinément par cet autre : *liberté!* sans voir que cette imprudente tactique allait faire de lui le complice du triomphe de l'ennemi. Napoléon, pour couper court à ce libéralisme intempestif, décréta l'ajournement de ce corps.

De nouvelles négociations, aussi peu sincères que celles du congrès de Prague, s'étaient ouvertes à Châtillon, et là, les cinq monarques coalisés avaient proposé à Napoléon des conditions qu'il n'aurait pu accepter qu'en se déshonorant. Au lieu de la France telle qu'il l'avait faite, de la France agrandie et prépondérante en Europe, on offrait de lui en donner une encore plus restreinte que celle qu'il avait reçue comme premier consul.

Napoléon répondit à cette offre en partant pour l'armée et en ouvrant cette mémorable campagne de 1814, où son génie militaire jeta de si magnifiques éclairs.

Les alliés étaient entrés en France, et tous les jours les gazettes remplissaient leurs colonnes de récits relatifs aux vexations et aux actes de barbarie qu'ils commettaient partout où ils passaient. La Champagne, la Bourgogne jetaient de longs cris de détresse et imploraient la présence tutélaire de l'Empereur.

Avant de sortir de Paris, Napoléon avait, le 23 janvier 1814, réuni au palais des Tuileries les officiers des légions de la garde nationale ; il leur avait présenté l'Impératrice et le Roi de Rome en leur disant ces paroles, dont la simplicité pleine de cœur était bien faite pour les émouvoir : « Je

» pars, Messieurs; je vais combattre l'ennemi.
» Je vous confie ce que j'ai de plus cher, l'Im-
» pératrice ma femme et le Roi de Rome mon
» fils. »

Cette nouvelle campagne, comme les précé-
dentes, commença par des victoires. L'armée
ennemie fut battue à Montmirail, à Vauchamps,
à Champaubert. Le 27 février, le ministre de la
guerre pésentait à Marie-Louise dix drapeaux
russes, prussiens et autrichiens pris à Montmirail et à Montereau. A ce sujet, on affirme (mais
la chose nous paraît peu vraisemblable) que le
Roi de Rome, à la vue de ces trophées, dit à madame de Montesquiou en montrant les drapeaux
autrichiens : « A-t-on montré ceux-là à ma
» mère? »

Mais ces premiers succès ne devaient faire
éclore que de trompeuses illusions. La supériorité numérique de l'ennemi ne permettait pas de
douter du résultat final. La lettre suivante de Napoléon témoigne tout à la fois des pressentiments
qui l'agitaient et de ses tendres sollicitudes sur
le sort de son fils.

« Reims, le 16 mars 1814.

» Au roi Joseph.

» Mon frère, conformément aux instructions

» verbales que je vous ai données et à l'esprit
» de toutes mes lettres, vous ne devez pas per-
» mettre que, dans aucun cas, l'Impératrice et
» le Roi de Rome tombent entre les mains de
» l'ennemi. Je vais manœuvrer de manière qu'il
» serait possible que vous fussiez plusieurs jours
» sans avoir de mes nouvelles. Si l'ennemi s'a-
» vançait sur Paris avec des forces telles que
» toute résistance devînt impossible, faites par-
» tir dans la direction de la Loire, la régente et
» mon fils, les grands dignitaires, les ministres,
» les grands officiers de la couronne, le baron
» de la Bouillerie et le trésor. Ne quittez pas
» mon fils, et rappelez-vous que je préférerais le
» savoir dans la Seine plutôt que dans les mains
» des ennemis de la France. Le sort d'Astyanax,
» prisonnier des Grecs, m'a toujours paru le sort
» le plus malheureux de l'histoire. »

Cette lettre fut mal comprise et devint la cause
d'une détermination fatale. L'ennemi marchait
vers Paris, mais la résistance n'était pas encore
devenue impossible. La France n'avait pas cessé
d'être cette grande nation qui se leva si héroïque-
ment en 1792 et 1793 pour défendre ses foyers
domestiques. Paris lui-même se montrait plein
d'ardeur et frémissait d'avance de l'affront que
menaçait d'apporter dans ses murs la présence de

l'étranger. Aux grands malheurs, dit-on, les grands remèdes. Le succès était assuré, et jamais l'ennemi n'aurait fait résonner sous les pas des chevaux prussiens ou cosaques le pavé de la capitale, si Napoléon n'eût pas craint d'imiter l'exemple de la Convention et d'imprimer à l'honneur national une vigoureuse impulsion en réveillant le génie révolutionnaire. Mais les dangers qu'offrait ce moyen de salut inquiétèrent l'Empereur : il lui répugna, disait-il, de sauver la maison en y mettant le feu. Les passions politiques inoculées au cœur des masses y allument des incendies qu'il est souvent difficile d'éteindre.

Quoiqu'il en soit des scrupules de l'Empereur à cet égard, ce fut une inspiration malheureuse qui éloigna l'Impératrice et son fils de Paris dans ce moment suprême. Nous ne voulons pas dire pourtant que la capitale était unanime dans ses instincts patriotiques. Les royalistes, à qui les revers de la France avaient rendu l'espoir, les caractères pusillanimes, cette race éternelle d'hommes indifférents aux luttes politiques, et ne demandant qu'une chose, le repos et la paix, biens précieux pour lesquels ils vendraient la patrie, enfin surtout les parvenus du règne impérial, ces soldats que Napoléon avait faits maréchaux, ces avocats devenus sénateurs, et que pré-

occupait en ce moment une seule pensée, celle
de transiger avec le pouvoir qui venait, pour sauver du naufrage leurs honneurs et leurs places,
tous ces hommes, on le pense bien, étaient loin
de pousser à la résistance. Mais l'élite de la bourgeoisie et le peuple la voulaient. C'est ainsi que
les officiers de la garde nationale, informés des
projets de départ, s'empressèrent d'aller aux Tuileries et supplièrent Marie-Louise de rester, en lui
disant que sa présence serait sur l'armée et le
peuple d'un grand effet moral, et encouragerait
la ville à tenir bon jusqu'à ce que Napoléon pût
arriver à son secours. L'Impératrice, partagée
entre ces conseils et des influences toutes contraires, ne savait à quel parti s'arrêter. Sur
le point de partir, en proie à une vive anxiété,
elle rentra dans ses appartements, jeta son chapeau
sur son lit et s'assit dans une bergère. Là, res-
saisie par ses incertitudes, assiégée de nouveau
par des instances contradictoires et incapable
d'une grande détermination personnelle, elle s'é-
cria en pleurant : « Mon Dieu! mon Dieu! qu'ils
» se mettent d'accord et fassent enfin cesser mon
» supplice! »

Elle céda enfin aux paroles du roi Joseph et se
décida au départ.

Ce départ, c'était le désarmement de Paris.

C'était pour ainsi dire cent mille hommes de moins dans la capitale.

La grande ville, se voyant ainsi abandonnée, s'abandonna elle-même.

Chose remarquable, l'instinct d'un enfant de trois ans protesta contre cette fuite. Lorsqu'il fallut monter en voiture, le Roi de Rome fit la plus vive résistance. « N'allez pas à Rambouillet, » criait-il à sa mère, c'est un vilain château, » restons ici. Je ne veux pas quitter ma maison, » ajoutait-il en se débattant dans les bras de l'é- » cuyer de service, je ne veux pas m'en aller ! » Puisque l'Empereur est absent, c'est moi qui » suis le maître. »

Nous donnons ici la parole à M. de Bausset.

« Le 29 mars, dit-il, dès six heures du matin, » j'étais au palais des Tuileries : les cours étaient » remplies d'équipages et de fourgons de toute » espèce ; les voitures de parade, même celle » du sacre, les caissons du Trésor, l'argente- » rie, etc., etc., encombraient tout l'espace. Les » divers préparatifs furent achevés à neuf heures. » L'Impératrice, accompagnée de son fils, de » mesdames de Montesquiou, de Montébello, de » Brignolles, de Castiglione, etc., sortit de ses » appartements et monta dans sa voiture.

» Lorsqu'on voulut y faire monter le jeune et

» bel enfant, il résista, versa des larmes et dit
» qu'il ne voulait pas quitter le palais. J'étais près
» de lui et j'entendis l'expression de sa petite
» colère. . . . . . A trois heures après midi, ce
» long cortége, que protégeait une escorte de
» mille à douze cents hommes, arriva au palais de
» Rambouillet. Le 2 avril on était à Blois. L'Im-
» pératrice descendit à l'hôtel de la préfecture,
» au milieu d'une haie formée par la garde ur-
» baine, par les troupes de la garnison et par
» des détachements de la garde impériale qui
» l'avaient précédée ou escortée. »

Installé à Blois, le conseil de régence fit publier
le document suivant. C'est le seul qui ait signalé
son éphémère existence.

« Palais impérial de Blois, le 7 avril 1814.

» Français !

» Les évènements de la guerre ont mis la ca-
» pitale au pouvoir de l'étranger.

» L'Empereur, accouru pour la défendre, est
» à la tête de ses armées si souvent victorieuses,
» elles sont en présence de l'ennemi sous les
» murs de Paris.

» C'est de la résidence que j'ai choisie et des
» ministres de l'Empereur qu'émaneront les seuls
» ordres que vous puissiez reconnaître.

» Toute ville au pouvoir de l'ennemi cesse
» d'être libre; toute direction qui en émane est
» le langage de l'étranger, celui qu'il convient
» à ses vues hostiles de propager...

» Vous serez fidèles à vos serments; vous écou-
» terez la voix d'une princesse qui fut remise à
» votre bonne foi, qui n'oubliera point qu'elle
» est française, et qui fait sa gloire d'être associée
» au souverain que vous avez choisi.

» Mon fils était moins sûr de vos cœurs au
» temps de nos prospérités. Ses droits et sa per-
» sonne sont sous votre sauve-garde.

» *Signé,* L'IMPÉRATRICE. »

Pourquoi la conduite de Marie-Louise n'a-t-elle
pas toujours été digne du langage qu'elle tenait
dans cette pièce?

L'Impératrice annonçait dans ce document la
prise de Paris. L'empereur de Russie, le roi de
Prusse et le prince de Schwartzemberg représentant l'empereur d'Autriche y étaient en effet entrés en vainqueurs le 31 mars.

Les combinaisons du génie les plus savantes
et les mieux exécutées, la bravoure de nos troupes n'avaient pu empêcher ce funeste dénoue-
ment.

Napoléon, en voyant tout perdu, fit ce qu'il

put pour ne pas survivre au désastre. Il disputa pied à pied le sol sacré de la patrie et exposa ses jours désespérément. Ses habits furent criblés de balles, mais c'est en vain qu'il appelait du fond de l'âme une mort glorieuse. La mort n'exauça pas son vœu.

On prétend que les alliés en entrant à Paris n'avaient encore rien arrêté sur le gouvernement qu'ils destinaient à la France. Ils faisaient publier partout que leur plus cher désir était d'assurer le bonheur du pays et de ne le contraindre en rien; que leur seul ennemi, c'était Napoléon et qu'ils ne poursuivaient qu'un but, la fin de sa puissance. Mais ce but, qu'était-ce donc, sinon la chute de l'Empire? Conserver la couronne au Roi de Rome sous la régence de sa mère, n'était pas chose praticable; comment confier le gouvernement à une femme qui s'était toujours montrée étrangère et indifférente aux affaires publiques? Marie-Louise eut d'ailleurs le tort grave de ne rien faire pour amener un pareil résultat. Enfin les alliés ne disaient pas la vérité en prétendant qu'ils n'en voulaient qu'à l'Empereur. Ils poursuivaient de leur inimitié non-seulement l'homme, mais encore le principe social dont il était la personnification, c'est-à-dire la révolution de 89. Or ceux qui repoussaient les nouvelles idées, les idées de progrès ne pouvaient donner à la France qu'un seul gouvernement, celui de ses anciens rois légitimes. L'une de ces choses était la déduction de l'autre.

Pour ne pas paraître imposer Louis XVIII au pays, on s'arrangea de manière à faire éclater sur divers points des démonstrations légitimistes qui passèrent pour l'expression du sentiment public.

Quand tout fut ainsi préparé, on exigea de l'Empereur une abdication sans conditions, c'est-à-dire sans aucune réserve en faveur de son fils.

L'Empereur était alors à Fontainebleau, d'où, au commencement d'avril, il avait adressé la pièce suivante à l'armée. Nous aimons à citer cet énergique document où il flétrit avec une si calme indignation ces ingrats et ces égoïstes qui lui devaient leurs richesses et leurs honneurs, et qui, les mauvais jours venus, s'étaient montrés lâchement les premiers à lui jeter l'outrage et à hâter sa chute.

« L'Empereur remercie l'armée pour l'attache-
» ment qu'elle lui témoigne et principalement
» parce qu'elle reconnaît que la France est en
» lui et non pas dans le peuple de la capitale.
» Le soldat suit la fortune et l'infortune de son
» général, son honneur et sa religion. Le duc de
» Raguse n'a pas inspiré ces sentiments à ses

» compagnons d'armes ; il est passé aux alliés.
» L'Empereur ne peut accepter la condition sous
» laquelle il a fait cette démarche ; il ne peut pas
» accepter la vie ni la liberté de la merci d'un su-
» jet. Le sénat s'est permis de disposer du gou-
» vernement français ; il a oublié qu'il doit à
» l'Empereur le pouvoir dont il abuse mainte-
» nant, que c'est lui qui a sauvé une partie de
» ses membres de l'orage de la Révolution, tiré
» de l'obscurité et protégé l'autre contre la haine
» de la nation. Le sénat se fonde sur les articles
» de la Constitution pour la renverser. Il ne rou-
» git pas de faire des reproches à l'Empereur,
» sans remarquer que, comme premier corps de
» l'État, il a pris part à tous les évènements ;
» il est allé si loin, qu'il a osé accuser l'Empe-
» reur d'avoir changé des actes dans la publication.
» Le monde entier sait qu'il n'avait pas besoin
» de tels artifices : un signe était un ordre pour le
» sénat qui faisait toujours plus qu'on n'exigeait
» de lui. L'Empereur a toujours été accessible
» aux sages remontrances de ses ministres, et il
» attendait d'eux dans cette circonstance la justi-
» fication la plus indéfinie des mesures qu'il avait
» prises. Si l'enthousiasme s'est mêlé dans les
» adresses et discours publiés alors, l'Empereur
» a été trompé ; mais ceux qui ont tenu ce lan-

» gage doivent s'attribuer à eux-mêmes la suite
» funeste de leurs flatteries (1).

» Le sénat n'a pas honte de parler de libelles
» publiés contre les gouvernements étrangers,
» il oublie qu'ils furent rédigés dans son sein.
» Aussi longtemps que la fortune s'est montrée
» fidèle à leur souverain, ces hommes sont res-
» tés fidèles et aucune plainte n'a été entendue
» sur les abus du pouvoir. Si l'Empereur avait
» méprisé les hommes comme on le lui a reproché
» alors, le monde reconnaîtrait aujourd'hui qu'il
» avait des raisons qui motivaient son mépris.
» Il tenait sa dignité de Dieu et de la nation,
» eux seuls pouvaient l'en priver. Il l'a toujours
» considérée comme un fardeau, et lorsqu'il l'ac-
» cepta, ce fut dans la conviction que lui seul
» était à même de la porter dignement. Le bon-
» heur de la France paraissait être sa destination.
» Aujourd'hui que la fortune s'est décidée con-
» tre lui, la volonté de la nation seule pourrait
» le persuader de rester plus longtemps sur le
» trône. S'il doit se considérer comme le seul
» obstacle à la paix, il fait volontiers ce dernier
» sacrifice à la France. Il a en conséquence en-

(1). Chacune des phrases de ce manifeste à l'armée est une réponse à une des nombreuses accusations du sénat contre Napoléon.

» voyé le prince de la Moscowa et les ducs de
» Vicence et de Tarente à Paris pour entamer des
» négociations.

» L'armée peut être certaine que son honneur
» ne sera jamais mis en contradiction avec le
» bonheur de la France. »

Le 10 avril, Napoléon abdiquait solennellement;
sous la pression de la force il descendait du
trône sur lequel la France l'avait placé.

Le lendemain, l'Empereur recevait à Fontainebleau la visite de M. de Bausset porteur d'une
lettre de Marie-Louise.

« Je fus introduit, dit M. de Bausset, auprès
» du grand homme.... Il me fit beaucoup de ques-
» tions sur la santé de l'Impératrice et sur celle de
» son fils. Je le priai de m'honorer d'une réponse,
» en lui exprimant le désir que j'avais d'empor-
» ter avec moi cette consolation dont le cœur de
» l'Impératrice avait besoin. « Restez ici aujour-
» d'hui, me dit-il; ce soir je vous remettrai ma
» lettre. »

» Je trouvai Napoléon tranquille et ferme. Son
» âme était trempée fortement. Jamais peut-être
» il ne me parut plus grand. Je lui parlai de l'Ile
» d'Elbe, il savait déjà que cette principauté lui
» serait donnée. Il me fit même remarquer sur
» sa table un livre de géographie et de statistique

» qui renfermait sur cette résidence tous les
» renseignements et tous les détails qu'il voulait
» connaître. « L'air y est sain, me dit-il, et les
» habitants excellents, je n'y serai pas trop mal,
» et j'espère que Marie-Louise ne s'y trouvera
» pas mal non plus. » Il n'ignorait pas les ob-
» stacles que l'on venait de mettre à leur réunion
» au palais de Fontainebleau, mais il se flattait
» qu'une fois en possession du duché de Parme,
» L'Impératrice obtiendrait la permission de
» venir avec son fils s'établir auprès de lui à l'Ile
» d'Elbe. . . . . Il ne devait plus les
» revoir. »

Si vigoureusement trempée que fût l'âme de
l'Empereur, le désespoir et la pensée du suicide
n'y trouvèrent pas moins place un instant. Il
tombait de si haut, et dans sa chute il entraînait
la France entière; n'y avait-il pas là de quoi jus-
tifier son découragement?

Un jour, le 18 novembre 1812, au milieu des
désolantes pensées qui vinrent l'assaillir pendant
la retraite de Moscou, il lui était entré dans
l'esprit une crainte, celle d'être pris par quelque détachement de Cosaques. Dominé par cette
triste appréhension, il avait demandé au docteur
Yvan, son chirurgien ordinaire, un sachet de
poison qu'il pût porter pendant la retraite sur

sa poitrine, et qui lui épargnât l'humiliation de tomber vivant au pouvoir de l'ennemi et de subir peut-être ses insultes. A cette époque, l'Empereur n'eut heureusement pas besoin de se servir du funeste sachet, qu'à son retour à Paris il avait déposé dans une des boîtes de son nécessaire.

Mais le 12 avril 1814, vers minuit, un bruit de plaintes se fit entendre de la chambre à coucher qu'occupait l'Empereur au palais de Fontainebleau; le docteur Yvan et les ducs de Vicence et de Bassano accoururent en toute hâte. Ils trouvèrent Napoléon étendu sur une bergère, la tête appuyée dans ses mains. « La mort ne veut pas de moi, » dit-il en s'adressant au docteur Yvan et lui montrant sur une table un objet dans lequel celui-ci reconnut le sachet de 1812. L'Empereur au milieu de la nuit s'était levé, et, en proie aux plus sombres pressentiments, il avait jeté dans un verre d'eau la substance vénéneuse et avalé ce mélange; mais, par bonheur, la dose s'était trouvée insuffisante pour causer la mort.

« Le lendemain, dit le baron de Méneval,
» l'Empereur était presque entièrement remis
» de la nuit cruelle qu'il avait passée. Il déplo-
» rait toujours amèrement le malheureux état
» où il laissait la France; mais il était person-
» nellement résigné. »

Napoléon quitta Fontainebleau le 20 avril, après avoir adressé à l'armée, cette complice de sa gloire, les sublimes adieux qu'enregistra l'histoire de ce temps, et qui sont demeurés gravés dans tous les souvenirs. Il traversa les départements du Midi au milieu de dangers sans cesse renaissants et poursuivi par d'aveugles colères, qu'excitait et payait l'esprit de parti. Échappé au péril, il s'embarqua enfin pour l'île d'Elbe.

Pendant que le géant allait s'emprisonner dans cette bonbonnière, trop petite pour qu'il pût s'y mouvoir à son aise, que faisait la compagne de sa vie, la femme que la politique ava.t jetée entre ses bras?

Elle oubliait son mari et son fils, pour ne se souvenir que d'une chose, qu'elle était fille de l'Empereur d'Autriche. Elle ne parut qu'un instant se rappeler qu'elle était mère, ce fut quand, arrivée à Rambouillet, elle y reçut la première visite de son père.

« Marie-Louise, dit M. de Bausset, suivie de » son fils, des dames qui ne l'avaient point quit- » tée et des officiers de sa maison, descendit » jusqu'aux dernières marches de la porte du » palais de Rambouillet. La calèche de l'empe- » reur d'Autriche s'y arrêta. Ce prince s'em- » pressa de descendre, et lorsqu'il fut arrivé

» près d'elle, l'Impératrice prit son fils des mains
» de la comtesse de Montesquiou et le plaça vi-
» vement dans les bras de son grand-père avant
» d'avoir reçu elle-même ses premiers embrasse-
» ments. Ce mouvement produisit une émotion
» visible dans les traits de l'empereur François.
» Malheureusement le prince de Metternich était
» avec son maître ; la politique étouffa les senti-
» ments de la nature ; il était décidé qu'elle re-
» tournerait en Autriche, c'est-à-dire que le di-
» vorce de sa nationalité serait consommé avant
» qu'on lui permît de prendre possession de ses
» duchés d'Italie. »

Pour être juste, il ne faut pas pourtant jeter
sur Marie-Louise seule la responsabilité de ses
torts ; d'autres furent peut-être plus coupables
qu'elle.

Mais, avant de pousser plus loin notre récit,
essayons de peindre deux hommes qui exercèrent
une décisive influence sur les actes de la fille de
l'empereur d'Autriche et sur la destinée du Roi
de Rome. Ces deux hommes sont : l'empereur
lui-même et le trop célèbre prince de Metternich. Plus tard nous ferons connaître le comte
de Neupperg, ce successeur indigne que l'ex-Impératrice de France donna au glorieux Napoléon.

A peu près nul comme homme politique et comme souverain, le père de Marie-Louise offrait de nombreux points de ressemblance avec le trop infortuné Louis XVI. Facile comme lui aux influences de son entourage, caractère indécis et versatile, sur lequel un seul homme, son ministre Metternich, prit un ascendant réel et durable, possédant quelquefois assez bien certains détails d'une affaire, mais incapable d'en embrasser l'ensemble; bonhomme dans la vie privée, mais dépourvu de cette divine lumière de la conscience qui montre aux hommes la vraie route du devoir, et plus encore de cette volonté persévérante qui fait qu'une fois engagé dans cette voie on y marche sans dévier; cœur plus sensible à la surface que dans ses profondeurs; aimant tous ceux qui l'entouraient, ses femmes (il se maria deux fois), ses enfants, ses petits-enfants, et cependant les voyant tous mourir avec indifférence plutôt qu'avec la résignation d'un sage; nature molle et banale à laquelle il fallait l'obscurité tranquille d'un ménage bourgeois et non les agitations orageuses de la puissance souveraine, François soumettait à un froid calcul, qui ressemblait beaucoup à l'égoïsme, toutes ses actions, toutes ses affections, et préférait aux affaires de l'État les distractions champêtres.

« Il était né, a dit un homme d'esprit, pour
» pêcher à la ligne, et non pour occuper un
» trône. »

Arrivons maintenant au prince de Metternich,
à l'oracle de la Sainte-Alliance, à celui qui, pendant un tiers de siècle, tint dans ses mains les rênes
de l'absolutisme européen, à l'homme enfin dont
la finesse et l'astuce profonde parvinrent à triompher du plus grand peuple et du plus grand génie de ce siècle, de Napoléon Bonaparte et de la
France.

M. de Metternich avait fait ses études dans une
ville française, à l'Université de Strasbourg. Cet
antécédent appela sur lui l'attention du comte de
Stadion, qui l'attacha à sa personne et l'emmena
à sa suite, d'abord au congrès de Rastadt, puis
en Russie et en Prusse, où il représentait l'Autriche en qualité d'ambassadeur. La sagacité qu'il
montra et les services qu'il rendit dans ce poste
modeste d'attaché diplomatique, valurent à M. de
Metternich les fonctions d'envoyé extraordinaire
en France. Son début en cette dernière qualité
ne fut pas heureux, mais il est en parfaite harmonie avec toute sa carrière d'homme d'État.
Pendant que d'un côté il conseillait à son maître
de s'allier à l'Angleterre, d'un autre côté il offrait
hypocritement à la France une alliance avec l'Au-

triche. Napoléon, indigné qu'on l'eût pris pour dupe, donna l'ordre d'enlever de Paris le diplomate autrichien et de le conduire jusqu'à la frontière de brigade en brigade. L'ordre fut exécuté ; mais ce qui avait appelé sur M. de Metternich la colère de l'Empereur devait lui attirer les bonnes grâces de son gouvernement. Peu de temps après son départ de France, il devint ministre des affaires étrangères et l'âme du cabinet de Vienne. Nous ne contestons pas l'habileté de cet homme politique ; mais cette habileté ne fut pas souvent avouée par la morale. Son coup de maître, ce fut le mariage avec Marie-Louise. Au point de vue de l'éternelle loyauté, ce fut, nous l'avons déjà dit, un méprisable expédient ; mais à celui de l'intérêt autrichien, la conception n'était pas malheureuse, et le ministre de l'empereur François réussit à tromper tout le monde, à avoir des amis dans tous les camps, des protecteurs dans tous les cas. Napoléon, si souvent dupé par l'Autriche, le fut encore cette fois, et crut à un retour sincère ; il ne se doutait pas qu'en même temps qu'on lui faisait des protestations de dévouement, on disait à l'empereur Alexandre : « Comptez sur nous ; c'est dans l'intérêt de l'Europe que nous nous résignons à une alliance qui nous répugne. Si Napoléon est

» vainqueur, nous serons les médiateurs entre lui
» et vous ; s'il ne l'est pas, nous vous aiderons à
» le mieux écraser. » En tout cela M. de Metternich ne voyait qu'une chose, l'intérêt de son
maître, non celui de l'Europe, ou des rois, ou
de Napoléon ; il s'était arrangé de façon que l'empereur François, quelle que fût l'issue du conflit
engagé, retirât toujours, si nous pouvons nous
exprimer ainsi, *son épingle du jeu.*

Il n'entre pas dans notre sujet d'apprécier ici
M. de Metternich dans les autres actes de sa vie
publique. Nous nous contenterons de dire à cet
égard que, longtemps avant la révolution de
Vienne, qui l'a si brusquement arraché du pouvoir, ses compatriotes, pour peindre en un mot
son système gouvernemental, l'appelaient, par
une légère altération de son nom, *Mitternacht*
(traduction française, minuit). Enfin, à ceux qui
seraient encore tentés de dire, comme on l'a si
souvent répété, que sous le prince de Metternich
l'Autriche jouissait des douceurs d'un gouvernement despotique mais paternel, nous nous bor-
nerons à rappeler ces massacres de la Gallicie,
qu'un ancien ministre, M. Villemain, appelait si
énergiquement *une Jacquerie absolutiste.*

Tels étaient les deux hommes entre les mains
desquels les malheurs de la France avaient fait

tomber Marie-Louise et le fils de l'Empereur.

Les convenances exigeaient que la femme se rendît auprès de son mari, que le fils allât rejoindre son père. Marie-Louise ne quitta Rambouillet et ne sortit de France le 2 mai que pour aller en Allemagne, alors que le devoir l'appelait à l'île d'Elbe.

Racontons quelques incidents de ce voyage.

Arrivé à Bâle, le Roi de Rome s'écria, dit-on : « Ah ! je vois bien que je ne suis plus roi, mon » grand-père m'a retiré tous mes pages. » Dans le Tyrol, pendant qu'on changeait les chevaux de la voiture, un vieux soldat pleurait en regardant la mère et le fils. « Tu pleures, mon brave? » lui dit le comte de Cosi, officier autrichien de » la suite de Marie-Louise. — Eh, sans doute, ré-» pondit le vétéran ; comment ne serait-on pas » attendri à la vue de cette pauvre femme, veuve » d'un empereur vivant et mère d'un roi détrôné?»

L'Impératrice s'arrêta un jour à Inspruck, dont le palais renferme entre autres tableaux remarquables un portrait de Marie-Thérèse auprès de laquelle le peintre avait placé la jeune figure de Joseph II, son fils, à l'âge de dix ans. « En » examinant les traits de ce royal enfant, dit » M. de Bausset, nous fûmes frappés de leur » ressemblance avec ceux du jeune Napoléon II.

» Sa Majesté partagea notre opinion et fit deman-
» der son fils; je le soulevai à la hauteur du ta-
» bleau pour rendre la comparaison plus facile,
» et dès-lors cette ressemblance ne fut plus
» douteuse. Le Roi de Rome parut médiocre-
» ment satisfait de ressembler à un empereur
» d'Autriche, il dit d'un air chagrin à madame
» de Montesquiou : « On m'avait toujours dit
» que je ressemblais à mon père. »

L'Impératrice arriva enfin au palais de Schœnbrünn, où elle devait résider avec son fils, et où
elle reçut le 15 juin, son père à son retour de
France. C'est là que l'empereur d'Autriche dit à
sa fille : « Comme ma fille, tout ce que j'ai est à
» toi, même mon sang et ma vie; comme souve-
» raine, je ne te connais pas. » Je ne te connais
pas! Eh, qui donc l'avait fait souveraine si ce
n'est lui ?

Marie-Louise n'essaya pas la lutte contre la
volonté paternelle. A partir de son arrivée en Autriche, elle ne parut occupée que d'une chose,
son établissement futur dans le duché de Parme.
Un jour, elle poussa même l'oubli de toute bien-
séance jusqu'à assister en loge grillée à une fête
que son père donnait aux souverains réunis à
Vienne pour célébrer la chute de Napoléon.

Plaçons maintenant en regard de cette indiffé-

rence la douleur sincère et touchante que témoigna l'épouse délaissée. L'affliction de Joséphine
après la prise de Paris et l'abdication de l'Empereur, fut profonde. « Pourquoi ai-je consenti à ce
» fatal divorce? répétait-elle sans cesse, il est
» malheureux, et je n'ai pas le droit d'aller par-
» tager son malheur. » Tant d'émotions la brisè-
rent, et elle mourut le 29 mai 1814. Ses dernieres
paroles furent celles-ci qu'elle prononça dans le
délire de l'agonie : « L'Ile d'Elbe!... Napoléon!...
» me voilà! me voilà! »

Il ne suffisait pas aux ennemis de l'Empereur
de l'atteindre dans ses affections les plus chères
en retenant loin de lui le fils et la mère. Il fallait
davantage à leur haine; il fallait rendre tout rapprochement impossible. Pour atteindre ce but, on
ne recula pas même devant le déshonneur de
Marie-Louise, et on ne craignit pas de tacher par
le ridicule ce grand nom de Napoléon.

L'empereur François, nous n'en doutons pas,
demeura étranger à cette intrigue ignoble dont
la pensée dut appartenir tout entière à son ministre et qui fut révélée par ce mot du prince de
Talleyrand : « *En confiant à un homme habile le*
» *soin d'occuper l'archiduchesse, on aurait bon mar-*
» *ché de l'ex-Impératrice.* Calcul infâme qui tendait à étouffer les sentiments généreux de la mère

et de l'épouse sous les faiblesses de la femme ; qui, pour vaincre les bons et vertueux instincts, encourageait les penchants sensuels et les mauvaises passions.

Marie-Louise avait obtenu de son père la permission d'aller prendre les eaux à Aix. Elle laissa le Roi de Rome à Schœnbrünn, et partit au commencement de juillet. Elle devait trouver en route l'homme choisi par le prince de Metternich pour la *distraire;* cet homme, c'était, comme nous l'avons dit, le comte de Neupperg. Peu scrupuleux, plein d'ambition, et déjà marié à cette époque, circonstance qui semblait rendre tout soupçon impossible, le comte remplissait toutes les conditions nécessaires au rôle qu'on lui destinait.

Mais rendons ici la parole à M. de Méneval.

« Le 17 juillet, dit-il, l'Impératrice fut reçue
» à Carouge, par le général Neupperg, qui vint
» au-devant d'elle à cheval, la salua à la portière
» et l'accompagna jusqu'à Aix ; c'était la seconde
» fois qu'elle le voyait. Sa vue lui causa une
» impression désagréable qu'elle ne dissimula
» pas. Etait-ce l'instinct d'un cœur honnête, qui
» l'avertissait secrètement du danger de se livrer
» à ses conseils ? Le comte n'était pas au reste,
» doué d'avantages extérieurs remarquables.
» Un bandeau noir cachait la cicatrice profonde

» d'une blessure qui l'avait privé d'un œil ; mais
» cet inconvénient disparaissait quand on le
» considérait avec quelque attention ; cette bles-
» sure allait même assez bien avec l'ensemble de
» sa figure, qui avait un caractère martial. Il avait
» les cheveux d'un blond clair, peu fournis et cré-
» pus. Son regard était vif et pénétrant ; ses traits
» n'étaient ni vulgaires ni distingués, leur en-
» semble annonçait un homme délié et subtil.
» Son teint, dont le ton général était coloré,
» manquait de fraîcheur ; l'altération causée par
» les fatigues de la guerre et de nombreuses bles-
» sures, s'y découvrait au premier coup d'œil.
» Il était d'une taille moyenne, mais bien prise,
» et l'élégance de sa tournure était relevée par la
» coupe dégagée de l'uniforme hongrois. Le gé-
» néral Neupperg avait alors quarante-deux ans
» environ. Son abord était celui d'un homme
» circonspect, son air habituel était bienveillant,
» mêlé d'empressement et de gravité. Ses ma-
» nières étaient polies, insinuantes et flatteuses.
» Il possédait des talents agréables, et surtout ce-
» lui de la musique. Actif, adroit, peu délicat,
» il savait cacher sa finesse sous les dehors de
» la simplicité ; il s'exprimait avec grâce et écri-
» vait de même ; à beaucoup de tact, il joignait
» l'esprit d'observation. L'attention réfléchie

» qu'il prêtait aux paroles de son interlocuteur,
» annonçait qu'il savait tirer parti du talent
» d'écouter. Tantôt sa physionomie prenait une
» expression caressante, tantôt son regard cher-
» chait à comprendre la pensée. Autant il était
» habile à pénétrer les desseins des autres, au-
» tant il était prudent dans la conduite des siens.
» Joignant les apparences de la modestie à un
» grand fonds de vanité et d'orgueil, il ne par-
» lait jamais de lui. Il était brave à la guerre ;
» ses nombreuses blessures prouvaient qu'il ne
» s'y était pas épargné. »

Tel était l'homme qui ne tarda pas à faire oublier tous ses devoirs à Marie-Louise. Nous ne
voulons pas nous montrer trop sévères, mais nous
ne pouvons pas nous dispenser de faire remarquer que cette liaison ne présenta même pas
d'un côté ou de l'autre cette circonstance atté-
nuante, qui quelquefois rend excusables, sans
les couvrir, les fautes de ce genre ; la passion
sincère et dévouée. Le comte de Neupperg ne
fut dans cette intrigue qu'un comédien d'amour,
qu'un mannequin obéissant dont une main cachée faisait mouvoir tous les ressorts ; quant à
Marie-Louise, nous nous contenterons de rapporter deux faits. La veille de la mort de M. de
Neupperg, à Parme, elle se montrait au théâtre,

sachant pourtant, comme tout le monde, qu'il était à l'agonie, et quelques jours après que son second époux eut rendu le dernier soupir, elle avait déjà fait un autre choix dans la personne de M. de Bombelles, qu'elle épousa également de la main gauche et en troisièmes noces (1).

On comprend qu'une fois sous le joug du comte de Neupperg, Marie-Louise devait être peu disposée à un retour auprès de l'Empereur. Quoiqu'il ne comptât pas sur un succès, celui-ci néanmoins fit ce qu'il put pour avoir près de lui son fils et sa femme. Il envoya donc vers l'Impératrice M. Hurault de Sorbié, avec la mission de la conduire à l'île d'Elbe; mais elle refusa catégoriquement, après un entretien avec le comte de Neupperg.

Après quelques mois de séjour à Aix, Marie-Louise retourna à Schœnbrünn, auprès du Roi de Rome, dont l'état, soit physique, soit intellectuel n'avait aucunement souffert de l'absence de sa mère. « A son retour à Schœnbrünn, dit » Méneval, Marie-Louise ne trouva de véritable » bienveillance pour elle et pour son fils qu'auprès de son père et de ses sœurs; le reste de » la famille impériale ne portait pas à cet enfant

(1). M. de Neupperg mourut en 1829.

» l'intérêt dû à son âge et à sa position. L'Impé-
» ratrice et ses beaux-frères ne parlaient de rien
» moins que de faire de lui un évêque; l'empe-
» reur était quelquefois obligé de leur imposer
» silence. Ces sentiments hostiles contre l'em-
» pereur Napoléon et contre son fils étaient par-
» tagés par cette foule d'agents subalternes et
» de publicistes de bas étage que la curée des
» dépouilles de l'empire français attirait à
» Vienne; ils trouvaient un écho dans une cer-
» taine classe de Viennois.

» Ma plus douce distraction à cette époque,
» poursuit M. de Méneval, consistait à passer
» quelques heures dans l'appartement du jeune
» prince. Sa gentillesse, sa douceur, la vivacité
» de ses reparties étaient pleines de charmes; il
» avait alors près de quatre ans; il était fort,
» bien constitué et d'une santé excellente; sa
» chevelure blonde, touffue et bouclée, enca-
» drait un visage frais, dont les traits réguliers
» étaient animés par de beaux yeux bleus. Il avait
» une intelligence précoce, et son instruction dé-
» passait celle des enfants de son âge. Madame
» de Montesquiou, qui ne le quittait pas, même
» la nuit, et qui le soignait avec la sollicitude
» d'une mère, se levait tous les jours à sept heu-
» res, et commençait aussitôt après la prière ses

» leçons quotidiennes. Le jeune prince, non-
» seulement lisait couramment, mais savait même
» un peu d'histoire et de géographie; les pre-
» mières connaissances élémentaires lui étaient
» déjà familières. L'abbé Lanti, aumônier de la
» légation française, venait causer avec lui en
» italien; un valet de chambre ne lui parlait
» qu'allemand. L'enfant se faisait déjà compren-
» dre dans ces deux langues; mais il éprouvait
» la plus grande répugnance à s'exprimer dans
» la dernière. »

Non-seulement Marie-Louise refusait d'aller
rejoindre son mari, mais encore elle ne tarda
pas à cesser de lui écrire, et ne recevait plus de
lettres de lui sans les remettre à son père. C'est
encore M. de Méneval qui nous l'apprend.

» Peu de temps après le retour à Schœnbrünn,
» dit-il, d'où j'envoyais à l'Empereur des nou-
» velles de l'Impératrice et de son fils, je lui de-
» mandai une lettre pour la joindre à la mienne.
» J'appris alors que le prince de Metternich,
» dans une longue audience qu'elle avait ac-
» cordée à ce ministre, avait exigé d'elle la pro-
» messe de n'entretenir aucune correspondance
» avec l'Empereur sans l'assentiment de son père,
» et de lui remettre les lettres qu'elle recevrait.
» L'Impératrice ajouta que c'était bien contre

» son gré qu'elle s'était soumise, en désespoir de
» cause, à cette cruelle nécessité. Un jour, au re-
» tour d'une des visites journalières qu'elle fai-
» sait au palais impérial, à Vienne, elle en rap-
» porta une lettre de l'empereur Napoléon, en
» date du 20 novembre, que son père lui avait
» remise. L'Empereur se plaignait du silence de
» l'Impératrice, et la priait de lui écrire pour lui
» donner de ses nouvelles et de celles de son fils.
» Cette lettre était depuis quatre jours dans les
» mains de l'empereur d'Autriche. Elle avait été
» sans nul doute communiquée aux souverains ;
» car c'était dans cette intention, et pour prou-
» ver sa bonne foi à ses alliés, que l'empereur
» François avait exigé de sa fille la remise des
» lettres que lui adressait son époux. L'Impéra-
» trice ne fit aucune réponse, attendu que la per-
» mission ne lui était pas accordée. Je suppléai à
» son silence, etc., etc. »

Pendant que de cruelles inimitiés frappaient
ainsi Napoléon jusque dans ses affections de famille, le congrès de Vienne, par son empressement aux fêtes que l'empereur d'Autriche donnait journellement à ses hôtes couronnés, par
son éloignement pour les affaires sérieuses, jus-
tifiait le mot heureux du maréchal prince de Ligne : « Le congrès ne marche pas, il danse. » Les

vainqueurs de la France commençaient à se sus-
pecter les uns les autres ; c'était , parmi ces souverains qui avaient affiché des sentiments si généreux et hypocritement qualifié leur ligue égoïste
de *Sainte-Alliance*, c'était à qui obtiendrait la plus
belle part dans les dépouilles de l'Empire. Les
convoitises se démasquaient, les ambitions lut-
taient, non au grand jour et sur les champs de
bataille, mais par les ténébreuses manœuvres de
la diplomatie.

En même temps la première Restauration commettait les fautes que chacun sait , fautes telles
que la vérité en arracha l'aveu à Louis XVIII lui-
même, et qu'elles firent dire du parti légitimiste
qu'il n'avait, dans l'exil et le malheur, rien appris
ni rien oublié. La France voyait tous les jours
plus clairement que les Bourbons n'avaient aucune intelligence des intérêts généraux du pays,
que la nouvelle royauté fonctionnait, à son insu
ou volontairement, non au profit de tous, mais
au profit d'une classe de privilégiés. Le mécontentement, au commencement de 1815, avait pris
de si redoutables proportions , que Fouché écrivait au prince de Metternich : « Le nouveau gou-
» vernement a tellement indisposé les esprits ,
» que si le fils de l'Empereur, conduit par un
» paysan, sur un âne, venait à paraître à Stras-

» bourg, le premier régiment auquel il serait
» présenté l'emmènerait sans obstacle jusqu'à
» Paris. »

Tel était l'état de la France quand les souverains réunis à Vienne apprirent que Napoléon venait de quitter tout à coup l'île d'Elbe.

La foudre éclatant au milieu de leur salle de délibérations n'eût pas produit un effet plus terrible.

Cette nouvelle leur parvint le 7 mars; mais ce ne fut que le surlendemain qu'ils connurent la direction qu'avait prise Napoléon. Ils le croyaient d'abord parti pour l'Italie; ils surent qu'il avait débarqué en France.

« Dès ce moment, raconte M. de Méneval,
» toutes les fêtes cessèrent à Vienne et firent
» place à une activité silencieuse; les séances du
» congrès furent enveloppées d'un mystère impénétrable. Le *Béobachter* (Gazette de Vienne),
» journal rédigé sous les inspirations du premier
» ministre, fut muet; les plus simples nouvelles
» de la ville y revenaient par les journaux des
» autres États de l'Allemagne. Toute communication avec la France fut sévèrement interdite; la
» surveillance devint insupportablement tracassière. La police, à l'exemple des guêpes, vous
» assaillait au passage, vous suivait partout, péné-

» trait sous mille prétextes dans l'intimité du
» foyer; elle mettait les domestiques allemands
» au désespoir, en exigeant d'eux avec menace
• des révélations qu'ils ne pouvaient pas faire,
» parce qu'ils n'avaient rien à dénoncer.

» Les journaux français étaient prohibés et
» soigneusement celés par les ministres autri-
» chiens et par ceux des puissances alliées qui les
» recevaient. Les journaux allemands seuls don-
» naient des nouvelles de France. »

Les monarques coalisés s'étaient d'abord flat-
tés de l'espoir que Napoléon ne réussirait pas, et
que l'armée, malgré son dévouement connu, re-
noncerait à le défendre contre les répugnances
des royalistes et les hostilités plus récentes de la
classe bourgeoise. Qu'on juge de leur stupéfac-
tion et de leur épouvante, quand ils connurent sa
marche triomphale de Cannes à Paris.

Napoléon ne fut pas plus tôt installé aux Tuileries, qu'avait quitté sans bruit Louis XVIII,
qu'il manifestait hautement son désir de conserver la paix, et réclamait sa femme et son fils à
l'Autriche.

Voici comment on répondait à ses dispositions
pacifiques et à ses légitimes réclamations.

L'Autriche, l'Angleterre, la Russie et la Prusse
resserraient les liens de leur alliance par un nou-

veau traité dont les principales clauses portaient que ces quatre puissances s'engageaient à user de toutes leurs ressources pour combattre les desseins de Napoléon, et que, pour atteindre ce but, chacune d'elles s'obligeait à tenir constamment en campagne cent cinquante mille hommes. Ce traité fut soumis à toutes les puissances secondaires, qui y donnèrent leur adhésion. La Suède seule, qui avait concouru à la campagne précédente, se détacha cette fois du faisceau de la ligue monarchique, par suite d'un mécontentement de Bernadotte.

En même temps les rois de la Sainte-Alliance publiaient le manifeste suivant, où l'Empereur, le héros de cinquante batailles, était traité comme un bandit qui a rompu son ban, comme une bête fauve dont il fallait purger le monde.

« Les puissances qui ont signé le traité de Paris,
» réunies en congrès à Vienne, informées de l'é-
» vasion de Napoléon et de son entrée à main ar-
» mée en France, doivent à leur propre dignité et
» à l'intérêt de l'ordre social une déclaration so-
» lennelle des sentiments que cet évènement leur
» a fait éprouver.

» En rompant la convention qui l'avait établi à
» l'île d'Elbe, Bonaparte a détruit le seul titre lé-
» gal auquel son existence se trouvait attachée.

» En reparaissant en France avec des projets

» de troubles et de bouleversements, il s'est privé
» lui-même de la protection des lois, et a mani-
» festé à la face de l'univers qu'il ne saurait y
» avoir ni paix ni trêve avec lui.

» Les puissances déclarent, en conséquence,
» que Napoléon Bonaparte *est placé hors des relations*
» *civiles et sociales, et que, comme ennemi et perturba-*
» *teur du monde, il s'est livré à la vindicte publique.* »

L'Impératrice elle-même n'était guère plus favorable que les souverains alliés à ce prodigieux
succès de son mari. Dans les premiers moments,
l'incertitude de l'avenir la tenait en suspens et
elle n'osait pas se prononcer. Tantôt elle disait
qu'elle ne retournerait pas en France, parce
qu'elle n'entrevoyait aucun espoir de repos pour
ce pays. Tantôt elle disait que si Napoléon renon-
çait à ses vues ambitieuses et se contentait de régner pacifiquement sur la France, elle retournerait volontiers dans ce pays, ayant toujours eu de
la sympathie pour les Français. Mais enfin ses
pensées se fixèrent, et, les exprimant par une démarche solennelle, elle écrivit le 15 mars sur les
instances de M. de Neupperg, au prince de Metternich, qu'étant tout à fait étrangère aux projets
de Napoléon, *elle invoquait la haute protection des*
alliés.

Peu de temps après, elle recevait une lettre

dans laquelle Napoléon la pressait d'aller le rejoindre à Paris ; elle refusa d'y répondre.

« Un jour, dit M. de Méneval, je venais de re-
» cevoir par un exprès une lettre de l'Empereur,
» une du roi Joseph et une de la reine sa femme,
» adressées à Marie-Louise. Je les lui remis en lui
» disant que je m'acquittais d'une commission
» dont j'étais chargé. Elle me rappela qu'elle ne
» pouvait les prendre que pour les remettre à son
» père, conformément au serment qu'elle lui
» avait fait, et que si je jugeais à propos de les
» retirer, elles seraient considérées comme non-
» avenues. Comme ces lettres lui étaient desti-
» nées, et qu'il y avait plus d'avantage que d'in-
» convénient à ce qu'elles fussent lues, je la
» priai de les recevoir et d'en faire l'usage qui
» lui conviendrait. Nous échangeâmes ensuite
» quelques paroles sur son refus de se réunir à
» l'Empereur. Elle répondit avec un peu d'ai-
» greur que sa résolution à cet égard était irré-
» vocable. Quand je lui objectai qu'il n'y avait pas
» d'engagements irrévocables, et que telles circon-
» stances pourraient se présenter qui rendissent
» son retour en France obligatoire, elle se hâta de
» me répondre que le droit de son père, lui-même,
» n'allait pas jusque-là..... Cet entretien fut le der-
» nier que j'eus avec elle sur ce sujet, son parti me

» parut si obstinément arrêté, que désormais je
» jugeai superflu d'y revenir. »

Le Roi de Rome ne montra pas dans cette circonstance l'insensibilité de sa mère. Déjà à l'âge
de quatre ans il ressentait d'instinct pour son
père cette tendresse idolâtre, dont il donna,
comme nous le verrons, jusqu'à sa mort, de si
nombreux témoignages. Sans doute quelque indiscrétion involontaire au palais de Schœnbrünn
l'instruisit du départ de l'île d'Elbe; car les auteurs divers qui ont écrit sur les événements de
cette époque, s'accordent tous à dire qu'on vit
tout à coup éclater sur ses traits une satisfaction
inaccoutumée, et qu'il parut dans le courant du
mois de mars porter sa tête avec plus de fierté
qu'à l'ordinaire. Un matin, après avoir fait sa
prière devant sa digne gouvernante, madame
Montesquiou, il demanda à la recommencer, et
quand il fut arrivé à ces mots qu'on lui avait appris : « Mon Dieu, veillez sur mon père ! » le
pauvre enfant les prononça, dit-on, avec tant d'é-
motion, qu'il ne put achever et se précipita en
sanglottant entre les bras de son institutrice.

Madame de Montesquiou ne devait pas tarder
à recevoir le châtiment du zèle qu'elle apportait
dans l'accomplissement de ses devoirs. Du reste,
on avait répandu le bruit que le comte Anatole,

son fils, n'était arrivé récemment en Autriche que pour y enlever le jeune prince et le conduire en France. Aussi le 10 mars, à huit heures du soir, s'assurait-on de la personne du Roi de Rome en le faisant brusquement partir de Schœnbrünn pour Vienne, et le lendemain, 20, signifiait-on brutalement son congé à madame de Montesquiou. Cette dame, à laquelle on n'aurait à reprocher que deux choses qui l'honorent, sa tendresse pour son élève et son dévouement éprouvé pour Napoléon, protesta inutilement contre la violence dont elle était victime. Elle dut se soumettre, mais après avoir fait constater, d'abord qu'elle cédait uniquement à la force, et ensuite qu'elle laissait l'enfant dans un état de parfaite santé ; elle exigea, pour remplir ce double objet, un ordre écrit de l'empereur d'Autriche et un certificat de médecin.

Au sortir des mains de madame de Montesquiou, l'héritier de Napoléon tomba dans celles d'une gouvernante autrichienne, la veuve du général Métrowsky.

Cependant le moment approchait où Napoléon allait jouer sa dernière partie contre l'Europe monarchique. Nous avons vu plus haut que les rois coalisés, par une singulière hypocrisie, tout en faisant la guerre à la France, affirmaient jésui-

tiquement que c'était le bonheur de la France
qu'ils voulaient. Ils ne poursuivaient, disaient-ils,
dans Napoléon que l'incorrigible ennemi du repos de l'Europe; pourvu que Napoléon disparût
de la scène politique, ils étaient disposés à laisser pleine liberté au peuple qu'il cesserait de
gouverner. Or, en 1815, le langage changea, et
soit qu'à cette époque les souverains alliés, médi-
tant un partage qu'après la victoire ils n'osèrent
réaliser, se préparassent à faire dans notre pays
ce qu'ils avaient fait en Pologne en 1755; soit
que, pour exciter le zèle et le courage de leurs
soldats, ils jugeassent utile de les allécher par
l'appât des récompenses matérielles, ils laissaient
publier sans protestation les documents suivants :

« Extrait du journal allemand intitulé : *le Mer-*
» *cure du Rhin* (Authentique).

» La guerre qui s'allume est contre les Fran-
» çais, et non contre Napoléon. La vanité est
» l'essence prédominante dans le sang français;
» pour satisfaire cette vanité, il faut des révoltes
» et des conquêtes. Si nous avions des raisons
» politiques pour supprimer Napoléon comme
» prince, nous en avons de plus grandes aujour-
» d'hui pour anéantir les Français comme peu-
» ple : on n'a qu'à leur donner beaucoup de prin-
» ces sans empires, et les organiser à l'instar des

» peuples allemands. Le monde ne saurait rester
» en paix, aussi longtemps que le peuple fran-
» çais existera ; qu'on le change donc en peuple
» de Bourgogne, de Neustrie, d'Aquitaine, etc.,
» etc., etc., et l'on sera plus tranquille. Mais cette
» nouvelle organisation de la France est plus
» difficile aujourd'hui qu'elle ne l'eût été à l'é-
» poque où les Bourbons reçurent de nous le
» trône, et le peuple français sa liberté.

» Alors Napoléon était épuisé, tandis qu'au-
» jourd'hui, devant ses forces renouvelées, nous
» ne sommes point d'accord, etc., etc. »

Voici le second document :

« Braves camarades,

» Cette nation, si longtemps fière de ses triom-
» phes, et dont nous avons courbé le front or-
» gueilleux devant les aigles germaniques, me-
» nace de troubler encore la paix de l'Europe.
» Elle ose oublier que, maîtres de sa capitale et
» de ses provinces, nous devions, aux dépens d'un
» gouvernement dangereux, nous indemniser, il
» y a un an, par un partage que tous les sacri-
» fices que nous avions faits pour affranchir l'Al-
» lemagne rendaient nécessaire et légitime. Elle
» a laissé pénétrer sans résistance jusqu'au trône

» de la France un guerrier turbulent que notre
» prudence avait relégué sur le rocher brûlant
» de l'île d'Elbe; elle a accueilli cet homme; elle
» a vu fuir la famille des Bourbons, et s'est plu-
» tôt armée contre elle que pour le soutien de sa
» cause.

» Allemands! un pays ainsi livré au désordre
» de l'anarchie, et dans lequel les révolutions se
» succèdent sans fin, menacerait l'Europe d'une
» entière dissolution, si tous les hommes de cœur
» ne s'armaient contre lui. Ce n'est plus dans
» l'intention de lui rendre des princes dont il ne
» veut pas, ce n'est plus pour chasser le guerrier
» dangereux qui s'est mis à leur place, que nous
» nous levons aujourd'hui; c'est pour dévorer
» cette terre impie que la politique des princes
» ne peut plus laisser subsister un instant sans
» danger pour leurs trônes; c'est pour vous in-
» demniser, par une juste part de ses provinces,
» de tous les sacrifices que nous avons faits depuis
» vingt-cinq ans pour résister à ces désordres.

» Guerriers! cette fois vous ne combattrez plus
» à vos dépens. La France, dans ses fureurs dé-
» magogiques, a vendu à vil prix des biens im-
» menses pour attacher le peuple à sa cause; ces
» biens, qu'on a osé appeler nationaux, sont-ils
» légitimement acquis? Une sage administration

» ressaisira la masse, et cette masse formera en-
» fin de nobles dotations à nos braves de tous les
» rangs et de tous les mérites. Ainsi les princes
» et les sujets allemands trouveront à la fois, dans
» la fin de cette guerre contre la tyrannie, les
» premiers, des vassaux que nos lois courberont
» sous la discipline, et les seconds, des biens fer-
» tiles dans un pays que nos baïonnettes maintien-
». dront dans une terreur nécessaire.

> » *Dusseldorf, le* 13 *avril* 1815.

> » Le gouverneur général, J. GRIENER. »

On comprend le rôle qu'était appelé à jouer le
Roi de Rome dans les suites de la grande lutte
qui s'approchait. Pas plus en 1815 qu'en 1814,
l'Autriche ne destinait le fils de l'Empereur à hé-
riter du sceptre paternel ; cette combinaison, du
reste peu praticable, aurait trop répugné aux
puissances rivales, qui auraient craint tout à la
fois de couronner, dans cet enfant d'un soldat
parvenu, l'esprit révolutionnaire, et d'accroître, à
leur préjudice, l'influence en Europe du cabinet
de Vienne. Mais le Roi de Rome n'en était pas
moins un instrument bon à deux fins : si la victoire revenait sous les drapeaux de Napoléon,
l'enfant devait servir à désarmer les colères du

vainqueur contre l'Autriche, et dans le cas contraire, si la coalition triomphante replaçait les Bourbons sur le trône légitime, M. de Metternich se réservait de faire du jeune prince une sorte de menace vivante, comme une épée de Damoclès sans cesse suspendue sur la tête de la royauté restaurée.

C'était dans les deux hypothèses, au profit d'une espèce de *chantage* diplomatique, que devait fonctionner ce précieux captif du cabinet de Vienne.

Le but du cabinet autrichien aurait été moins facile à atteindre peut-être, si on eût toléré autour du Roi de Rome ce cortége empressé et fidèle qui avait accompagné son exil sur la terre étrangère. Après avoir éloigné madame de Montesquiou, il fallait être conséquent et écarter tout ce qui restait de Français autour de lui.

M. de Méneval devait donc avoir son tour. Voici en quels termes il raconte sa dernière entrevue avec le fils de l'Empereur :

« Je remarquai avec peine son air sérieux et
» même mélancolique; il avait perdu cet enjoue-
» ment et cette loquacité enfantine qui avaient
» tant de charmes en lui. Il ne vint pas à ma
» rencontre, et me vit entrer sans donner aucun
» signe qui annonçât qu'il me connût. On eût

» dit que le malheur commençait déjà son œuvre
» sur cette jeune tête. Quoiqu'il fût déjà depuis
» plus de six semaines confié aux personnes avec
» lesquelles je le trouvai, il ne s'était pas encore
» familiarisé avec elles, et il semblait regarder
» avec défiance ces figures qui étaient demeurées
» nouvelles pour lui. Je lui demandai, en leur
» présence, s'il me chargeait de quelques com-
» missions pour son père, que j'allais revoir.
» Sans me répondre, il me regarda d'un air
» triste et significatif; puis, dégageant douce-
» ment sa main de la mienne, il se retira silen-
» cieusement dans l'embrasure d'une croisée
» éloignée. Après avoir échangé quelques paroles
» avec les personnes qui étaient dans le salon,
» je m'approchai de l'endroit où il était resté à
» l'écart debout et dans une attitude d'observa-
» tion; et comme je me penchais vers lui pour
» lui faire mes adieux, frappé de mon émotion,
» il m'attira vers la fenêtre et me dit tout bas en
» me regardant avec une expression touchante :
» Monsieur *Méva,* vous lui direz que je l'aime
» toujours bien. » — Le pauvre orphelin sentait
» déjà qu'il n'était plus libre, et qu'il n'était
plu s avec des amis de son père. Il redemandait
» sans cesse sa maman *Quiou* à madame Mar-
» chand, qui avait été laissée près de lui, et qu'il

» aimait beaucoup. Cet excellente femme, qui
» l'avait reçu dans ses bras à sa naissance, re-
» tourna en France un an après, et cette retraite
» fut pour le jeune prince un nouveau sujet de
» chagrins. Quand on cessa de l'appeler du nom
» de Napoléon, il en conçut un grand déplaisir.
» On eût dit que la gravité des circonstances où
» se trouvait ce jeune prince s'était révélée à son
» esprit et avait hâté sa maturité. »

Pendant qu'on éloignait du jeune prince tout
ce qui aurait pu lui rappeler la gloire paternelle,
le jour néfaste de la bataille de Waterloo se levait
sur la France. On sait les incidents de cette terrible journée, où la désertion du général Bour-
mont et l'arrivée inopinée du Prussien Blücher
transformèrent en défaite un triomphe presque
certain.

Le 21 juin 1815, le lion blessé rentrait à l'É-
lysée : « Je trouvai, dit le baron de Méneval,
» l'Empereur accablé de fatigues et de soucis,
» mais supérieur à la douleur qui le dévorait. Il
» était dans son bain, où le besoin de réparer
» promptement ses forces épuisées l'avait forcé
» de se plonger à son arrivée. Il avait quitté l'ar-
» mée malgré les instances contraires ; il ne se
» considérait pas seulement comme général, il
» était aussi chef de l'Empire. Oubliant son in-

» térêt personnel et la force qu'il aurait tirée de
» sa présence au milieu de ses soldats, il était
» venu demander aux Chambres leur concours,
» dont il ne voulait pas se passer, pour arrêter
» la marche des armées ennemies, que l'espoir
» d'une seconde occupation poussait sur Paris.
» Mais de folles divisions, le conflit des passions
» républicaines et royalistes, les ambitions de
» quelques hommes influents, un esprit de ver-
» tige, enfin, rendirent nuls ses efforts. Il donna
» alors, comme il l'avait fait en 1814, comme il
» venait de le faire en quittant l'armée pour se
» confier aux Chambres, une nouvelle preuve que
» la conservation de son trône n'entrait pour rien
» dans sa décision. Pendant les deux heures qui
» précédèrent et suivirent son abdication, je le
» vis absorbé par les hautes pensées que lui ins-
» piraient les prévisions de l'avenir de la France,
» soit qu'il abdiquât, soit qu'il restât au pouvoir,
» privé de l'assistance des Chambres et réduit au
» rôle de factieux. Une apparente insensibilité
» le rendait sourd au dévouement de ses frères
» et aux excitations de quelques serviteurs fidèles
» qui le poussaient aux mesures énergiques. L'é-
» preuve qu'il venait de faire avait ouvert ses
» yeux ; que pouvait-il sans le concours des
» Chambres égarées ? Il ne voulut pas ajouter les

» horreurs de la guerre civile aux malheurs ré-
» sultant de l'invasion étrangère. Il sentait que
» sa mission était terminée; il ne pouvait plus
» recommencer une carrière de prodiges, le
» temps, les éléments n'étaient plus les mêmes.
» Toutefois il se rendait la justice qu'il n'avait
» point failli à son mandat. Une union intime des
» corps de l'État avec lui pouvait seule sauver la
» France; elle lui manquait : il jugea dès lors que
» tout succès était désormais impossible, etc., etc.

Napoléon, en effet, au retour de l'île d'Elbe, avait dû transiger avec le parti populaire. Dans un moment où l'unité du pouvoir était plus que jamais nécessaire pour triompher des immenses périls qui menaçaient la France, il s'était vu contraint, de modifier les constitutions primitives de l'Empire par l'acte additionnel et de faire de dangereuses concessions à cet esprit de liberté, à ce principe de libre discussion qui, sans doute, peuvent en temps de paix, rendre des services à la cause publique, mais qui offrent plus d'inconvénients que d'avantages aux époques de guerres, et ont surtout le tort d'énerver l'autorité, par les conflits et les tiraillements. Devant l'hostilité de la puissance législative, Napoléon crut devoir résigner sa couronne pour la seconde fois. Il abdiqua dans les termes suivants :

« FRANÇAIS !

» En commençant la guerre pour soutenir l'in-
» dépendance nationale, je comptais sur la réu-
» nion de tous les efforts, de toutes les volontés
» et sur le concours de toutes les autorités natio-
» nales. J'avais des raisons pour espérer de réus-
» sir, et je bravai toutes les déclarations des puis-
» sances contre moi. Les circonstances paraissent
» changées. Je m'offre en sacrifice à la haine des
» ennemis de la France. Puissent-ils être sincères
» dans leurs déclarations, et n'en avoir jamais
» voulu qu'à ma personne. Ma carrière politique
» est terminée, je proclame mon fils, sous le nom
» de Napoléon II, empereur des Français. Les mi-
» nistres actuels formeront provisoirement le con-
» seil du gouvernement. L'intérêt que je porte à
» mon fils, m'engage à inviter les Chambres à or-
» ganiser sans délai la régence par une loi. Unis-
» sez-vous tous pour le salut public et pour rester
» nation indépendante. »

Non-seulement on ne tint aucun compte de ce
testament politique d'un père au profit de son
fils, testament sanctionné d'avance par le libre
vœu du pays lors de l'établissement de l'Empire,
mais encore la ruse et la force furent employées
tout ensemble pour mettre sous la main de ses
ennemis le vaincu de Waterloo. Nous n'avons pas

besoin de dire comment le capitaine anglais Mait-
land, commandant d'une frégate anglaise, ayant
proposé à Napoléon de le conduire en Angleterre,
celui-ci accepta son offre ; comment on répondit
à cette généreuse confiance en conduisant au bout
du monde et malgré lui un homme qui s'était toujours montré pour tous le plus loyal des adversaires. Nous croyons, toutefois, devoir donner
place dans ce volume à l'éloquente protestation
qu'adressa l'Empereur au cabinet de Londres à
l'instant même où on venait de lui signifier sa
sentence de déportation. « Je proteste selennelle-
» ment ici, écrivit-il, à la face du ciel et des hommes,
» contre la violence qui m'est faite, contre la vio-
» lation de mes droits les plus sacrés, en dispo-
» sant par la force de ma personne et de ma li-
» berté. Je suis venu librement à bord du *Belléro-*
» *phon*, je ne suis pas prisonnier, je suis l'hôte de
» l'Angleterre. J'y suis venu à l'instigation même
» du capitaine qui m'a dit avoir des ordres du
» gouvernement pour me recevoir et me conduire
» en Angleterre avec ma suite, si cela m'était
» agréable. Je me suis présenté de bonne foi pour
» me mettre sous la protection des lois de l'An-
» gleterre. Aussitôt assis sur le *Bellérophon*, je fus
» sur le foyer du peuple britannique ; si le gou-
» vernement, en donnant ordre au capitaine du

» *Bellérophon* de me recevoir ainsi que ma suite
» n'a voulu que me tendre une embûche, il a
» forfait à l'honneur et flétri son pavillon. Si cet
» acte se consommait, ce serait en vain que les An-
» glais voudraient désormais parler de leur loyauté,
» de leurs lois ; la foi britannique se trouverait
» perdue dans l'hospitalité du *Bellérophon.*

» J'en appelle à l'histoire : elle dira qu'un
» ennemi qui fit longtemps la guerre au peu-
» ple anglais, vint librement, dans son infor-
» tune, chercher un asile sous ses lois. Quelle
» plus éclatante preuve pouvait-il lui donner de
» son estime et de sa confiance ? Mais, comment
» répondit l'Angleterre à une pareille magnani-
» mité ? On feignit de tendre une main hospita-
» lière à cet ennemi, et quand il se fut livré de
» bonne foi, on l'immola. »

Ce cri, d'une douleur pleine de dignité ne fut
pas écouté, et le héros arrivait peu de temps
après à Sainte-Hélène, où il devait mourir, tandis
que la France découragée voyait avec indifférence
se relever pour la seconde fois le trône des Bourbons.

Ce qu'il est advenu des résultats du désastre
de Waterloo, on le sait. Parmi les hommes qui
avaient concouru avec le plus d'ardeur à la chute
de l'Empire, ceux qui s'étaient montrés hostiles

entre.tous, c'étaient peut-être moins encore les *royalistes purs*, que ceux qu'on appelait alors les libéraux, gens très faciles et très accommodants sur les questions de personnes, pourvu qu'on leur donnât les deux choses qui étaient l'objet de leurs rêves, la paix européenne et le système parlementaire. Ces deux partis ont été déçus l'un et l'autre dans leurs espérances : les royalistes, qu espéraient voir refleurir et reverdir le vieil arbre de la royauté légitime, ne tardèrent pas à le voir déraciné et emporté par l'ouragan de 1830; quant aux libéraux, ils s'aperçurent bientôt que la paix n'est un bien précieux qu'alors qu'on ne l'achète pas aux dépens de l'honneur national, et en ce qui concerne les institutions libres, qu'il était chimérique et absurde d'espérer les faire accepter franchement par une dynastie qui n'avait d'autres souvenirs que ceux du pouvoir absolu, d'autres traditions que celles du bon plaisir, d'autre foi politique que la croyance à son droit immuable et divin.

Restait la nation véritable, c'est-à-dire cette masse de gens honnêtes, paisibles, un peu pusillanimes, peut-être, qui ne s'exaltent ni pour ni contre un homme ou une forme politique, qui acceptent tout froidement et jugent tout, hommes et choses, sans passion, mais se mon-

souvent trop prompts à se décourager. Cette masse, qui constitue partout la majorité d'un pays, se repentit plus vite encore que les partis d'avoir abandonné Napoléon en un jour de fatigue, de n'avoir pas su se soumettre à de passagers sacrifices, et d'avoir divorcé avec la gloire, le génie, l'intelligence des temps nouveaux, pour épouser la médiocrité, l'esprit de préjugés et les tendances rétrogrades. Et, il faut le dire à l'honneur du grand homme dont le monde pleure encore la perte, ce ne fut pas la France seulement qui reconnut bientôt le tort qu'elle avait eu ; ce fut l'Europe entière, ce fut le peuple de toutes les contrées, de l'Allemagne, de l'Autriche, comme de la Hongrie et de l'Espagne, qui s'éclaira plus tard à la lumière des événements, et vit que ses souverains l'avaient pris pour dupe ; que cet homme qu'ils lui avaient représenté comme un tyran et comme un ennemi public, n'avait, au contraire, jamais été que l'ennemi de leurs royautés vermoulues, des priviléges et des abus, mais l'ami du pauvre, du paysan, de l'ouvrier, et le réformateur du vieux monde.

CHAPITRE QUATRIÈME.

SOMMAIRE.

Avant de transporter notre lecteur à Vienne pour le faire assister au spectacle d'une éducation faussée et d'une enfance tendrement surveillée sous certains points de vue, mais sous d'autres sacrifiée à de déplorables calculs, faisons à l'île Sainte-Hélène une courte excursion, nécessaire pour compléter notre récit.

On sait que ce fut l'Angleterre qui se chargea, dans la personne de son représentant, sir Hudson Lowe, du rôle de geôlier de l'Empereur. Toutefois, il fut stipulé entre les quatres principales puissances, que l'Autriche, la Russie et la Prusse auraient, à Sainte-Hélène, chacune un commissaire avec mandat de contrôler les actes du gouverneur anglais et de tenir les yeux ouverts sur la captivité du détenu. Le cabinet de Vienne choisit pour cette mission le baron de Sturmer.

M. Alexandre de Humboldt, cet illustre savant à

la célébrité européenne, ayant conseillé à l'empereur d'Autriche de faire profiter la science du voyage politique de M. de Sturmer, M. Wellé, conservateur-adjoint du jardin de Schœnbrünn reçut la mission d'aller à la suite de l'envoyé autrichien explorer les richesses végétales de l'île. Or, madame Marchand, mère de ce fidèle serviteur qui, avec MM. Bertrand, Montholon, Gourgaud et Las-Cases, prit sa part de l'exil impérial, avait remis à M. Wellé un paquet pour son fils (1).

Ce paquet renfermait une boucle de cheveux blonds et une lettre dont les caractères, mal assurés, annonçaient que la main qui les avait tracés avait été conduite par une autre. La lettre et les cheveux étaient du Roi de Rome. Marchand reçut le tout de M. Wellé, et le remit à Napoléon.

Nous n'avons pas besoin de dire quelle joie apportèrent dans la prison de Sainte-Hélène ces deux souvenirs d'un enfant chéri. On se rappelle qu'au faîte de la puissance, à l'ouverture de la campagne de Russie, l'Empereur recevait des mains de M. Bausset, avec une sorte d'ivresse, le portrait de son fils peint par Gérard. Qu'on juge des émotions qu'un envoi de la même nature dut

(1). M. Marchand était valet de chambre de l'Empereur et suivit Napoléon à Sainte-Hélène.

lui faire éprouver dans son malheur. Pendant plusieurs jours il montra avec ravissement la lettre et les cheveux aux fidèles amis qui l'entouraient, baisant sans cesse l'une et les autres et ne pouvant en détourner les yeux. Cinq ans plus tard, ces deux précieuses reliques de sa tendresse paternelle se trouvaient sur son lit d'agonie, recevant ses derniers regards et s'imprégnant peut-être d'une larme échappée à cette heure solennelle et suprême.

Maintenant retournons à Vienne.

Marie-Louise, l'Impératrice de France, était devenue duchesse de Parme. En 1814, avant le retour de l'île d'Elbe, il avait été stipulé au congrès de Vienne que le Roi de Rome hériterait de la souveraineté maternelle. Mais après la bataille de Waterloo on trouva qu'on avait été trop généreux, et cet enfant, déjà privé d'une couronne, de son père, de la patrie, ne fut pas même jugé apte à être un duc de Parme. Succession paternelle, héritage maternel, tout lui fut ravi à la fois. La convention internationale du 18 juin 1817, portait la clause que Marie-Louise ne pourrait transmettre son duché à son fils.

On ne se borna pas à toutes ces spoliations ; on eut jusqu'à la pauvre et misérable idée de le dépouiller de son nom, du nom qu'il tenait de son père. Le Roi de Rome cessa de s'appeler Napoléon.

En échange de ce qu'on lui ôtait, on lui donna le titre de duc de Reichstadt et les terres de ce nom en Bohême (1).

Ainsi déshérité, frappé dans tous ses droits, le malheureux enfant se vit bientôt frustré même de la présence de sa mère, qui quitta Vienne pour les États de Parme, et, prompte à oublier, auprès de M. de Neupperg, son époux et son fils, ne fit plus que de courtes et rares apparitions en Autriche jusqu'à la mort de celui-ci.

Il ne resta au Roi de Rome que la froide affection d'un vieillard, de son grand-père, l'empereur. Nous verrons cependant que plus tard une amitié plus sympathique vint heureusement satisfaire ce besoin d'expansion, cette soif de tendresse que possède tout cœur jeune et sensible.

Voyons maintenant quelle fut l'éducation que l'on donna au jeune prince.

Le système que l'on suivit à cet égard était une déduction logique de ce qu'on avait déjà fait. Il est des gens qui ont dit ou écrit qu'on avait méchamment hébété, abruti le fils de l'Empe-

(1) .Voyez les notes à la fin du volume.

reur. Ce reproche ne manque pas de vérité, quoiqu'il pèche un peu par l'exagération.

La haute direction de l'éducation fut confiée au comte Maurice de Diédrichstein, un des complaisants de M. de Metternich. Le gouverneur ostensible, c'était le comte; mais le gouverneur invisible et réel, c'était le ministre favori. Sous cette direction supérieure furent placés deux précepteurs, l'un le capitaine Foresti, spécialement chargé de l'enseignement militaire; l'autre, M. Collin, écrivain distingué, préposé à l'enseignement littéraire et classique. M. Collin, qui mourut en 1824, fut remplacé par le baron d'Obenaus.

Tous ces hommes, quels que fussent leur mérite et leur honnêteté, durent subir le plan que leur traça M. de Metternieh.

On se rappelle ces petits livres qu'une secte religieuse toute-puissante fit circuler en France sous le règne de Charles X. L'histoire contemporaine y était racontée, mais les faits en étaient souvent falsifiés, l'esprit dénaturé. D'un trait de plume, les pieux auteurs avaient tenté de biffer l'Empire de nos annales; l'Empereur, ils l'avaient appelé le *Marquis de Buonaparte.* C'est à peu près le même procédé qu'on suivit à l'égard du Roi de Rome. Quelle était la pensée de l'Autriche en ce qui le concerne? Cette pensée était des plus trans-

parentes à travers tous les témoignages de déférence et d'affection dont on environnait le jeune
prince. Momentanément il fallait obtenir de lui
la résignation à son sort, à la perte de toutes les
grandeurs qui lui avaient été promises par la fortune; mais d'un autre côté, il fallait aussi, dans
la prévision de certaines éventualités qui pouvaient surgir en France, le préparer à y jouer son
rôle, et en ce cas à l'y jouer au profit de l'Autriche. Dans les deux hypothèses il fallait amortir
cette fougue et cette fierté transmises au fils par
le père; il était nécessaire surtout de dépoétiser
et rabaisser aux yeux de cet enfant la grande physionomie paternelle. On voulut bien permettre au
Roi de Rome d'admirer dans Napoléon la gloire
militaire, mais à la condition de lui faire détester ce qu'on appelait les folies de l'Empereur
et son insatiable ambition. Tout ce qui s'était
fait en Europe depuis quinze ans lui fut présenté
sous le jour qui convenait le mieux aux intérêts
du cabinet de Vienne. Et comme l'instinct filial,
la conscience et la raison naissante protestaient
quelquefois par la bouche de l'enfant ou du jeune
homme contre les appréciations sophistiques de
ses professeurs, il dut en venir à cacher ses sentiments et ses doutes, après les avoir vus invariablement mal accueillis et même incriminés

par ceux qui les lui entendaient exprimer. Pour éviter des contradictions inutiles, il condamna à un silence souvent pénible, devant les leçons de ses maîtres, son âme et son intelligence.

Ce silence fut remarqué, et comme l'on tenait à lire au plus profond de sa pensée, on l'entoura d'une sorte de police qui recueillait et même quelquefois provoquait ses paroles pour les porter ensuite au grand inquisiteur de cette existence tant soupçonnée, M. de Metternich. Domestiques, employés du palais, courtisans, grands seigneurs, consentirent à jouer le rôle d'espions. Le malheureux ne fut pas longtemps à s'apercevoir des piéges qu'on tendait de toutes parts à sa confiance naïve ; son cœur se serra en voyant que lorsqu'il croyait étreindre la main d'un ami, il ne pressait que celle d'un délateur. Alors, ce qu'il était déjà pour ses instituteurs, il le devint presque pour tout le monde. Refoulant en lui-même ses émotions et ses idées, il tenta de se rendre impénétrable à un entourage suspect, soit en ne disant rien, soit, ce qui est pis, en disant le contraire de ce qu'il pensait ou sentait. Naturellement franc et communicatif, il devint taciturne et dissimulé.

Ainsi la politique autrichienne porta en lui une coupable atteinte aux deux choses les plus dignes de respect dans une destinée qui commence, la rectitude de l'esprit, la droiture et la loyauté du caractère. Nous verrons par la suite qu'elle ne ménagea pas davantage la chasteté et la santé du corps.

Nous avons formulé en quelques lignes les reproches que mérita le système suivi pour l'éducation du Roi de Rome depuis son arrivée à Vienne jusqu'à sa mort; revenons maintenant sur nos pas, et voyons-le dès le moment où le comte de Diédrichstein entra en fonctions.

Nous allons emprunter ici quelques fragments du *Voyage de M. de Montbel en Autriche.* M. de Montbel, dans son livre, s'est beaucoup occupé du fils de l'Empereur, et, quoiqu'il soit très indulgent pour le prince de Metternich, indulgence qui s'explique par une communauté de vues politiques, nous n'hésitons pas à citer cet auteur, qui s'est montré dans ses récits aussi exact que juste pour le Roi de Rome. C'est de l'instituteur militaire du jeune prince, du capitaine Foresti, que l'ex-ministre de Charles X obtint presque tous ses renseignements sur le duc de Reischtadt.

« L'enfant, disait le capitaine Foresti, était à
» l'âge de cinq ans remarquablement beau; ses
» mouvements avaient de la grâce et de la gen-
» tillesse. Il parlait déjà parfaitement, et avec cet

» accent particulier aux habitants de Paris. Nous
» prènions, M. Collin et moi, plaisir à l'entendre
» nous exprimer, dans le langage naïf de son
» âge, des pensées, des observations d'une ex-
» trême justesse.

» Il était nécessaire qu'il s'habituât de bonne
» heure à l'usage de la langue allemande ; il de-
» vait l'entendre beaucoup parler autour de lui ;
» il fallait donc qu'il fût bientôt en état de ne
» rester étranger, ni à ce qu'on pouvait dire en
» sa présence, ni par suite aux moyens d'instruc-
» tion qui devaient en résulter. Mais quand nous
» voulûmes essayer de lui faire prononcer quel-
» ques mots allemands, tout à coup il opposa une
» volonté négative déterminée, comme une ré-
» sistance désespérée. On eût dit qu'en parlant
» cette langue il craignait d'abdiquer sa qualité
» de Français ; il soutint, fort longtemps pour
» son âge, cette résolution, qui dut céder enfin.
» Alors il apprit l'allemand avec une prodigieuse
» facilité ; il le parla bientôt dans la famille im-
» périale. C'était une satisfaction réelle d'assister
» au travail facile de cette jeune imagination. Les
» fautes mêmes qu'il commettait fréquemment
» décelaient une vive intelligence et une vérita-
» ble réflexion. Il s'appuyait sur des analogies,
» sur des observations étymologiques fort ingé-

» nieuses ; il y avait déjà dans cette jeune tête
» une faculté logique très intéressante à observer.

» Les enseignements qu'il avait reçus jusque-là
» de madame la comtesse de Montesquiou ne
» l'avaient pas soumis aux fatigues de l'étude ;
» c'est moi qui me chargeai du soin assez pénible
» de lui montrer à lire. Il avait de l'aptitude, as-
» sez de docilité ; mais souvent il se glissait entre
» mes jambes pour échapper à l'ennui des leçons.
» Afin de donner à son travail plus d'attrait et
» d'activité, un jeune enfant, Émile Gobereau,
» venait partager ses études : c'était le fils d'un
» valet de chambre de Marie-Louise. Je leur en-
» seignais à lire à tous deux ensemble : l'ému-
» lation qui résultait de la simultanéité des leçons
» fit faire de rapides progrès à mon élève.

» Il montrait dès lors les qualités distinctives
» de son caractère : bon pour les subalternes,
» ami de ses gouverneurs, mais sans démonstra-
» tion vive, il obéissait par conviction, mais pres-
» que toujours il commençait par essayer de la
» résistance. Il aimait à produire de l'effet. Du
» reste, il recevait nos réprimandes avec fermeté,
» et, quelque mécontentement qu'il en éprouvât,
» jamais il ne conservait de rancune ; il finissait
» toujours par convenir de la justesse des repré-
» sentations qu'on lui avait faites.

» A un âge si tendre, il possédait déjà un grand
» empire sur lui-même. Jusqu'au départ de Ma-
» rie-Louise pour ses Etats de Parme, il conserva
» près de lui une femme qui le soignait avec une
» affection au-dessus de tout éloge. Madame Mar-
» chand (dont nous avons déjà parlé) restait de
» nuit près de l'enfant, qui le matin était accou-
» tumé à recevoir ses caresses empressées; c'était
» elle qui assistait à son réveil et qui était chargée
» du soin de l'habiller, aussi elle recevait chaque
» jour ses premières paroles. Au départ de Marie-
» Louise, madame Marchand retourna en France
» en même temps que M. le comte de Bausset,
» qui avait aussi beaucoup d'affection pour le
» jeune prince. Dès ce moment je passai les nuits
» dans sa chambre. La première fois, je craignis
» que son réveil ne se livrât au vif chagrin de
» l'enfance en ne retrouvant plus près de lui celle
» qu'il était accoutumé à revoir chaque matin.
» En s'éveillant, il s'adressa à moi sans hésiter et
» me dit avec un calme étonnant pour son âge :
» M. de Foresti, je voudrais me lever.

» Il y avait dans son caractère un trait distinc-
» tif : il ne pouvait tolérer la pensée qu'on voulût
» le tromper; aussi il détestait les contes et les
» fables. La morale ne pouvait pas recourir à ce
» moyen pour le persuader; il restait insensible à

» ce genre de narration. C'est faux, disait-il; à
» quoi cela est-il bon ?

  » Ses souvenirs étaient restés assez distincts
» relativement à la situation brillante où il s'était
» trouvé en France. Il y pensait, et souvent il en
» était occupé. Il n'ignorait pas qu'on l'avait ap-
» pelé roi, et que son père était un grand homme.
» Un jour, dans une réunion de la famille impé-
» riale, un des archiducs lui montra une de ces
» petites médailles d'or qu'on avait frappées à
» l'époque de sa naissance, et qui furent distri-
» buées au peuple après la cérémonie de son bap-
» tême; son buste y était représenté. On lui de-
» manda : — Savez-vous quelle est cette image ?
» — C'est moi, répondit-il sans hésiter, quand
» j'étais Roi de Rome.

  » Un jour il demandait naïvement à l'empereur
» d'Autriche ce que c'était qu'être Roi de Rome;
» à quoi l'empereur répondit : — Mon enfant,
» quand vous serez plus âgé, il me sera plus fa-
» cile de vous expliquer cela; pour le moment,
» je me bornerai à vous dire qu'à mon titre d'em-
» pereur d'Autriche je joins celui de roi de Jéru-
» salem, sans avoir aucune sorte de pouvoir sur
» cette ville. Eh bien, vous étiez roi de Rome
» comme je suis roi de Jérusalem.

  » Un peintre français, M. Hummel, fut appelé

» à Vienne en 1816 pour le peindre. Pour cap-
» tiver son attention, il le fit causer. — Je veux
» être soldat, disait le prince pendant que l'ar-
» tiste retraçait ses traits sur la toile; je me bat-
» trai bien; je monterai à l'assaut. — Mais, mon-
» seigneur, lui dit M. Hummel, vous trouverez
» les baïonnettes des grenadiers qui vous repous-
» seront, qui vous tueront peut-être. — Est-ce
» que je n'aurai pas une épée pour repousser les
» baïonnettes? répliqua-il avec fierté.

« Quand le portrait fut sur le point d'être fini,
» et qu'il fut question de costume, le peintre dit
» au comte de Diédrichstein : — De quel ordre
» dois-je décorer le prince?—De l'ordre de Saint-
» Étienne, que l'empereur lui a envoyé au ber-
» ceau, répondit le comte. — Mais, monsieur le
» comte, s'écria vivement l'enfant, j'en avais en-
» core beaucoup d'autres. — Oui, mais vous ne
» les portez plus.—Le Roi de Rome baissa la tête
» et garda le silence.

» Vers la même époque, un jour, en sa pré-
» sence, la princesse Caroline de Furstemberg
» s'entretenait avec quelques personnes des évè-
» nements et des réputations du siècle. Le géné-
» ral Sommariva, commandant militaire de l'Au-
» triche, nomma trois illustres personnages qu'il
» cita comme les plus grands capitaines de leur

» temps. Le jeune enfant écoutait attentivement.
» Tout à coup il interrompt le général avec viva-
» cité :

« — J'en connais un quatrième que vous n'a-
» vez pas nommé, dit-il, en rougissant de honte
» et de colère. — Et lequel, monseigneur? — Mon
» père, s'écria-t-il avec force, et il s'enfuit rapi-
» dement. — Le général Sommariva courut après
» lui, le ramena et lui dit : « Vous avez eu rai-
» son, monseigneur, de parler comme vous l'avez
» fait de votre père, mais vous avez eu tort de
» vous enfuir. »

» L'éducation préparatoire aux études classi-
» ques dura, pour le prince, jusqu'au moment où
» il eut atteint sa huitième année. Avant cette
» époque nous nous contentions de l'exercer par
» de nombreuses lectures à la connaissance des
» langues française, anglaise et italienne.

» A l'âge de huit ans, M. Collin lui enseigna
» les premiers éléments des langues anciennes.
» Ce travail l'intéressait peu, il y apportait plus
» d'intelligence que d'ardeur; ses pensées se diri-
» geaient avec toute leur énergie vers les études
» relatives à l'art militaire, qu'on fit marcher de
» front avec les premières.

» Son goût prononcé pour la guerre avait en-
» gagé l'Empereur à céder à sa demande de

» porter l'uniforme : avant même qu'il eût at-
» teint sa septième année, on lui donna l'habit
» de simple soldat. Il apprit le maniement des
» armes avec un grand zèle et une véritable ap-
» plication, et quand, pour le récompenser de
» sa bonne conduite et de son exactitude à l'exer-
» cice, on lui accorda les insignes du grade de
» sergent, il fut au comble de la joie et courut
» se vanter à ses jeunes amis de l'avancement
» qu'il avait obtenu par son mérite. Il parcourut
» plus tard les degrés de la hiérarchie militaire,
» et apprit ainsi jusqu'aux détails les plus mi-
» nutieux du service.

» Dans les essais que son enfance fit du mé-
» tier de soldat, il était en faction à la porte
» des appartements de l'Empereur. Toutes les
» fois qu'un homme de la cour passait devant
» lui, il présentait les armes avec beaucoup de
» gravité, mais jamais quand c'était une femme.
» Quelqu'un s'amusa à lui en faire des reproches.
« Je suis prêt, répondit-il vivement, à présenter
» aux dames tout. . . . . . . excepté les armes.

» Son respect et sa déférence pour les mili-
» taires se manifestaient dès sa plus tendre jeu-
» nesse dans toutes les occasions. La place du
» prince à la table impériale, était à côté de
» l'archiduc François. Pendant un séjour de

» l'empereur à Schlosshoff, château situé dans le
» voisinage de Presbourg, plusieurs personnes
» distinguées furent admises au dîner du mo-
» narque. Un jour le jeune prince n'alla pas
» s'asseoir à sa place accoutumée et chercha à
» reculer vers l'extrémité de la table; on lui
» en demanda la raison. « Je vois ici des géné-
» raux, dit-il, ils doivent tous passer avant moi.

» Nous avions aussi habitué son enfance à se
» servir des petites armes qu'on lui avait don-
» nées et qu'il maniait avec beaucoup de dexté-
» rité et de précision; mais il fut bientôt im-
» possible de lui faire continuer les exercices,
» qu'on ne lui eût donné des armes ordinaires.
» Il tint de bonne heure à ne pas être traité
» comme un enfant.

» Je me souviens, à ce sujet, d'avoir entendu
» raconter par une dame de la cour une anec-
» dote qui peint parfaitement cette disposition.
» Chaque année, au retour du printemps, l'em-
» pereur avait l'habitude de donner une fête
» dans les magnfiques serres qu'il a fait cons-
» truire près de son palais. Là, au milieu de
» toutes les richesses du monde végétal, des ta-
» bles étaient dressées auxquelles s'asseyaient
» seules l'impératrice et les femmes qu'elle avait
» invitées : tous les hommes circulaient dans l'es-

» pace qui séparait les dames des fleurs dont elles
» étaient environnées. A l'époque d'une de ces
» fêtes, le duc de Reichstadt avait atteint sa dou-
» zième année ; il n'avait pas encore commencé à
» prendre ce développement remarquable qui,
» sans doute plus tard lui a été funeste ; mais la
» beauté de ses traits était distinguée. L'impéra-
» trice l'apercevant l'appela auprès d'elle, lui
» témoigna sa tendre affection et voulut le faire
» placer parmi les dames qui montraient pour
» lui un bienveillant empressement. Le jeune
» prince rougit beaucoup, et refusa de s'asseoir
» en disant d'un air sérieux : « Ma place doit
» être parmi les hommes. »

» Doué d'une grande aptitude pour les exer-
» cices du corps, il se montrait adroit et agile
» dans les jeux avec les enfants de son âge, sur-
» tout avec l'archiduc François, dont il était le
» compagnon habituel. On le laissa de bonne
» heure s'accoutumer à monter à cheval ; mais
» ce ne fut que lorsqu'il eut atteint sa quator-
» zième année qu'il reçut des leçons suivies et ré-
» gulières d'équitation. Il acquit bientôt une
» grande habileté dans cet exercice ; chacun a
» pu voir avec quelle grâce, avec quelle adresse
» il guidait les chevaux les plus fougueux, soit
» lorsqu'il parcourait le front des troupes, dans

» les manœuvres, soit lorsqu'il visitait les sites
» agrestes du Prater.

» Revenons aux études classiques.

» A l'âge de douze ans, il était déjà arrivé à un
» degré d'instruction élevé. Le baron d'Obenaus
» lui fit suivre un cours de philologie latine ap-
» pliquée plus particulièrement à l'étude déve-
» loppée des *odes* et de l'*art poétique* d'Horace, à
» l'explicatiou des *Annales* de Tacite et des *Com-*
» *mentaires* de César sur la guerre des Gaules,
» ouvrage de prédilection pour le duc, qui le
» préférait à toutes les autres productions des
» auteurs latins. A ces études succédèrent celle
» de la philosophie, l'enseignement de l'histoire
» et du droit naturel, politique et administratif.
» Le prince aimait particulièrement à s'occuper
» de spéculations historiques; il y portait de la
» pénétration et une grande justesse de jugement.
» Sa mémoire était excellente pour les évènements
» et pour les noms; il n'en était pas de même
» pour les dates et généralement pour tout ce
» qui s'exprime par des chiffres.

» Vers sa douzième année, je commençai à lui
» donner des leçons de mathématiques. Il s'oc-
» cupa avec fruit de l'étude de la géométrie et
» des opérations trigonométriques pour la levée
» des cartes. Nous l'accoutumions à faire des tra-

» vaux sur le terrain, et le duc put offrir à l'em-
» pereur une carte topographique d'une partie
» de l'Autriche, dressée et exécutée par lui-même
» avec beaucoup d'exactitude et de précision.
» Elle représente les contrées situées entre Vienne,
» Neudorf et Gumpolttkirchen.

» Il reçut ensuite **du major Weiss** des leçons
» de fortification provisoire et permanente.

» L'étude des langues et des littératures mo-
» dernes ne fut pas oubliée. Il eut pendant long-
» temps un professeur habile, M. Podevin, que
» la mort nous enleva malheureusement en 1825,
» et qui fut remplacé par M. Barthélemy. C'est
» particulièrement sous cette direction qu'il s'oc-
» cupait de l'étude approfondie des classiques
» français; il s'accoutumait à les analyser et à les
» apprécier dans leurs plus parfaits ouvrages. Il
» avait cultivé sa mémoire en apprenant beaucoup
» de fragments de la *Henriade*, des tragédies de
» Racine et de Corneille. Comme son père, le
» génie mâle de Corneille le frappait surtout;
» mais en général il goûtait peu la poésie. Il n'ap-
» préciait que la vérité et l'élévation des pen-
» sées; il ne concevait pas qu'il y eût un mérite
» spécial dans l'harmonie des expressions et une
» séduction puissante dans le rhythme cadencé.

» **Labruyère** était celui des auteurs français

» qu'il préférait; il relisait et méditait avec soin
» ses *Caractères*; il admirait la profondeur de ses
» observations. Cette prédilection tenait essen-
» tiellement à la nature de son esprit. Peu confiant,
» peut-être par suite de sa position qu'il jugeait
» avec discernement, il portait sur les hommes
» un regard scrutateur ; il savait les interroger, les
» examiner, il les devinait. Ses idées à leur égard
» étaient généralement sévères ; mais souvent nous
» étions obligés de reconnaître la vérité et la jus-
» tesse de ses observations.

» Le jeune prince s'occupa aussi avec suite et
» succès de la littérature allemande. Il connaissait
» nos grands poètes, parmi lesquels il distinguait
» Gœthe et surtout Schiller; il savait un grand
» nombre de passages de ses tragédies; il admirait
» dans ses personnages leur caractère d'indivi-
» dualité et la chaleur de leur langage passionné.
» Il a beaucoup travaillé sur la guerre de *Trente*
» *ans*, ouvrage de ce beau génie. Le goût parti-
» culier du prince l'a porté à lire avec intérêt
» les écrits volumineux de Schmidt, de Muller et
» des autres historiens allemands.

» Il eut pour professeur spécial de littérature
» italienne l'abbé Pina, piémontais. Entre tous
» les poètes de ce pays, le jeune homme préférait
» le *Tasse*; il savait des stances nombreuses de la

» *Jérusalem*, dont il admirait l'éclatante poésie.

» Il étudia la physique et les diverses sciences
» naturelles qui s'y rattachent sous la direction
» de M. Baumgartner, professeur de l'Université,
» auteur d'un cours de physique très estimé.

» L'enseignement religieux lui était donné
» par le prélat de la cour, Wagner, homme de
» mœurs douces et exemplaires et d'une vaste
» érudition dans la plupart des connaissances
» humaines. Il avait écrit pour le prince un re-
» cueil d'instructions dogmatiques et morales.
» Deux fois par semaine il lui donnait des le-
» çons que les manières persuasives du professeur
» rendaient intéressantes à l'élève. *Il ne négligeait*
» *pas de lui présenter des instructions relatives à sa*
» *situation particulière et aux devoirs qu'elle lui im-*
» *posait.*

» On remarqua toujours chez ce jeune prince
» tant de réflexion, qu'à proprement parler, il
» n'a presque pas eu d'enfance. Vivant habituelle-
» ment avec des personnes d'un âge différent du
» sien, il semblait se plaire dans leur conversa-
» tion. Sans avoir dans ses premières années rien
» d'extraordinaire, son intelligence était néan-
» moins précoce, sa repartie aussi vive que juste ;
» il s'exprimait avec précision et un choix de
» termes remarquables par leur exactitude et

» leur élégance. Ayant une connaissance pro-
» fonde de la théorie des langues française et
» allemande, il écrivait en général très purement
» et d'une manière distinguée; quelquefois au
» contraire avec une négligence de style qui alté-
» rait alors jusqu'à son orthographe, ce qui était
» en opposition absolue avec son instruction très
» réelle et ses lectures si vastes et si assidues.

» Il nous a toujours traités avec bonté, mais
» *sans ces épanchements affectueux qui n'étaient pas*
» *dans ses habitudes.* Depuis la fin de son éduca-
» tion, je l'ai souvent visité jusqu'aux jours qu
» précédèrent immédiatement sa mort; même,
» dans ses moments les plus pénibles, il me té-
» moignait une satisfaction bienveillante de me
» revoir. Je lui conserverai toujours un profond
» et religieux souvenir (Montbel). »

Le lecteur a sans doute particulièrement remarqué dans ces confidences du capitaine Foresti à
M. de Montbel cette phrase si significative: *On*
ne négligeait pas de lui présenter des instructions
relatives à sa situation particulière et aux devoirs
qu'elle lui imposait. Nous ferons observer maintenant que tout ce qui se trouve de flatteur pour le
prince dans la citation précédente, doit être
accepté sans réserve ; car ces éloges nous arrivent
à travers une bouche et une plume peu suspectes

l'une et l'autre de flatterie pour le pauvre exilé ; mais est-il nécessaire de dire que s'il y a eu quelque chose de vicieux et de blâmable dans l'éducation du prince, on ne doit pas en attendre la révélation d'un officier autrichien et d'un homme connu pour ses opinions légitimistes, qui tous deux devaient éviter de déplaire à M. de Metternich ? Et encore l'ex-ministre de Charles X a-t-il, à cet égard, involontairement soulevé un coin du voile dans cette phrase sur laquelle nous venons d'appeler spécialement l'attention du lecteur.

Avant d'entrer dans la seconde période de la vie du Roi de Rome, dans la période d'adolescence, nous devons dire le peu que nous savons sur la façon dont il reçut, à l'âge de dix ans, le coup que porta à son cœur la nouvelle de la mort de son père.

Cette terrible nouvelle arriva à Schœnbrünn le 22 juillet 1821. Un courrier de la maison Rotschild l'avait portée la veille à Vienne. Le comte de Diedrichstein s'étant absenté depuis quelques jours pour se rendre à Würtzbourg, ce fut le capitaine Forseti qui fut chargé par l'empereur d'Autriche d'apprendre au jeune prince la perte irréparable qu'il avait faite. Le Roi de Rome, auquel, malgré son jeune âge, une trop longue absence n'avait pas pu faire oublier le grand homme qui lui avait donné la vie, éclata en sanglots et en larmes. Une morne douleur l'accabla durant plusieurs jours. Il porta le deuil de son père au-delà des délais accoutumés.

Chose étrange! par une de ces coïncidences bizarres, comme la Providence en offre quelquefois au monde, c'était le même jour, le 22 juillet, onze ans plus tard, que le prince devait mourir martyr comme son père, d'une politique implacable.

Cependant l'enfant commençait à devenir un jeune homme. A l'âge de dix-huit ans, sa physionomie rappelait à la fois et son père et sa mère. Il avait le front de Napoléon et son regard d'aigle; sa pâleur était celle de Bonaparte, premier consul. Par le bas du visage, par la taille, par la nuance des cheveux, il tenait de sa mère. Plus grand que l'Empereur de cinq pouces au moins, blond, régulier de traits, c'était un type remarquable de beauté sérieuse, douce et mélancolique. Au premier coup d'œil on sentait en lui quelque chose de contenu qui accusait la contrainte qu'on faisait douloureusement peser sur lui et contre laquelle semblaient se révolter de temps en temps des mouvements nerveux, de vifs tressaillements aussitôt comprimés.

Voilà pour le physique; quant au moral, il

avait, dit M. de Montbel, d'après un officier autrichien, M. Prokesch, admis à cette époque à
l'intimité du Roi de Rome : « Il avait une puis-
» sance de compréhension qui plongeait jusqu'au
» fond d'une idée quand il l'avait saisie. Il était
» éminemment doué de la faculté d'esprit qu'on
» exprime en allemand par cette figure : *Frapper*
» *juste le clou sur la tête.* »

C'est à l'époque où nous sommes arrivés qu'on
jugea opportun de compléter l'instruction du
prince par de hautes études mieux adaptées au
développement de son intelligence. Il était temps
qu'on lui ouvrît les portes de l'enseignement supérieur, qu'on lui cherchât un maître qui lui
apprît la politique et la philosophie de l'histoire.
Pour une telle mission, il fallait un esprit élevé
autant qu'impartial. M. de Metternich trouva
que nul mieux que lui-même ne remplissait ces
conditions.

Ainsi, ce fut M. de Metternich qui se chargea
de révéler au prince l'esprit de la révolution
française et de l'Empire. On doit comprendre
comment il compléta l'œuvre entamée par MM. de
Diedrichstein, Foresti, Colin, Obenaus, etc. Un
tel enseignement, donné par un tel homme, dut
être un supplice cruel pour le jeune disciple.
Il dut continuer à renfermer en lui ses sentiments

et à feindre des convictions qui étaient aussi loin de son esprit que de son cœur. Mais le prince de Metternich, avec sa perspicacité ordinaire, ne se laissa pas prendre à ces apparentes adhésions et à cette docilité de commande. Il devina l'incrédulité obstinée et les résistances muettes qui se cachaient sous ces dehors, et se promit, tout en continuant son cours, de redoubler de surveillance autour de son élève.

Jusqu'à présent, pour mieux faire connaître le malheureux héros de cette histoire, nous avons mis en scène les écrivains qui l'ont approché et connu; nous n'avons pas traduit leurs impressions, car il nous a semblé que la meilleure traduction de ce genre affaiblissait toujours les choses; nous leur avons donné la parole à eux-mêmes, en nous bornant une fois seulement à mettre le lecteur en garde contre ce que pouvait offrir de réticences calculées ou de déguisements menteurs un récit du reste parfaitement exact sous le rapport des détails personnels au Roi de Rome.

Maintenant le duc de Reichstadt va se faire connaître lui-même par ses œuvres.

Ses œuvres! hélas, dans le domaine des faits rien ne reste de lui, et il n'y a laissé aucune trace. Ses œuvres! ce ne sont pas, comme dans l'histoire de son père, des batailles gagnées, des pays conquis, des réformes réalisées, des institutions régénérées. La mort et la fatalité de son existence l'ont empêché de léguer de pareils souvenirs à la postérité; mais s'il n'a pu agir, il a du moins pensé. Ce sont ces pensées exprimées dans divers écrits, que nous allons mettre sous les yeux du public, et on reconnaîtra qu'elles étaient dignes de son nom.

Commençons par la lettre suivante qu'il écrivait à une femme dont nous aurons plus tard occasion de parler, à une princesse autrichienne; on va voir avec quelle clairvoyance l'élève jugeait le maître, avec quelle profondeur de coup d'œil le Roi de Rome avait plongé dans l'âme de Metternich.

« Grondez-moi et félicitez-moi... jamais je n'ai
» été si violemment tenté de dire à cet homme
» tout ce que je pense de son prétendu dévoue-
» ment ; mais jamais non plus je n'ai senti au
» même degré combien l'empire qu'on a sur soi
» donne de force et d'avantages... Figurez-vous
» deux maîtres d'escrime commençant un assaut
» par le salut d'armes... Du premier coup d'œil
» le prince avait démêlé que ce jour-là j'avais
» l'intention de rester moi.

» Avec le tact que vous lui connaissez, il n'a
» gardé de l'étiquette que ces nuances qui suffi-

» sent pour dessiner les positions respectives.
» De mon côté, j'ai jugé tout d'abord la direction
» de l'attaque. Il comptait sur une surprise; je
» l'ai laissé s'engager sur ce terrain ; de sorte qu'à
» l'instant même où il épiait quelque saillie de
» ma vivacité, il s'est trouvé lui-même à décou-
» vert. Le vieux diplomate a fait le bonhomme...
» J'avoue que j'ai eu peur; mais je crois n'en avoir
» rien laissé paraître. Alors il a changé d'allure,
» et il a repris ce masque immobile qui couvre
» tout. Il y a dans le vrai une telle puissance,
» tout s'y accompagne et s'y complète si natu-
» rellement, que, pour se laisser prendre aux
» ruses les plus subtiles, il faut vraiment qu'on
» soit sous l'empire de quelque forte préoccupa-
» tion.

» Le prince est un grand comédien. Chez lui
» la vérité n'est qu'une contre-ruse. Il est sou-
» ple avec dignité; quelquefois on serait tenté
» de croire qu'on lui a confié ce qu'il devine;
» mais comme il parle *faux*, une note mal atta-
» quée le trahit... on reconnaît l'ennemi à son
» accent étranger dès qu'il veut prendre le lan-
» gage des saintes affections.

» Il a eu beau faire, j'ai surpris des traces de
» dépit sur ce visage habituellement impassible;
» il a souri d'un air qui voulait dire : Pauvre ad-

» versaire ! je t'ai rendu bien malheureux, je puis
» t'achever.

» Le prince a dans la paupière un je ne sais
» quoi qui trahit ses secrètes émotions, lesquelles
» se réduisent à celles de l'amour-propre blessé.
» Cette paupière est sans doute atteinte d'un com-
» mencement de paralysie; une fois abaissée,
» elle a de la peine à se relever. Bref, chez le
» prince, l'instrument destiné à protéger le siége de
» l'observation se sera affaibli avant le temps, par-
» ce que l'organe lui-même a abusé de sa mission.

» La première fois que j'ai remarqué cette
» particularité, nous étions tous les trois ensem-
» ble. Il nous épiait tout en ayant l'air de médi-
» ter profondément. Je me penchai de votre
» côté, et vous dis à voix base : Me voici entre
» mon bon et mon mauvais *génie*. Lorsque je me
» redressai, mon regard rencontra le sien; l'œil
» du prince était presque distrait ; la pose était
» aisée comme d'habitude. Il parla de choses in-
» différentes; enfin il éloigna avec un art parfait
» toute apparence de préoccupation. Cependant,
» un léger tremblement nerveux dessina les rides
» de sa bouche, et la paupière rebelle se ferma
» à demi sans que le regard changeât d'expres-
» sion... Il avait tout entendu.

» La vie commune d'un diplomate n'est qu'une

» suite de petits mécomptes et de petits triom-
» phes. Ces misères quotidiennes n'ont aucune
» prise sur le prince; mais quand il est piqué au
» vif, sa paupière proteste... Sans ce léger défaut
» organique, ce serait un homme d'État complet.

» Il laissa percer un peu d'aigreur dans ses
» dernières observations; je vis bien qu'il tenait à
» savoir si j'avais eu quelques nouvelles de France;
» je me contentai de lui répondre : Votre police
» est si bien faite! Par une transition des plus
» adroites, et en passant par les choses les plus
» indifférentes, il en est venu à des choses qui me
» regardent personnellement, sans craindre même
» d'entrer dans quelques détails que je voudrais
» pouvoir oublier..... Pour ne rien vous ca-
» cher, j'ai eu à rougir devant lui de faiblesses
» que je déplore; mais j'ai eu la mortification de
» reconnaître que les écarts les plus secrets de
» ma jeunesse étaient notés par un contrôle supé-
» rieur..... Ainsi, mes fautes mêmes ne m'ap-
» partiennent pas! A cet étrange aveu j'ai cru
» que la patience allait m'échapper; ma mémoire
» m'a retracé tout ce que je dois à la haine poli-
» tique du prince..... J'ai vu repasser devant
» moi tous mes souvenirs d'enfance, gracieux ou
» heurtés comme ma destinée. Madame de Mon-
» tesquiou et l'ombre abhorrée du comte de

» Neupperg (1) à côté de l'image de mon père
» mourant. . . . . Je croyais entendre cette voix
» si chère me défendre de jamais oublier là
» France. . . . . et j'avais devant moi l'ennemi
» irréconciliable de sa dynastie. Je serrai avec
» force la poignée de mon épée. . . . . Lorsque
» de cette hauteur mon regard descendit sur le
» prince, je me sentis au cœur un immense mé-
» pris ; le prince me salua froidement et dis-
» parut.

   » Vous allez me répéter que toutes ces émo-
» tions me tuent ; qu'après tout le prince fait son
» métier de premier ministre, et que je fais
» d'une manière pitoyable celui de prétendant.

   » Que toutes ces petitesses me pèsent ! Oh ! si
» une fois, une seule fois, *je pouvais de tout mon*
» *sang marquer ma place* dans ce monde qui at-
» tend ! Si un jour, fût-ce en me voyant tomber,
» on pouvait dire : C'était bien le fils de celui
» qui a rempli le monde de son nom !..... J'en-
» tends des pas !..... Il faut que le triomphateur
» futur dérobe cette lettre aux *amis* qui l'écoutent
» respirer. »

Nous sommes heureux d'avoir pu emprunter
à l'histoire de la famille Bonaparte, par M. Cho-

(1). M. de Neupperg était mort à l'époque où cette lettre fut
écrite.

pin, cette lettre si remarquable par la vigueur du style et, où le Roi de Rome peint si bien, à côté des tortures auxquelles on le soumettait, sa religion pour son père et cette soif de gloire qui le brûlait.

Nous avons vu plus haut que le prince, à tous les autres livres latins, préférait les *Commentaires* de César. La nature du livre, le nom de son auteur qui fût le Bonaparte des temps antiques, comme Bonaparte fut le César des temps modernes, suffisent pour faire comprendre cette préférence. Les méditations du Roi de Rome sur cet ouvrage ne furent pas stériles; il en sortit un travail tout à fait supérieur, que l'histoire doit enregistrer en entier et qui étonnera, nous en sommes certains, par la précoce maturité de la pensée.

« Les succès de César dans les Gaules tiennent
» à des causes diverses. Sans doute la haute ap-
» titude du général doit être mise en première
» ligne; mais elle fut singulièrement aidée par
» les factions qui divisaient les Gaules, et par
» l'intervention des Germains non moins hostiles
» aux Gaulois qu'aux Romains eux-mêmes.

» Pourquoi cette inimitié profonde entre deux
» peuples que le courant d'un fleuve semble unir
» autant que séparer? Les haines de peuple à

» peuple sont-elles une conséquence naturelle
» de la différence des races? Non, sans doute,
» mais les grands fleuves, les bras de mer, les
» chaînes de montagnes ont d'abord protégé des
» associations isolées. Les premiers rapports
» entre les tribus voisines ont été marqués par
» des expéditions armées. De part et d'autre le
» sentiment de la défense a conseillé l'attaque, et
» les haines nationales se sont formées sous l'in-
» fluence continue de ces violations réciproques.

» L'aptitude guerrière des Gaulois se révèle par
» leur facilité à s'approprier ce qu'une longue ex-
» périence avait appris aux Romains pour le re-
» tranchement des camps, l'attaque et la défense
» des places fortes. Si les institutions nationales
» leur avaient permis d'adopter l'organisation de la
» légion, non moins braves que leurs adversaires,
» ils auraient eu sur eux l'avantage du nombre.

» La tribu gauloise se transportait, pour ainsi
» dire, dans le camp; les rangs, les rapports s'y
» réglaient sur l'échelle des influences locales.
» Le Romain, au contraire, était à son rang dans
» la cohorte ce que la cohorte était dans la lé-
» gion, ce que la légion était dans le corps d'ar-
» mée : un ressort dont la puissance était calcu-
» lée dans la pensée du chef. Une discipline sé-
» vère circonscrivait l'action individuelle dans

» des limites précises : de là ce culte du drapeau
» qui a produit de si grandes choses ; mais de là
» aussi ce sentiment presque exclusif du devoir
» militaire qui, substituant le soldat au citoyen, a
» enfanté les guerres civiles.

» En voyant le courage des Gaulois, César com-
» prit que, s'il triomphait des barbares, la Répu-
» blique tomberait à ses pieds. Du fond de la
» Gaule, il tenait les yeux fixés sur les comices,
» arrêtant ou activant la guerre selon les besoins
» de sa politique. Les *Commentaires* sont un admi-
» rable exposé des faits ; mais pour connaître Cé-
» sar tout entier, il faut consulter les autres histo-
» riens et surtout Plutarque.

» Plus d'une fois l'impétuosité gauloise mit
» les légions en péril ; mais ces échecs particls
» n'atteignirent que les lieutenants de César, qui
» sut presque toujours fixer la victoire par le ju-
» dicieux emploi de la réserve. Le système qui
» consiste à ne faire donner au début de l'action
» qu'une partie des forces disponibles, pour faire
» agir le reste en temps opportun sur un point
» donné, étonnait les barbares. Le rôle de leurs
» chefs était plus individuel ; chacun d'eux se
» montrait jaloux de briller en tête du contingent
» qui l'avait suivi, tandis que les lieutenants de Cé-
» sar, rompus à la discipline romaine, et confiants

» dans le génie du général, voyaient le succès dans
» l'obéissance. Du côté des Romains, une armée
» exercée et brave, et un commandement unique;
» du côté des Gaulois, un seul lien, la haine du
» joug, et autant d'inspirations devant l'enne-
» mi que de chefs influents : l'issue d'un tel con-
» flit ne pouvait être douteuse, et cependant la
» lutte dura dix années.

» César tirait un meilleur parti de son infanterie
» que de sa cavalerie. Le fantassin s'efface plus
» dans l'ensemble; les masses d'infanterie sont
» comme le corps du plan militaire; le cavalier
» agissant surtout comme complément de force,
» l'emploi de ses ressources laisse beaucoup à ses
» inspirations; l'infanterie prépare la victoire, la
» cavalerie l'achève.

» Quelquefois les motifs que donne César pour
» entreprendre une expédition paraissent plus spé-
» cieux que solides; on dirait qu'il craint d'avoir
» trop tôt fini. Pour expliquer sa conduite devant
» l'Italie qui pressent en lui un maître, il a recours
» à des précautions, dont il sème son récit avec
» une négligence calculée; mais comme la vérité
» est une, il tombe de temps en temps dans des
» contradictions manifestes : ici, la loi défend aux
» Gaulois de s'occuper des affaires politiques;
» plus loin le peuple arrête les marchands étran-

» gers pour apprendre des nouvelles. Enfin il
» présente les Gaulois comme si naturellement lé-
» gers, qu'ils rompent les traités et se confédèrent
» sans motifs et par manière de passe-temps. On
» retrouve les véritables mobiles de cette préten-
» tendue inconsistance dans les discours que Cé-
» sar prête aux chefs exhortant leurs soldats à
» mourir pour la liberté. On ne peut se défendre
» d'une admiration plus forte que l'horreur à la
» lecture de l'allocution de Critognatus à la garni-
» son d'Alesia :

» Je n'ai point à m'occuper ici, disait Crito-
» gnatus, de l'avis de ceux qui prétendent cou-
» vrir l'ignominie de la servitude du nom de red-
» dition. Suivant moi, de tels hommes ne de-
» vraient pas avoir au conseil voix délibérative.
» Je combats ceux qui pensent que le meilleur
» parti à prendre, c'est de sortir de la place en
» forçant les lignes de l'ennemi. Là du moins
» vous retrouvez l'énergie des anciens Gaulois.
» Mais je dis qu'il y a faiblesse plutôt que cou-
» rage à ne pas savoir supporter, pendant quel-
» que temps, les privations d'un siége. Il est
» moins rare en effet de trouver des hommes qui
» s'exposent volontairement à la mort, que des
» esprits résignés à souffrir. Cependant je me
» rangerais à cet avis (tant les grandes choses ont

» de prise sur moi), si je ne voyais dans cette
» résolution que notre seule perte ; mais il s'agit
» de la Gaule entière qui s'est levée pour nous
» défendre. Nous sommes ici cinquante mille ;
» quel effet va produire le massacre de tant
» d'hommes, dans un même lieu, sur nos al-
» liés et nos proches ? Pensez-vous que leur cou-
» rage en sera plus grand, lorsqu'ils trouveront le
» champ de bataille tout jonché de nos cadavres ?
» Ne privez point de votre secours des hommes
» qui se sont exposés au péril pour votre salut ;
» n'allez pas, par imprudence ou par faiblesse,
» dévouer la Gaule à une éternelle servitude.
» Les secours tardent, dites-vous ; est-ce une
» raison pour douter de la foi de nos alliés ? Eh
» quoi ! ces ouvrages récents des Romains, ces
» nouveaux retranchements dont ils entou-
» rent les anciens, n'en voyez-vous pas la cause ?
» Si les nouvelles vous manquent, c'est qu'ils les
» interceptent. L'ennemi même vous est ga-
» rant que les nôtres approchent ; voilà pourquoi
» il travaille sans relâche jour et nuit. Quel
» est donc le conseil que je vous propose ? C'est
» de faire ce qu'ont fait nos ancêtres dans la
» guerre inégale qu'ils soutinrent contre les Cim-
» bres et les Teutons. Retirés dans leurs places
» fortes, et pressés comme nous par la disette, ils

» se nourrirent des membres de ceux que leur
» âge rendait impropres au service militaire ; ils
» le firent et ne se rendirent point. N'eussions-
» nous pas cet exemple à suivre, je croirais glo-
» rieux de le laisser à nos descendants. En effet,
» quel rapport trouverait-on entre la guerre des
» Cimbres et celle que nous soutenons? Après
» avoir dévasté la Gaule et y avoir laissé des tra-
» ces terribles de leur passage, les Cimbres sor-
» tirent enfin de notre pays, pour aller con-
» quérir d'autres terres. Ils nous avaient laissé
» nos institutions, nos lois, nos domaines et notre
» liberté. Mais les Romains, que veulent-ils? Quel
» est leur système? S'ils entendent parler d'un
» peuple illustre et puissant par la guerre, pous-
» sés par l'avarice et la jalousie, ils viennent oc-
» cuper ses cités et son territoire pour lui imposer
» un esclavage sans terme. Tel a toujours été le
» motif de leurs guerres. Si l'éloignement vous
» dérobe la condition des autres peuples, jetez les
» yeux sur la Gaule romaine : réduite en pro-
» vince, courbée sous le faisceau des licteurs, elle
» a échangé ses institutions et ses lois contre une
» servitude sans fin. »

« Le passage subit de la confiance au décourage-
» ment dans les légions est trop souvent indiqué
» dans les *Commentaires*, pour qu'on ne puisse,

» sans injustice, attribuer aux Romains, du moins
» sous ce rapport, une supériorité sur les Gaulois.
» On sent bien que César exagère à dessein les ef-
» fets de la terreur dans les rangs de son armée;
» le triomphe, au milieu d'une situation presque
» désespérée, en ressort avec plus d'éclat, et le
» vainqueur en reçoit ce caractère surhumain que
» les hommes aiment à reconnaître dans ceux qui
» président à leurs destinées; mais, tout en faisant
» la part des influences secrètes qui altèrent la vé-
» racité du récit, il reste cette impression générale
» que les Gaulois portaient dans la lutte un senti-
» ment plus vif de la liberté, et une vocation
» plus instinctive de la guerre.

» Les Romains, au temps de la guerre des
» Gaules, s'étaient déjà mesurés contre les colo-
» nies grecques de l'Italie, contre l'Épire, la Si-
» cile, l'Espagne. Le plus grand capitaine de l'an-
» tiquité, Annibal, avait, par ses succès et ses
» défaites, complété leur expérience militaire; ils
» avaient emprunté des vaincus leurs armes offen-
» sives et défensives, leur système de défense et
» d'attaque, le mécanisme de la phalange . c'est
» avec ces moyens réunis qu'ils se présentèrent
» devant les Gaulois. Ils avaient encore sur ces
» derniers l'avantage de la science des campements,
» des approvisionnements réguliers et d'une solde

» fixe, laquelle, avec l'avancement par ancienneté
» et la perspective de la retraite pour le vétéran,
» donnait au service militaire toute la consistance
» d'une profession.

» Le courage des Gaulois n'était pas inférieur à
» celui des Romains ; mais ils se nuisaient par le
» nombre ; chacun voulait combattre en même
» temps ; leurs forces n'étaient point assez ména-
» gées ; quand un soldat était fatigué, toute l'ar-
» mée l'était. Souvent ils usaient leur énergie à
» défendre un point faible ou à l'attaque d'un
» retranchement dont l'assiette défiait tous leurs
» moyens d'agression. Les changements de front,
» les diversions si familières aux Romains, la disci-
» pline qui leur permettait de combattre en se
» repliant et de saisir en pleine retraite tous les
» avantages du terrain pour reprendre l'offen-
» sive ; en un mot, l'ensemble de tous ces moyens
» étonnait leurs adversaires, qui regardaient la
» bataille comme perdue, dès qu'elle se prolon-
» geait au-delà des limites d'une force d'homme.

» Il était d'ailleurs d'une politique habile de
» persuader aux Romains que les Gaulois se dé-
» courageaient facilement et qu'on avait bon
» marché d'eux après le premier choc. »

Nous recommandons maintenant à l'attention
du lecteur le passage qui suit, et où éclatent tout

à la fois une rare sagacité d'esprit et un enthousiaste amour pour la France.

« Les Français de nos jours ont hérité du dé-
» vouement et des instincts guerriers de leurs
« ancêtres : ils ont porté la pénétration qui les
» distingue dans la théorie de l'art de la guerre;
» les travaux des Vauban, des Carnot, des Jo-
» mini, resteront comme l'expression la plus
» élevée du génie et de la science stratégique.
» Les campagnes de Condé et de Turenne peuvent
» être comparées aux beaux faits d'armes de
» Gustave-Adolphe, du prince Eugène, et de
» Frédéric II. Nul peuple n'a un sentiment plus
» exquis de l'honneur. Sous un chef éprouvé,
» leur résolution s'anime au péril. Dans la re-
» traite de Ney, ils ont triomphé de toutes les
» formes de dangers par tous les genres de cou-
» rage. A leurs yeux, la gloire des armes couvre
» tout. Ils se dévoueront pour une belle cause
» perdue; mais ils s'estiment trop pour se sacrifier
» dans l'intérêt de passions mesquines. *Leur pré-*
» *tendue inconstance n'est qu'un changement d'im-*
» *pressions motivé par un changement dans les choses.*
» *Ils vous admiraient hier, ils ne vous estiment plus*
» *aujòurd'hui, vous n'êtes plus ce que vous étiez,*
» *comment resteraient-ils les mêmes? Leur enthou-*
» *siasme est tombé avec votre masque.*

Cette phrase si pleine de vérité et sortie de la plume d'un philosophe de dix-huit ans, ne donne-t-elle pas la clef de toutes les révolutions qui ont agité notre beau pays depuis soixante ans? nos vieux hommes d'Etat que les changements politiques mettent les uns après les autres à la retraite, se consolent en accusant l'esprit sceptique et mobile de la France. Qu'ils aillent à l'école du Roi de Rome, et il leur apprendra que les gouvernements ne tombent que par leurs fautes, parce que, s'endormant dans une imprévoyantes écurité, ils ne ressemblent plus le lendemain de leur triomphe, à ce qu'ils semblaient être la veille.

Mais achevons de transcrire ce précieux opuscule.

» C'est dans les tourmentes politiques que le
» peuple français est surtout beau à étudier.
» Quelle énergie soutenue dans cet effroyable ré-
» gime de la terreur! Et, à côté de ces tribuns
» qui glissent dans le sang jusqu'à l'échafaud, de
» ces assemblées qui ne reculent devant aucune
» mesure parce qu'elles ont tout à sauver, quel
» élan national! mais surtout quelle armée! Quel
» peuple renouvellera les prodiges des campagnes
» d'Italie? Quel homme se trouvera digne de
» commander un tel peuple? Epoque de révéla-
» tions subites dans tous les rangs de la société,

» où, dans le jeu de toutes les forces et de toutes
» les aptitudes, les natures d'élite brillaient ou
» mouraient à leur place! »

Terminons les citations par quelques pensées détachées, que le Roi de Rome jeta sur un manuscrit recueilli par des mains amies et pieusement conservé après sa mort.

« La corruption des peuples, écrivait le jeune
» moraliste, commence ordinairement par le haut,
» les révolutions remettent les choses à leur
» place.

» Le dévouement au pays renferme tous les
» autres.

» Le crime est moins ignoble que l'hypocrisie :
» on peut combattre l'un; il faut, pour atteindre
» l'autre, froisser le manteau de la vertu.

» Les vérités morales sont comme les axiomes
» qui servent à démontrer mais ne se démontrent
» pas. La conscience relève de Dieu seul.

» Les masses ont un sens moral, collectif; le
» génie a l'intelligence de cette langue.

» Les grandes âmes se sentent portées à imiter
» les actions qu'elles admirent.

» Les faveurs injustes décourageraient le mé-
» rite, s'il n'était au-dessus de toute récompense.

» Les âmes basses ne pardonnent ni une injure
» ni un bienfait.

» Plus on est grand, plus il en coûte de se
» baisser.

» Les institutions politiques doivent être fon-
» dées dans la prévision que les princes seront
» médiocres.

» Les grandes choses profitent rarement à ceux
» qui les ont faites.

» Ce qui fait supporter le présent, c'est l'igno-
» rance de l'avenir.

» L'homme change dans les différentes phases
» de la vie : l'espoir qui ne l'abandonne jamais
» et dont les inspirations sont infinies, serait un
» piége de la Providence, s'il n'était le garant
» d'un meilleur avenir.

» Il est si naturel d'espérer, que le désespoir
» mène à la démence. »

CHAPITRE CINQUIÈME.

SOMMAIRE.

Le bruit d'un empoisonnement, d'un crime prémédité, courut et s'est accrédité en France et en Autriche, après la mort du Roi de Rome, dans certaines régions de la population. Bien que diverses apparences, diverses coïncidences rendissent vraisemblable cette opinion populaire, nous la croyons injuste, et on peut, il nous semble, assigner à cette fin prématurée des causes moins révoltantes et plus probables.

Le fils de l'Empereur, dont la santé semblait parfaite aux médecins pendant son enfance, parut tout à coup s'affaiblir vers l'âge de seize ans. Sa taille était à cette époque de cinq pieds sept pouces, et cette croissance démesurée avait altéré sa constitution. Son goût pour l'étude augmentant avec les années, il prenait très peu de distractions et consacrait toutes ses journées aux travaux de cabinet. Quelquefois cependant il lui venait la pensée d'adopter un genre de vie moins fatigant et de mêler davantage l'action physique au labeur de la pensée ; mais alors les influences qui le dirigeaient venaient le détourner, innocemment, nous aimons à le croire et dans son intérêt, de ce salutaire dessein, et le replongeaient dans ses livres. On intéressait son orgueil à cette lutte contre un travail exagéré : « Il » faut savoir vous vaincre » lui disait-on « vous » avez de l'ambition ; pour dominer les autres, il » faut commencer avant tout par savoir se dominer » soi-même. » Et le pauvre jeune homme aiguillonné par ces paroles, affrontait de nouveau cette vie meurtrière. Seulement, brisé quelquefois par l'excès de l'étude, il s'écriait, dit-on : « Mais que » veulent-ils faire de moi ? pensent-ils que j'aie la » tète de mon père ? »

On finit cependant par reconnaître les dangers de ce régime exclusif et la nécessité de le modifier. Des distractions furent permises au prince, mais quel fut l'homme qu'on chargea de l'initier à cette vie nouvelle ?

Il y avait à Vienne à cette époque un prince indigne de ce titre, et auquel on avait infligé le flétrissant surnom d'Héliogabale portugais ; un prince qui, par sa brutalité, sa cruauté, ses extravagantes orgies, et la stupidité de son esprit, s'é-

tait attiré le mépris et l'exécration de son pays
et en avait été chassé aux applaudissements de
l'Europe civilisée. Cet homme, qui était allé cher-
ché un asile en Autriche, avait cyniquement gardé
en pays étranger les habitudes prises à Lisbonne :
fréquentateur assidu de tous les lupanars et les
estaminets de Vienne, passant sa vie entre les es-
crocs de café et les courtisanes de bas étage, ce
descendant dégénéré des Bragances avait si bien
scandalisé la cour impériale, que l'empereur
François, malgré son indulgence, s'était vu obligé
de lui fermer les portes de son palais.

Eh bien, c'est cet homme, Don Miguel, que le
prince de Metternich choisit *pour lancer* dans le
monde le petit-fils de son maître, le fils de Napoléon Bonaparte. Don Miguel fut nommé par le
prince menin du Roi de Rome.

Un fait pareil n'a pas besoin de qualifications.
Quelle que soit la modération à laquelle nous
nous sommes engagé envers nous-même, nos paroles seraient trop sévères.

Que pouvait-on attendre de Don Miguel et de
son influence sur le duc de Reichstadt, sinon de
détestables conseils et des excitations à la dé-
bauche?

Jusque-là, le prince de Metternich s'était montré au moins prudent dans ses antipathies contre

13

le Roi de Rome. Elles étaient si habilement déguisées sous les dehors d'un intérêt sincère, qu'on pouvait s'y méprendre. Le jour où il eut fait ce choix, le masque tomba tout-à-coup, et les plus aveugles y virent clair. Le fin diplomate, égaré par sa haine, était devenu maladroit.

Le plus grand inconvénient n'était pas d'accoutumer à des plaisirs abrutissants et indignes de lui un prince chaste et pur. Il était dans l'atteinte portée à une santé déjà frêle et délicate, à un tempérament déjà miné par les fatigues intellectuelles et que l'abus des voluptés sensuelles menaçait de ruiner entièrement.

Toute l'Europe a retenti du bruit de ses amours pour une femme doublement séduisante par sa beauté et par les succès de sa danse gracieuse et légère. Fanny Essler, cette ravissante sylphide qui charma les deux mondes, et dont on peut encore se rappeler les triomphes en Amérique, Fanny Essler, qui eut la gloire d'atteler à son char jusqu'aux plus graves personnages du sénat des États-Unis, fut la syrène qui enivra le plus cet inflammable adolescent, l'Armide qui sut enchaîner quelque temps ce moderne Renaud dans les délices de son palais de fée.

Heureusement la cour d'Autriche renfermait une autre femme qui prit assez d'ascendant sur le prince, pour l'arrêter sur la pente fatale qui l'emportait vers les plaisirs faciles. Cette femme, là même dont nous avons déjà parlé, et à qui le prince écrivait la lettre sur M. de Metternich, c'était la princesse Sophie, épouse de l'archiduc François. La princesse brillait déjà à Vienne. de tout l'éclat de la beauté unie à la jeunesse, lorsque le Roi de Rome n'avait encore que dix ans ; tête vive, cœur tendre et passionné, nature généreuse et élevée, elle s'était éprise d'une maternelle tendresse pour cet enfant que la mort de son père et l'insouciant abandon de sa mère avaient fait orphelin. Les années passèrent sur cette affection sans pouvoir l'attiédir. Les femmes ont toutes plus ou moins dans le cœur ces cordes sympathiques qui vibraient dans celui de Desdémona au récit des malheurs d'Othello. À mesure qu'il approchait de la virilité, cette grande infortune du fils de l'empereur devenait plus touchante ; car lui-même en avait tous les jours davantage l'intelligence et le sentiment raisonné. Chez le duc de Reichstadt, le jeune homme avait donc hérité des trésors de tendresse prodigués à l'enfant par la belle princesse. Ajoutez à cela que l'archiduchesse Sophie était la seule personne au monde qui eût encore devant le Roi de Rome montré une admiration sans réserve pour la mémoire de Napoléon, la seule dans le sein de laquelle il pût librement épancher ses douleurs, ses vœux secrets et ses regrets amers. Tenez compte de toutes ces circonstances, et vous ne serez pas surpris que la reconnaissance du jeune homme pour ces persévérantes bontés ait fini par parler le langage d'un sentiment plus vif, et que ce sentiment se soit bientôt trouvé contagieux. Mais, hâtons-nous de dire, pour être juste et vrai, que cet amour, selon toute apparence, ne méconnut jamais les devoirs imposés à l'épouse de l'archiduc François.

Nous allions oublier une cause de dépérissement qui ne fut pas sans influence sur la perte de cette fragile santé. Nous avons vu que le duc de Reichstadt détestait de toute son âme M. de Metternich ; mais il aimait et respectait l'empereur son grand-père. Or l'empereur d'Autriche, dans ses conférences avec son petit-fils, lui rappelait toujours que si la France était son pays d'origine, l'Autriche était sa patrie adoptive ; il opposait habilement ses devoirs de prince autrichien à ceux de prince français et d'héritier de Napoléon. De là de douloureux combats intérieurs, des luttes déchirantes entre des sentiments contradictoires, luttes qui consumaient les forces du Roi de Rome, et auxquelles il s'arrachait pour aller chercher la distraction et l'oubli au sein de plaisirs énervants et vulgaires.

D'après ce qu'on a déjà lu, on doit deviner aisément avec quel soin M. de Metternich fermait la porte du jeune prince à tout ce qui pouvait lui rappeler ses devoirs véritables. Il suffisait d'être Français pour ne pouvoir pénétrer jusqu'à lui. La note suivante, empruntée à M. Barthélemy, un des brillants auteurs du beau poëme de *Napoléon en Égypte*, lequel était allé exprès à Vienne pour faire hommage au Roi de Rome d'un exemplaire de son ouvrage, va donner une idée des barrières qui se plaçaient inexorablement entre le fils de l'Empereur et les cœurs dévoués qu'entraînait auprès de lui l'élan des sympathies les plus respectueuses et les plus attendries.

« Le but de mon voyage à Vienne, dit dans cette note M. Barthélemy, était d'être présenté au duc de Reichstadt, de lui offrir notre poëme. On doit penser que je ne négligeai aucun moyen possible d'y parvenir. Dans le nombre des personnes qui me témoignaient quelque intérêt, les unes étaient tout-à-fait sans pouvoir, les autres craignaient avec quelque raison de s'immiscer dans une affaire de cette nature. Ainsi je me vis presque réduit à moi seul pour conseiller et pour protecteur. Je pensai qu'au lieu d'employer des détours qui auraient pu attirer des soupçons sur mes intentions pacifiques, il valait mieux aborder la question avec franchise, et déclarer ouvertement le but de mon séjour à Vienne.

» D'après cette idée, je me présentai chez M. le comte de Czernin, qui est *oberhofmeister* de l'empereur (grand-maître de la cour). Ce vénérable vieillard me reçut avec une bonté et une obligeance dont je fus réellement pénétré ; et quand je lui eus annoncé le but de ma visite, il n'en parut nullement surpris ; seulement il m'engagea à m'adresser à M. le comte de Diedrichstein, et même il voulut bien m'engager à m'y présenter sous ses auspices. Je ne perdis pas un moment..... J'eus un véritable plaisir de me trouver avec un des seigneurs les plus aimables et les plus instruits de la cour de Vienne. Aux fonctions de grand-maître du duc de Reichstadt il joignait la charge de directeur de la bibliothèque, et devant ce dernier titre je pouvais invoquer hardiment ma qualité d'homme de lettres. Il voulut bien me dire que notre nom et nos ouvrages (on sait qu'à cette époque M. Barthélemy était le collaborateur assidu de M. Méry) ne lui étaient point inconnus, que même il avait pris le soin de se faire envoyer de France toutes les brochures que nous avons publiées jusqu'à ce jour, et qu'en ce moment il attendait avec impatience notre dernier poème. Comme à tout évènement je m'étais muni d'un exemplaire, je me hâtai de le lui offrir et même de lui en faire une dédicace signée, ce qui parut lui être agréable. Encouragé par cet accueil, je crus le moment propice pour en venir à une ouverture décisive.

« Monsieur le comte, lui dis-je, puisque vous
» voulez bien me traiter avec tant de bienveillance,
» j'oserai vous supplier de me servir dans l'affaire
» qui m'attire à Vienne. Je suis venu dans le but
» unique de présenter ce livre au duc de Reich-
» stadt; personne mieux que son grand-maître,
» ne peut me seconder dans mon dessein; j'espère
» que vous voudrez bien accéder à ma demande. »

Aux premiers mots de cette humble requête verbale, le visage du comte prit une expression, je ne dirai pas de mécontentement, mais de malaise, de contrainte; il me paraissait comme fâché d'avoir été assez aimable pour m'enhardir à cette demande, et sans doute qu'il aurait préféré n'être pas dans la nécessité de me répondre. Après quelques secondes de silence, il me dit : « Est-il bien vrai que vous soyez venu à Vienne pour voir le jeune prince? Qui a pu vous engager à une pareille démarche? Est-il possible que vous ayez compté sur le succès de votre voyage? On se fait donc en France de bien fausses, de bien ridicules idées sur ce qui se passe ici? Ne savez-vous pas que la politique de la France et celle de l'Autriche s'opposent également à ce qu'aucun étranger et *surtout un Français*, soit présenté au prince? Ce que vous me demandez est donc tout à fait impossible. Je suis vraiment peiné que vous ayez fait un si long et si pénible voyage sans aucune chance de succès, etc., etc. »

Je lui répondis que je n'avais mission de personne en venant en Autriche; que c'était de mon propre mouvement, et sans impulsion étrangère que je m'étais décidé à ce voyage, qu'en France on pense généralement qu'il n'est pas difficile d'être présenté au duc de Reichstadt, et que même on assure qu'il reçoit les Français avec une bienveillance toute particulière; que d'ailleurs les mesures de prudence qui repoussent les étrangers me semblaient ne pas devoir m'atteindre, moi qui ne suis qu'un homme de lettres, qu'un citoyen inaperçu, et qui n'ai jamais rempli de rôle ou de fonctions politiques.

Je conçois, ajoutai-je, que mon zèle peut vous paraître exagéré; cependant, considérez que nous venons de publier un poëme sur Napoléon : Est-il donc si étrange que nous désirions le présenter à son fils? Croyez-vous que cet hommage littéraire ait un but caché? Il ne tient qu'à vous de vous convaincre du contraire. Je ne demande pas à entretenir le prince sans témoins; ce sera devant vous, devant dix personnes s'il le faut, et s'il m'échappe un seul mot qui puisse alarmer la politique la plus ombrageuse, je consens à finir ma vie dans une prison d'Autriche.

Le grand-maître répliqua que tous ces bruits répandus en France au sujet de personnes présentées au duc de Reichstadt étaient de toute fausseté; qu'il était persuadé que le but de mon voyage était purement littéraire et détaché de toute pensée politique, mais que néanmoins il lui était impossible d'outrepasser ses ordres; que les plus strictes défenses interdissaient ces sortes d'entrevues : que cette mesure n'était pas l'effet d'un caprice momentané, mais bien la suite d'un système constant adopté par les deux cours; qu'elle n'était pas applicable à moi seul, mais à tous ceux qui tenteraient d'approcher du prince, et que j'aurais grand tort de m'en trouver lésé spécialement. Enfin, ajouta-t-il, ce qui doit excuser ces rigueurs, c'est la crainte d'un attentat sur sa personne. « Mais, lui dis-je, un attentat de cette nature est toujours à craindre, car le duc de Reichstadt n'est pas entouré de gardes : un homme résolu pourrait toujours l'aborder, et une seconde suffirait pour consommer un crime. Votre prévoyance est donc en défaut de ce côté. Maintenant vous craignez peut-être qu'une conversation trop libre avec des étrangers ne lui révèle des secrets ou ne lui inspire des espérances dangereuses; mais avec tout votre pouvoir est-il possible à vous d'empêcher qu'on ne lui transmette ouvertement ou clandestinement une lettre, une pétition, un avis, soit à la promenade, soit au théâtre ou dans tout autre lieu? Moi, par exemple, si, au lieu de m'adresser franchement à vous, je m'étais porté sur son passage; si je m'étais hardiment avancé vers lui et qu'en votre présence même je lui eusse remis un exemplaire de *Napoléon en Égypte*, vous voyez bien que j'aurais trompé toutes vos précautions, et que j'aurais rempli mon but d'une manière violente; j'en conviens, mais enfin il n'en est pas moins vrai que le prince aurait reçu son exemplaire et qu'il en aurait connu le but.

M. Diedrichstein me fit une réponse qui me glaça d'étonnement : « Écoutez, monsieur, me dit-il, *soyez bien persuadé que le prince n'entend, ne voit et ne lit que ce que nous voulons qu'il lise, qu'il voie et qu'il entende;* s'il recevait par hasard une lettre, un pli, un livre qui eût trompé notre surveillance et fût tombé jusqu'à lui sans passer

par nos mains, croyez que son premier soin serait de nous le remettre avant de l'ouvrir; il ne
se déciderait à y porter les yeux qu'autant que
nous lui aurions déclaré qu'il pourrait le faire
sans danger. — Il paraît d'après cela, M. le
comte, que le fils de Napoléon est bien loin d'être
aussi libre que nous le supposons en France?
— Le prince n'est pas prisonnier, mais il se
trouve dans une position toute particulière.
Veuillez bien ne plus me presser de vos questions,
auxquelles j'aurais le regret de ne pouvoir satisfaire; renoncez également au projet qui vous a
conduit ici. Je vous répète, qu'il y a *impossibilité absolue.* — Eh bien! vous m'enlevez tout espoir, je ne puis certainement recourir à personne
après votre arrêt, et je sais qu'il est inutile de renou-
veler mes instances; mais du moins vous ne pou-
vez me refuser de lui remettre cet exemplaire au
nom des auteurs; il a sans doute une bibliothèque, et ce livre n'est pas assez dangereux pour
être mis à l'index.

M. Diedrichstein secoua la tête comme un homme irrésolu. Je compris qu'il lui était pénible de
m'accabler de deux refus dans le même jour.
Aussi, ne voulant pas le forcer à s'expliquer trop
nettement, je pris congé de lui en le priant de
lire le poëme, de se convaincre qu'il ne conte-

nait rien de bien séditieux, et de me faire espérer que, d'après cette conviction, il consentirait
à favoriser ma seconde demande.

Environ quinze jours après, je retournai chez
le grand maître ; j'en revins encore à mes premières obsessions. Il était étonné de ma tenacité.
« Je ne vous conçois pas vraiment, me disait-il,
vous mettez trop d'importance à voir le prince,
contentez-vous de savoir *qu'il est heureux*, qu'il
est sans ambition ; sa carrière est toute tracée : il
n'approchera jamais de la France, *il n'en aura
pas même la pensée*. Répétez tout ceci à vos compatriotes, désabusez-les, s'il est possible. Je ne
vous demande pas le secret de tout ce que j'ai pu
vous dire ; bien au contraire, je vous prie à votre
retour en France, de le publier et même de vous
l'écrire si bon vous semble. Quant à la remise de
votre exemplaire, n'y comptez pas. Votre livre
est fort beau de poësie, mais il est dangereux pour
le fils de Napoléon : votre style plein d'images,
cette vivacité de description, ces couleurs que
vous donnez à l'histoire, tout cela dans sa jeune
tête, peut exciter un enthousiasme et des germes
d'ambition qui, sans aucun résultat, ne servi-
raient qu'à le dégoûter de sa position actuelle.
L'histoire, il en connaît tout ce qu'il doit savoir,
c'est-à-dire les dates et les noms. Vous voyez, d'a-

près cela, que votre livre ne peut lui convenir.

J'insistai encore quelque temps, mais je vis bientôt que le comte ne m'écoutait que par civilité; je ne voulais pas m'épuiser en prières inutiles, et dès lors, désabusé de mon innocente chimère, je regardai cette visite comme une audience de congé, et je ne tardai pas à retourner en France.»

Ainsi vivait à Vienne le Roi de Rome. On barrait le passage aux Français qui voulaient saluer cette tête si chère; on murait la personne physique du fils de Bonaparte, et on cloîtrait son esprit et son âme dans de fausses idées et de faux sentiments. Pour le mieux étouffer, on n'avait pas craint de lui dire qu'en acceptant sans murmurer la nullité de sa position, il montrerait plus de véritable grandeur qu'en allant reconquérir l'héritage de son père. Comme on avait mesuré l'élévation de son cœur, on l'avait attaqué par son endroit sensible, et on lui avait fait une vertu sublime de l'abnégation imbécille qu'on attendait de lui. Après avoir torturé l'aigle à Saint-Hélène, et l'avoir fait agoniser cinq ans dans l'attente d'une tardive mort, on avait enfermé l'aiglon dans une cage impénétrable à l'air de la patrie et au soleil de l'espérance, et là, on avait mis vingt ans à lui couper les ailes.

On avait eu beau faire : il arriva un jour où les ailes lui repoussèrent tout à coup.

Ce jour fut celui où le fils de l'Empereur apprit que la France venait de faire la révolution de juillet.

Cette nouvelle fut pour lui comme une révélation. On eût dit que ce coup de tonnerre qui foudroya la royauté légitime avait été accompagné d'un vif éclair à la lueur duquel le Roi de Rome, sortant enfin d'une trop longue obscurité, pouvait se voir lui-même comme dans un miroir et contempler sa position réelle dégagée des nuages dont des sophistes l'avaient enveloppée.

Le jour dont nous parlons, le fils d'Achille eut la pleine conscience de son présent si pâle et du glorieux avenir qui lui était ouvert. Pour la première fois il sentit véritablement bouillonner dans ses veines le sang d'où il était sorti, et quelque chose lui cria : « Oui, tu es bien de la » race des lions. »

Rapprochement étrange et où l'on croyait voir la marque du doigt de la Providence ! La Révolution paraissait avoir attendu, pour éclater, que le fils de Napoléon fût devenu un homme. En juillet 1830, il était sur le point d'atteindre sa vingtième année.

A cette époque, malheureusement, sa santé

altérée par l'ensemble des causes que nous avons indiquées, commençait à donner d'assez graves inquiétudes. « Il mangeait très peu et sans appé-
» tit, disait à M. de Montbel le médecin ordi-
» naire du prince, le docteur Malfatti ; son esto-
» mac semblait trop faible pour supporter la
» nourriture qu'aurait exigée sa croissance ef-
» frayante. De légers maux de gorge le faisaient
» souffrir de temps en temps : il était sujet à une
» sorte de toux habituelle et à une journalière
» excrétion de mucosités. On redoutait une phthi-
» sie de la trachée-artère. Par bonheur, l'usage
» des bains muriatiques et des eaux de Sedlitz cou-
» pées avec du lait, combattit d'abord assez effi-
» cacement ces alarmants symptômes. »

Maintenant essayons de dire, s'il est possible, pourquoi la révolution de 1830 n'aboutit pas au résultat que la logique des choses semblait lui assigner, au rétablissement du trône im-périal, appuyé sur des institutions constitution nelles ?

Pourquoi la monarchie bourbonienne était-elle tombée ? Nous avons déjà eu occasion de le dire dans l'histoire du prince Louis-Napoléon : c'était la *légitimité du droit divin* que Paris et la France venaient de renverser ; un autre sentiment ani-mait encore le pays ; on n'avait pas oublié que les

Bourbons étaient entrés en France à la suite de nos revers et, comme on l'a dit énergiquement, dans les fourgons des Cosaques.

La Révolution de Juillet exprimait donc deux sentiments vivaces, la répugnance pour ce qu'on appelait le droit divin, et la haine de l'étranger.

Or, quel est l'homme qui répondait mieux à ces deux sentiments, que le fils de Napoléon?

Le Roi de Rome était, lui, la personnification du principe contraire au droit divin, du droit *national*; la France, en appelant son père au trône par sa libre volonté, en avait assuré au fils l'héritage. — Le Roi de Rome n'était pas moins l'incarnation de la haine de l'étranger et de la dignité nationale, car il était le fils du conquérant qui tint tête pendant vingt ans à tous les rois coalisés et qui ne cessa de les vaincre que pour aller à Sainte-Hélène.

Comment donc se fait-il que le rappel du Roi de Rome n'ait pas été le premier acte, la première parole des vainqueurs de Juillet?

Il y a à cela plusieurs causes.

D'abord la nation ne fut pas consultée, on disposa du trône sans son assentiment, et les partisans de l'Empire se fussent trouvés alors là où depuis Louis-Napoléon a recueilli des adhésions si sympathiques et a compté par millions les voix

amies, c'est-à-dire dans les couches les plus profondes du sol, dans les chaumières et dans les
ateliers. Ce fut la bourgeoisie qui, par l'organe
de deux cents députés sans mandat, proclama
l'avénement de la branche cadette; la bourgeoisie, qui pressentait qu'elle allait exploiter le nouveau règne; qui, toujours moins préoccupée de la
gloire publique que de ses intérêts particuliers et
de ses petites vanités, avait tant concouru, en
1814 et en 1815, à la chute de l'Empereur; la
bourgeoisie, qui ne pouvait avoir plus de sympathie pour le fils qu'elle n'en avait eu pour le
père, et qui devinait bien que le Roi de Rome,
s'il venait à régner, serait fidèle aux grandes et
toutes populaires traditions léguées à son patriotisme.

La nation se laissa imposer la royauté nouvelle; mais, il faut le dire, si ces choses se passèrent ainsi sans opposition et sans d'autres mur-
mures que ceux de quelques dévouements fidèles
et obstinés, cela tint principalement à un malen-
tendu, à un mensonge habilement propagé parmi
les masses, mensonge auquel les faits connus
donnaient du reste tous les caractères de la vrai-
semblance.

» Ce n'est pas le fils de Napoléon, dit on, c'est
» l'élève de M. de Metternich qui monterait sur

» le trône de France! Qu'a donc fait ce jeune
» homme qui puisse le recommander à l'estime
» et au choix de ses concitoyens? Il ne s'est ré-
» vélé encore que par des succès de coulisses et
» de boudoirs. On dirait qu'il a renié son pays et
» son père, que la qualité de Français flatte
» moins son orgueil que le titre de prince autri-
» chien? Voulez-vous donc commettre les desti-
» nées publiques aux mains d'un automate qui
» ne gouvernerait que sous l'influence d'un ca-
» binet étranger? à quoi donc servirait alors d'a-
» voir abattu Charles X? Il n'y a plus de *Roi de*
» *Rome*, il ne reste que le *duc de Reichstadt.* »

Telles furent les préventions injustes qui mi-
nèrent les chances qu'aurait eues infailliblement
à cette époque le rétablissement de l'Empire.

Cependant le prince de Metternich, dès l'origine de l'établissement de Juillet, s'était servi du
Roi de Rome dans ses rapports diplomatiques
avec Louis-Philippe comme il l'avait déjà fait sous
la royauté légitime. Grâce à cet instrument qu'il
tenait sous la main, il obtint du gouvernement
français tout ce qu'il demanda, la paix européenne et l'étouffement de l'esprit révolutionnaire. Ces concessions coûtèrent d'autant moins
à Louis-Philippe, qu'elles répondaient à ses vœux
secrets.

Dès que le cabinet autrichien eut acquis la conviction que le *statu quo* européen n'avait rien à craindre du successeur de Charles X, on comprend que la surveillance exercée sur le Roi de Rome devint plus vigilante et plus active que jamais. M. de Metternich se montrait d'autant plus ombrageux, qu'il savait bien tout ce que les événements de Paris avaient éveillé de désirs mal déguisés et d'ambitions impatientes dans l'âme du jeune prince.

Ce n'était pas seulement la police autrichienne qui épiait le Roi de Rome; il n'était pas à cette époque un gouvernement en Europe qui n'eût à Vienne ses espions chargés de rendre compte de tout ce qu'il faisait, de tout ce qu'il disait.

Le jeune prince savait cela; il avait eu la preuve maintes fois que pas un détail de sa vie, pas un cri d eson âme n'était ignoré des argus attachés à ses pas. M. de Metternich lui-même lui avait, de dessein prémédité, avoué cet espionnage dont il était l'objet. C'était en effet le moyen le plus sûr pour prévenir, par la perspective de la non-réussite, toute tentative du Roi de Rome, tout élan généreux de sa part vers l'avenir et vers la France.

C'est là sans doute qu'il faut chercher l'explication de la conduite tenue par le captif de

M. de Metternich dans une circonstance délicate.

Il y avait à Vienne, à l'époque où nous sommes arrivé, une femme jeune, belle, d'un caractère entreprenant, viril. C'était la comtesse Camérata, nièce de l'Empereur Napoléon et fille d'Élisa Bacciochi. Les mâles habitudes de la comtesse, ses goûts excentriques pour tous les exercices dont le monopole semble spécialement dévolu à un autre sexe que le sien, pour la chasse, pour l'escrime et l'équitation, avaient depuis quelque temps attiré sur elle la curiosité publique. Admirée par les uns, raillée par les autres, et assez forte pour se mettre au-dessus de l'opinion de tous, cette femme énergique, cette intrépide amazone, dont la main alerte et robuste à la fois domptait les plus fougueux coursiers et aurait, pu, comme celle de Guillaume Tell, abattre une pomme sur la tête de son enfant, avait conçu l'audacieux projet d'enlever à Vienne son malheureux cousin pour le conduire en France.

Un soir le Roi de Rome allait entrer dans l'appartement du baron Obenaus, un de ses gouverneurs, quand tout à coup en montant l'escalier qui conduisait chez le baron, il aperçoit une femme inconnue qui paraissait attendre quelqu'un devant la porte de l'appartement. Cette dame s'avance rapidement vers le duc de Reich-

stadt, et saisissant sa main sans rien lui dire, elle
la serre vivement, puis la porte à ses lèvres
comme le plus humble sujet baisant la main du
plus grand roi.

Le Roi de Rome, qui n'avait jamais vu la comtesse Camérata (car c'était elle) demeura tout
surpris de ces muettes manifestations, et crut
d'abord avoir affaire à quelque solliciteuse im-
plorant son appui auprès de l'empereur d'Autriche.

Il n'avait pas encore ouvert la bouche et attendait que cette femme s'expliquât, quand
M. Obenaus s'écria brusquement : « Qui êtes-vous,
madame, et que venez-vous faire ici ? »

La comtesse ne voulut pas sans doute satisfaire
à la première de ces deux questions, car elle se
borna à répondre, mais avec une exaltation qui
frappa d'étonnement les deux autres acteurs de
cette scène : — Eh qui donc me refusera la joie
de rendre hommage au fils de mon souverain ?

Puis elle ajouta d'une voix dont l'animation
allait toujours en croissant :

« Prince, prince, voilà plusieurs mois que je
» cherche l'occasion de vous voir et de vous en-
» tretenir : puisque le ciel me l'accorde aujour-
» d'hui, écoutez-moi, je vous en prie... Êtes-
» vous un prince français ou bien un archiduc

» autrichien? Au nom des horribles tourments
» auxquels les rois de l'Europe ont condamné
» votre père, songez que vous êtes son fils, que
» ses regards mourants se sont fixés sur votre
» image... Profitez d'un moment opportun qui
» peut-être ne se représentera plus... La France
» vous attend, vous appelle; mettez le pied sur
» la frontière et de là vous serez porté en triom-
» phe jusqu'à Paris comme Napoléon à son re-
» tour de l'île d'Elbe. J'ai d'avance tout disposé
» pour une prompte fuite. Ce soir, dans une
» heure, nous quitterons l'Autriche, si vous vou-
» lez ; dans quelques jours nous serons à Stras-
» bourg, et dans une semaine le sceptre impérial
» sera entre vos mains... Dites, mon prince, le
» voulez-vous? »

Il y avait quelque chose de si brusque, de si peu attendu dans cette offre de la comtesse, que le jeune prince resta d'abord comme étourdi : puis au bout d'un instant, tout ébloui par le tableau qu'on venait de tracer sous ses yeux, il sentit ses genoux trembler et s'appuya contre le mur, car la violence de ses émotions le faisait chanceler. Une flamme passa dans ses regards et il ne put que s'écrier :

« Moi en France! moi empereur! »

Mais bientôt la défiance lui vint avec la réflexion;

il se demanda si ce n'était pas là un émissaire de M. de Metternich qui peut-être avait trouvé ce moyen de s'assurer de ses pensées les plus secrètes. Et même en admettant la loyauté de la personne qu'il voyait devant lui, qui lui garantissait que le premier ministre, toujours instruit de tout, ignorait cette démarche? D'ailleurs encore, quand même il l'aurait ignorée, n'allait-il pas bientôt la connaître par Obenaus, puisque cette femme imprudente n'avait pas craint de lui parler devant cet homme? Enfin, il y avait dans la proposition qui lui était faite, dans les circonstances où on la lui faisait, dans le sexe et l'incognito de son étrange protectrice, quelque chose de romanesque qui choquait son esprit positif et répugnait à la dignité de son caractère.

Pendant que le prince faisait toutes ces réflexions, la comtesse Camérata, qui le voyait pour la première fois, frappée de la beauté de son visage et de sa ressemblance avec son père, le dévorait des yeux. Elle attendait sa réponse, immobile, haletante, et l'expression d'un désenchantement désespéré se peignit sur ses traits, quand le duc de Reichstadt lui répondit avec froideur :

« Je ne sais pas ce que vous voulez dire, ma
» dame.......Je ne pense nullement à aller en

» France. . . . . . d'ailleurs, ajouta-t-il avec inten-
» tion, je ne vous connais pas. »

Ces dernières paroles semblèrent rendre quelqu'espoir à la comtesse, qui, prenant son parti,
s'approcha rapidement du Roi de Rome et lui
dit à voix basse, de manière à n'être pas entendue
d'Obenaus :

« Je suis votre cousine, la comtesse Camerata.»

Mais malheureusement ce nom n'était pas fait
pour donner confiance au jeune homme : sans
doute il voyait bien que ses soupçons sur un piége
du prince de Metternich n'avaient plus aucun
fondement : mais d'un autre côté il avait entendu
parler à la cour de sa cousine, qu'on regardait
dans ce cercle de juges prévenus et sévères comme
une tête extravagante et qu'on traitait de cou-
reuse d'aventures. Ce souvenir, joint aux réflexions
qu'il avait déjà faites, affermit encore ses répugnances pour l'offre de la comtesse. Plus que
jamais il ne voulut y voir qu'un coup de tête sans
avenir, qu'une entreprise irréfléchie et sans aucune chance de succès.

« Pardon, madame, » dit avec politesse, mais
toujours d'un ton froid le Roi de Rome, s'effor-
çant de dissimuler devant le baron Obenaus l'é-
motion que lui causaient la vue et la démarche con-
promettante d'une nièce de son père, « Pardon,

» madame, je ne puis vous entendre plus long-
» temps. . . . . revenez me voir. »

« Oh! je ne vous reverrai plus! » s'écria la comtesse consternée et glacée, pendant que son cousin entrait chez Obenaus.

De ce singulier entretien la comtesse emporta l'injuste pensée que le fils de Napoléon n'était pas digne de son nom. Néanmoins elle ne se découragea pas tout de suite et écrivit au prince plusieurs lettres qu'elle lui faisait remettre par le valet de chambre d'Obenaus. Mais le Roi de Rome persista dans son refus, et nous croyons qu'il agit sagement. Cette entreprise n'avait rien de sérieux ; il est douteux que les fugitifs eussent réussi seulement à franchir la frontière autrichienne ; et, lors même qu'ils auraient échappé à M. de Metternich, quels éléments de réussite possédaient-ils en France? Ces choses se passaient à Vienne. en décembre 1830 : l'établissement de Juillet était déjà accepté depuis cinq mois. Pas un régiment n'était prêt à se ranger autour du Roi de Rome ; on ne s'était pas seulement occupé de préparer les esprits à son arrivée. La comtesse Camérata pensait que le prince n'aurait qu'à se montrer. Mais les dénouements de Strasbourg et de Boulogne durent plus tard la convaincre de son erreur.

D'ailleurs le prince de Metternich avait été instruit de la démarche de la comtesse. La fuite eût été impossible.

Réprimant la fougue naturelle de son âge, doué de ce sang-froid et de cette patience qui jugent d'un coup d'œil rapide les situations et font les hommes forts, le Roi de Rome attendait... Il pressentait que la quasi-légitimité ne serait qu'une transition, et que son jour viendrait.

Ne négligeant rien pour se mettre à la hauteur de l'avenir rêvé, il continuait avec une fiévreuse ardeur ses études, qu'il avait spécialement circonscrites dans le cercle des grands événemens contemporains. Il se pénétrait de l'histoire de son père, cherchait à en saisir l'esprit et la portée, et il trouvait dans ses longues méditations à ce sujet un charme irrésistible.

« Je tâcherai de faire le bien de mon mieux, » l'entendait-on dire souvent, par respect pour » la mémoire paternelle. »

Le 25 janvier 1831 fut un jour mémorable dans la vie du duc de Reichstadt. Jusqu'alors il n'avait encore paru que dans les réunions de la famille impériale et les fêtes de la cour. Pour la première fois il devait assister à une grande réunion chez l'ambassadeur d'Angleterre, lord Cowley. Le principal attrait qui attirait le jeune prince dans ce bal, c'était la certitude qu'il y rencontrerait le maréchal Marmont, duc de Raguse, avec lequel il désirait causer de ce qui était devenu désormais la préoccupation constante de sa vie. Trop généreux pour garder dans son âme le ressentiment du passé, il avait voulu oublier la conduite du maréchal en 1814 pour ne se rappeler qu'une chose, que le duc de Raguse avait été longtemps l'ami, l'aide-de-camp et un des lieutenants les plus chéris de l'Empereur.

« Monsieur le maréchal, dit le duc de Reichstadt dès qu'il parut au bal et qu'on lui eut présenté l'ancien grand dignitaire de l'Empire, je ne saurais vous exprimer quelle satisfaction j'éprouve en voyant l'un des généraux les plus illustres qui ont combattu sous les ordres de mon père; vous avez été son aide-de-camp dans ses premières campagnes; vous le suiviez en Italie, en Égypte et en Allemagne. J'ai étudié attentivement son histoire, je désirerais vous interroger sur plusieurs faits. »

« Je suis à vos ordres, monseigneur, » répondit le duc de Raguse.

Mais on ne sera pas surpris d'apprendre qu'à peine séparé du Roi de Rome par le mouvement du bal, le maréchal Marmont s'approcha de M. de Metternich pour savoir si les entretiens sol-

licités par le jeune prince ne contrarieraient pas
la politique de l'Autriche. M. de Metternich, qui
savait bien que le duc de Raguse n'était pas
homme à faire de l'empereur Napoléon un éloge
sans blâme et sans restriction, autorisa ces entrevues.

« Ces tête-à-tête, dit M. de Montbel eurent
» lieu régulièrement et se succédèrent sans inter-
» ruption pendant trois mois. Le jeune homme
» leur prêtait une vive attention; ses yeux bril-
» laient d'intelligence : dans son profond regard
» le maréchal croyait retrouver les yeux et l'âme
» de Napoléon. Il suivait les indications avec une
» insatiable avidité. Ses remarques étaient justes,
» précises; ses demandes annonçaient une haute
» conception; mais il en adressait rarement,
» parce qu'il évitait, autant que possible, d'in-
» terrompre des enseignements qui absorbaient
» toutes ses facultés. Toutes les fois qu'un appel
» était adressé à sa mémoire, elle se trouvait im-
» perturbable aussi bien que son jugement. »

Nous n'avons pas besoin de dire de quel esprit
étaient empreintes ces sortes de leçons. M. de
Metternich lui-même ne les eût pas désavouées.
Le maréchal Marmont rendait, il est vrai, pleine
justice au génie militaire du vainqueur d'Arcole,
de Marengo et d'Austerlitz; mais il n'épargna pas,

lui-même l'a déclaré dans ses Mémoires récemment publiés, il n'épargna pas la critique à ce qu'il appelait la politique intolérante et l'ambition sans mesure de l'Empereur.

Les entretiens ne se bornèrent pas à ces appréciations rétrospectives. Le présent se glissa quelquefois dans ces études sur le passé, et le duc de Raguse a consigné dans l'ouvrage que nous venons de mentionner quelques pensées et quelques sentiments du Roi de Rome, trop remarquables ou trop touchants pour n'être pas portés à la connaissance de nos lecteurs.

Un jour le maréchal avait placé la conversation sur les récents évènements de France. « Je com-
» prends et j'admets jusqu'à un certain point le
» principe du droit divin, dit le duc de Reichstadt;
» mais ce que je ne puis admettre, c'est ce qu'on
» vient de faire. Au nom d'une nécessité, d'une
» raison d'État fort douteuse, quelques hommes
» se sont arrogé le pouvoir de donner un roi à
» la France, sans son consentement formel. C'est
» un crime de lèse-souveraineté; des mains de
» Charles X tombé, la souveraineté était pas-
» sée à la nation tout entière. On devait res-
» pecter son droit et la consulter, ou bien se
» souvenir que c'était à moi qu'elle avait donné
» la couronne en 1804. » Un autre jour où tous

deux s'entretenaient du rôle que l'avenir semblait lui réserver, le Roi de Rome disait : « Je suis
» prêt pour toutes les éventualités, mais ce à quoi
» je ne consentirai jamais, c'est à jouer un rôle
» d'aventure, à servir de prétexte à des expérien-
» ces politiques. Le fils de Napoléon doit avoir
» trop de grandeur pour servir d'instrument, et
» dans des évènements de ce genre, je ne veux
» pas être une avant-garde, mais une réserve,
» c'est-à-dire arriver comme secours, en rappe-
» lant de grands souvenirs. »

Ses vives sympathies pour la patrie éclataient
à la moindre occasion. Un jour le maréchal lui
racontait cette circonstance de la guerre d'Espagne, quand les grenadiers de la garde royale eurent la pensée de donner au prince de Carignan,
qui servait comme volontaire, les épaulettes de
laine pour le récompenser de son courage à l'attaque du *Trocadero* : « En Russie, s'écria vive-
» ment le Roi de Rome, quand on veut châtier
» un général qui a manqué à son devoir, on le
» fait soldat ; en France, quand on veut honorer
» un prince qui a fait le sien, on le nomme gre-
» nadier. » Puis l'œil humide, il ajouta : « Cela
» me rappelle les soldats de l'armée d'Italie nom-
» mant mon père caporal pour le récompenser de
» ses premières victoires. » — Et avec un accent

qui partait du cœur, il ajouta : « Chère France! »

L'ancien aide-de-camp du maréchal, M. de la Rue, à la veille de son retour en France, alla demander au jeune prince s'il avait des ordres à lui donner pour Paris. Soit qu'il crût voir un piége sous cette politesse, soit toute autre raison, le Roi de Rome répondit froidement : « A Paris! mais » je n'y connais personne; » — puis avec une expression d'intraduisible mélancolie, il ajouta : « Je n'y connais que la colonne de la place Ven- » dôme. » Le lendemain M. de la Rue, en montant en voiture, recevait un petit billet qui ne renfermait que ces mots, que cette phrase délicate et charmante : « Quand vous reverrez la colonne, » présentez-lui mes respects. »

Le prince voulut donner au maréchal un souvenir de leurs courtes relations. Il lui envoya son portrait : « Le duc de Reichstadt, dit M. de »· Montbel, y était représenté à mi-corps, assis vis- » à-vis du buste de son père, ayant l'air d'écouter » avec beaucoup d'intérêt en dehors du tableau. » Au bas et par une attention exquise, étaient » écrits de la main du jeune homme les quatre » vers que, dans la tragédie de Phèdre, Hippolyte » adresse à Théramène :

« Attaché près de moi par un zèle sincère,
» Tu me contais alors l'histoire de mon père;

> » Tu sais, combien mon âme attentive à ta voix,
> » S'échauffait au récit de ses nobles exploits ! »

Nous disions tout à l'heure que la France et son père étaient devenus les deux idées fixes du Roi de Rome ; si on en doute, qu'on lise la lettre suivante écrite à l'archiduchesse Sophie, le 5 mai 1831, dixième anniversaire de la mort de Napoléon.

« Mon cœur vous cherche.., aux époques so-
» lennelles de la vie, je pense à Dieu et à vous.

» Aujourd'hui la place Vendôme est plus fière
» de ses aigles ; le laurier abaisse ses palmes a-
» tristées sous la main pieuse de quelque vétéran
» de l'Empire, et de nobles femmes viennent dé-
» poser sur ces trophées muets des couronnes
» d'immortelles.

» C'est un beau sacerdoce que celui de la gloire !
» Parmi toutes ces personnes que je crois voir
» s'empresser autour du gardien de la colonne,
» il en est sans doute qui ignorent dans quel lieu
» de l'Europe reposent les restes d'un père, d'un
» amant, d'un fils. . . . . La jeunesse et l'âge mûr
» de ceux qui ont vu la république et l'Empire
» n'ont été qu'un long combat. Que de sang versé !
» que d'héroïsme ! Non, il est impossible que de
» si grandes choses aient pour dernier résultat
» une misérable combinaison d'intérêt matériel !

» Un grand peuple ne se résignera jamais à
» dorer de ses mains l'affront national.

» Je n'ai point de haine au cœur pour l'Au-
» triche; ce peuple est bon, mais on l'a tellement
» apprivoisé au joug, qu'il ignore jusqu'à son éner-
» gie. C'est la conséquence d'agglomérations for-
» tuites dont le passé et les intérêts sont divers,
» et dont la politique essaie en vain de faire un
» tout homogène : en un mot, le cœur de cet em-
» pire est trop petit pour les membres. . . . . . .
» D'ailleurs, l'*Autriche n'est que ma nourrice, la*
» *France est ma mère.* Vous m'avez dit vous-
» même que vous m'approuviez de penser ainsi.

» J'ai eu hier une joie bien pure et j'ai besoin
» de vous la redire : J'étais dans la campagne,
» galoppant de toute la vitesse de mon cheval. Le
» pauvre animal était tout baigné de sueur. Je
» descends près d'une petite ferme à un quart de
» mille du village de S..... Un jardin bien soigné
» entourait l'habitation; j'attache ma monture
» en dehors, et j'entre pour demander quelques
» rafraîchissements. Je traverse la première salle
» sans rencontrer personne... Une porte était en-
» tr'ouverte : j'entre avec précaution, dominé
» par je ne sais quel pressentiment : mon premier
» regard rencontre une jeune femme couronnant
» un buste de fleurs : c'était l'ange qui veille sur

» ma destinée, souriant à l'image de mon père..

» Un bruit de chevaux me fit ressouvenir que les

» gens de ma suite allaient nous surprendre. Je

» n'eus que le temps de fléchir le genou devant

» l'image auguste et de baiser une main géné-

» reuse. Je m'élançai à cheval avant qu'aucun re-

» gard fût venu profaner le sanctuaire où la

» plus noble des femmes couronnait en présence

» d'un orphelin qui fut le Roi de Rome, le front

» de Napoléon.

» Honneur à celle qui, inaccessible aux pas-

» sions du présent, a jugé l'ennemi de sa fa-

» mille comme le jugera la postérité!..... Mais

» comment avez-vous fait pour deviner que je

» viendrais là? Après tout, je suis bien simple de

» m'étonner : ne tenez-vous pas le fil mystérieux

» qui me conduit? Je vous sens venir sans vous

» voir, et vous me devinez quand je souffre...

» Oh! dites-le-moi, car vous devez le savoir, y

» aurait-il autre chose à inscrire sur ma tombe

» que deux dates à côté d'un nom! Hélas! quant

» à mes titres, la fortune, en gravant le second

» sur le premier, a tellement mêlé les caractères,

» que l'histoire elle-même les confondra. . . . .

» Rome, Reichstadt, quel contraste! quelle con-

» fusion!..... Ayez compassion, mais ne riez pas

» de mes folies..... Quand j'écris la première

» lettre de mon duché, je suis toujours tenté d'a-
» chever le nom de mon royaume éphémère.

» Puissiez-vous trouver quelque chose de gé-
» néreux jusque dans mes superstitions ! Placé si
» près d'un astre lumineux, comment me rési-
» gner à n'être qu'une tache sur son disque ? »

Une occasion se présentait à cette époque de
rendre au Roi de Rome sa patrie et l'héritage de
son père. Nous avons raconté, dans l'histoire de
Louis-Napoléon, la première phase du règne de
Louis-Philippe ; nous avons dit comment cet édifice, aux fondations si peu solides, penchait déjà
vers sa ruine dès la première année ; comment le
sentiment national, froissé dans ses tendances les
plus nobles par l'attitude du nouveau gouvernement à l'extérieur et par les étroites combinaisons
de la politique intérieure, protestait contre l'esca-
motage de Juillet, par des manifestations de toutes
sortes en faveur du martyr de Saint-Hélène,
comment enfin l'esprit bonapartiste s'était tout
à coup réveillé.

Nous laisserons parler ici M. de Montbel.

« Dès les commencements, dit-il, de la Révolu-
» tion de Juillet, se renouèrent diverses trames
» dans le but d'engager l'Autriche à se prêter aux
» desseins du parti impérialiste. Pour prix de l'é-
» tablissement de Napoléon II, la France offrirait

» aux puissances européennes toutes les garanties
» désirables d'union et de paix. On organiserait
» les conditions du pouvoir de telle manière, que
» l'autorité ne serait plus un vain mot, et que
» l'anarchie comprimée n'oserait plus lever la
» tête et menacer le monde social.

» A peu près à l'époque de mon arrivée à Vienne,
» s'y rendait aussi un personnage dont le nom,
» célèbre dans les fastes de la Révolution et de
» l'Empire, est mêlé à toutes les époques de nos
·» convulsions politiques. . . . . Cet homme vit
» M. de Metternich.

» Le premier ministre autrichien lui dit :

« Que demandez-vous et qu'attendez-vous de
» nous?

» — Que vous nous laissiez conduire le duc de
» Reichstadt à la frontière de France : sa pré-
» sence, le nom de Napoléon renverseront en un
» instant le gouvernement qui pèse sur notre
» patrie, et qui sans cesse vous menace de ses
» ruines.

» — Quelle garantie aura le duc de Reichstadt
» de son avenir?

» — L'amour et le courage des Français l'entou-
» reront et formeront un rempart autour de lui.

» — Au bout de six mois il se trouverait entouré
» d'ambitieux, d'exigences, de ressentiments,

» de haines, de conspirations; il se trouverait au
» bord d'un abîme. Je vous l'ai déjà dit, l'empe-
» reur tient trop à ses principes et à ses devoirs
» envers ses peuples, comme au bonheur de son
» petit-fils, pour jamais se prêter à de semblables
» dispositions. Du reste, vous vous abusez entiè-
» remens sur l'issue de votre entreprise ou plutôt
» sur la durée de ses résultats. Faire du bonapar-
» tisme sans Bonaparte est une idée absolument
» fausse. Lorsqu'avec son génie, qu'on ne retrou-
» vera pas facilement, Napoléon parvint à dompter
» et à s'assujettir la Révolution française, il lui
» fallut un ensemble de circonstances qui favori-
» sèrent ses projets, une suite non interrompue
» de victoires qui, en lui assurant le dévouement
» de ses soldats, fascina l'esprit des peuples par
» un mélange de crainte et d'enthousiasme. Ébloui
» par la continuité de ses propres triomphes, il
» crut en lui-même, et tous partagèrent sa foi;
» mais une telle force n'était que viagère, et en-
» core à la condition de la constance de ses suc-
» cès; les revers auraient abattu son ascendant,
» quand ils n'auraient pas d'abord renversé son
» trône.

» D'ailleurs, lorsqu'il survint tout à coup au mi-
» lieu de vos orages politiques, il trouva pour le se-
» conder un cortége de dieux inférieurs, des répu-

» tations bien ou mal acquises, mais nullement con-
» testées, des généraux habiles, des administrateurs
» dressés aux affaires, des gens sans passé à la vérité
» et n'étant pas, pour la plupart, de portée à
» créer de l'avenir, mais qui du moins faisaient
» du présent par habitude. Dans l'état actuel, que
» pourrait Bonaparte lui-même au milieu d'une
» cohue dont l'ombrageuse et puérile vanité ne
» peut laisser vivre une réputation pendant vingt-
» quatre heures, où toutes les illustrations se
» sont évanouies devant les sarcasmes de la presse;
« où quiconque fut applaudi expire sous les sifflets,
» instruments de justice ou d'envie?

» Il semble qu'un génie malfaisant ait entrepris
» d'écraser la France sous le niveau d'une nullité
» universelle. Tout se détruit et se décompose
» sous le marteau des démolisseurs, la société se
» réduit en poudre; Napoléon reconstruisit un
» édifice avec les matériaux de la société renver-
» sée, et vous vous acharnez à détruire même les
» décombres.

» Les hommes supérieurs se continuent rare-
» ment dans leurs héritiers : ils ont sur la société
» une grande influence, mais ils n'y sont que de
» rares accidents. Il existe d'autres conditions
» d'ordre, de stabilité et de bonheur : l'expé-
» rience, ainsi que la raison, vous indiquent que

» toutes ces conditions ne sauraient se trouver
» que dans la vérité des principes. »

M. de Metternich concluait à la légitimité ; il
était conséquent avec lui-même. Dans toute cette
allocution que M. de Montbel lui prête, nous ne
signalons qu'une phrase « *Faire*, disait-il, *du bo-
napartisme sans Bonaparte est une idée fausse.* Le
10 décembre 1848 et le 20 décembre 1851 ont
répondu à cette sentence de l'oracle de la Sainte-
Alliance.

Le Roi de Rome avait été instruit de la démarche tentée auprès du prince de Metternich ; il n'en
ignorait pas le résultat. Il avait espéré un instant
que, dans l'intérêt même de la stabilité européenne,
le premier ministre accueillerait la demande des
impérialistes et préférerait le rétablissement de
l'Empire appuyé sur les masses, à l'édifice sans
base qui commençait à chanceler en France. La
réponse de l'Autriche lui fut une amère décep-
tion.

Bientôt cependant l'espérance lui revint, mais
pour lui apporter un mécompte nouveau. Depuis
quelque temps il vivait dans une sorte de surex-
citation fébrile qui ne le quittait pas. Pour la première fois il négligeait ses livres et avait renoncé
à ses travaux les plus chers ; ne mangeant plus, ne
dormant plus, il semblait étranger au monde qui

l'environnait. L'esprit avait couvert la voix de la matière. C'était une existence tout idéale.

Tout à coup il apprend la nouvelle des événements d'Italie. La Providence a exaucé ses vœux ; ce qu'il demande, c'est encore moins un trône que l'occasion de montrer ce qu'il vaut. Cette occasion, Dieu la lui donne. L'Italie, en effet, c'est le premier théâtre des exploits de son père ; sans doute il devait être écrit là-haut que de ce même lieu le fils appellerait à son tour sur ses propres exploits l'attention de l'Europe et du monde.

Mais comment tromper l'ombrageuse méfiance du gouvernement autrichien ? S'il dit à l'empereur François qu'il veut aller servir les armes à la main, la cause de l'indépendance et de la liberté italienne, on repoussera sa demande, il en est sûr ; que faire alors ? Hélas, ce qu'il a déjà fait si souvent... Il faut qu'il mente, qu'il dissimule encore, lui, la loyauté même, puisqu'une politique impitoyable ne lui a laissé que cette arme pour se défendre.

Heureusement il trouve dans des faits récents un prétexte tout prêt. Les sujets de Marie-Louise, peu satisfaits d'elle et de ses favoris, MM. Neupperg et Bombelles, l'ont chassée des États de Parme : le Roi de Rome va dire à l'empereur d'Autriche qu'il veut courir au secours de sa mère.

Au secours de sa mère!... Non, non, ce n'est pas vrai! car la cause de Marie-Louise, c'est la même que celle contre laquelle trente ans avant le grand Napoléon remportait ses plus belles victoires; au secours de sa mère, qui, elle, l'a abandonné, qui a trahi et outragé la mémoire du prisonnier de Sainte-Hélène! de sa mère, qui vient à peine tous les deux ou trois ans déposer une fois le plus froid des baisers sur le front du pauvre orphelin!

Non, non, ce n'est pas vrai! le fils de l'Empereur n'a pas renié à ce point la gloire paternelle... et ce qui prouve que ce n'était pas vrai, c'est que son grand-père refuse de le laisser partir pour l'Italie.

M. de Metternich avait tout deviné. Ce *veto* inflexible qui se dressa devant les ardentes aspirations du jeune prince, le frappa douloureusement. Sa patience se fatigua. Une main odieuse lui fermait l'avenir; il se crut condamné pour toujours et perdit courage: malheureusement les blessures de l'âme réagirent sur le corps.

Mais il faut ici revenir sur nos pas.

Dans les premiers mois de 1831, l'empereur d'Autriche, pour occuper l'activité bouillante du Roi de Rome, l'avait nommé commandant d'un bataillon du régiment d'infanterie hongroise de

Guilay, alors en garnison à Vienne. Le prince avait apporté un zèle extrême dans l'accomplissement de ses fonctions. Sa vie tout entière se passait dans les champs de manœuvre et à la caserne; mais les fatigues de son commandement ne tardèrent pas à se faire sentir, et à développer en lui les germes d'une cruelle phthisie; craignant qu'on ne lui prescrivît le repos, qui eût été un supplice pour lui pire que son mal lui-même, il cachait avec une étonnante énergie de caractère ses souffrances et tous les symptômes morbides qui se manifestaient les uns après les autres. A toutes les questions des médecins qui, le voyant maigrir de jour en jour et prendre une couleur livide, s'inquiétaient de son état, il répondait invariablement : « Vous vous trompez, je me porte parfaitement bien.» C'est en vain que le docteur Malfatti voulut le déterminer à reprendre l'usage des bains muriatiques et des eaux minérales dont il s'était si bien trouvé l'année précédente. «Le temps me manque, » répondait le jeune homme.

Un jour le docteur le surprit, au sortir d'une manœuvre, haletant et presque sans connaissance, sur un canapé. Ne pouvant plus nier l'état où il était, — « J'en veux, se borna-t-il à dire, à ce » misérable corps qui ne peut pas suivre la volon- » té de mon âme. » — Il est fâcheux en effet,

» monseigneur, répondit Malfatti, que Votre Al-
» tesse n'ait pas la faculté de changer de corps
» comme elle change de chevaux quand elle les a
» fatigués; mais, je vous en conjure, n'abusez pas·
» du peu de jours qui vous restent, songez que
» si votre âme est de fer, vous avez un corps de
» cristal. »

Au mois d'août, le prince fut atteint d'une sorte de fièvre catarrhale. Le médecin ayant cru devoir prévenir l'empereur d'Autriche, celui-ci ordonna au Roi de Rome de cesser ses fonctions et d'aller à Schœnbrünn. Il ne fallait rien moins que cette haute intervention pour le contraindre au repos qui lui était si nécessaire.

La tranquille existence qui l'attendait au palais de Schœnbrünn, lui fut salutaire; mais au mois de septembre il voulut suivre l'empereur aux grandes chasses de la cour. La fatigue, le froid, l'humidité, ramenèrent son état de faiblesse et de souffrance. Un jour, comme il dissimulait toujours sa maladie, on lui avait permis exceptionnellement de prendre le commandement de son bataillon pour assister au service funèbre du général Siégenthal. Il avait la fièvre ce jour-là, et aux premiers ordres qu'il donna à ses soldats, il perdit tout à coup la voix. Il rentra à Schœnbrünn atteint d'une fièvre ayant un triple caractère, rhumatique, catarrhal et bilieux. Cependant, refusant toujours d'écouter la douleur, il ne cessait de commettre de dangereuses imprudences, si bien qu'en avril 1831, son état s'était considérablement aggravé. Un soir il était allé se promener au Prater en voiture découverte, par un temps humide et froid. Un accident ayant brisé une roue de la calèche, il s'élança sur la route; mais les forces lui manquèrent, et il tomba sur la route; on le rapporta à Schœnbrünn dans l'état le plus alarmant.

Les médecins prescrivirent un voyage le mois suivant, quand la fluxion de poitrine causée par la dernière imprudence du prince eut enfin disparu.

M. de Metternich autorisa un voyage à Naples.

Mais il était trop tard.

Le mal était devenu incurable, et la faiblesse croissante du malade ne permettait pas le déplacement.

Au mois de mai, il ne quittait déjà plus le lit, mais l'ardeur de son âme survivait à ses forces physiques, et il trompait la souffrance du corps par l'action incessante de l'esprit.

Voici une lettre qu'à une époque voisine de ses derniers moments, il écrivait à la princesse Sophie. Cette lettre, fort remarquable, pleine de tristesse, d'élan, de passion, de pensées poétiques

et de profondes réflexions, fut pour le malheureux jeune homme comme le chant du cygne.

« Vous me promettez de brûler cette lettre
» après l'avoir lue... Mais pourquoi cette recom-
» mandation? vous l'auriez fait de vous-même,
» j'en suis sûr.

» Si le contenu ne regardait que moi, ma-
» prière serait moins pressante. Lisez, et ne
» vous étonnez plus du progrès rapide du mal
» qui me mine.

» Il y a déjà quelque temps j'avais remarqué,
» dans le service des jardins de Schœnbrünn, un
» homme qui se trouvait presque toujours sur
» mon passage quand je me promenais seul. Sa
» taille était au-dessus de la moyenne; ses mou-
» vements, sans être lents, semblaient obéir au
» rhythme militaire; une magnifique blessure par-
» tageait son front, et complétait l'aspect mar-
» tial de cette mâle figure. Cet homme m'attirait
» sans que je pusse en démêler la cause. La pre-
» mière fois que je voulus lui parler, j'étais avec
» le comte Dietrichstein; il porta la main à son
» oreille, et me fit de la tête un signe qui voulait
» dire : je suis sourd. Nous continuâmes notre
» promenade, et comme je me retournai pour
» l'examiner encore, je le vis agenouillé sur une
» plate-bande pour arracher quelques herbes;

» mais dès qu'il s'aperçut de mon mouve-
» ment, il porta rapidement l'index à ses deux
» yeux, sans doute pour me faire comprendre
» que, s'il avait perdu l'ouïe, il avait la vue
» bonne.

» Vous savez qu'à force de précautions, *on m'a*
» *rendu circonspect, j'allais dire méfiant..*, je me
» dis en moi-même : oh! cet homme est là pour
» m'épier, ou il espère m'être utile. Dans l'un
» ou l'autre cas, je dois m'abstenir de tous rap-
» ports avec lui; c'est mon intérêt, s'il me
» trompe; c'est le sien, si son dévouement est
» réel.

» Un soir que le docteur parlait d'un air animé
» au prince de Metternich, je remarquai que le
» jardinier écoutait attentivement leur conversa-
» tion. On ne se méfiait pas plus de lui à Schœn-
» brünn qu'on ne le ferait d'un animal domesti-
» que. Je n'avais pas même la ressource de con-
» naître son nom; à quoi servirait-il à un sourd
» d'en avoir un? Plus tard seulement j'appris
» qu'il s'appelait Pierre. J'étais sûr qu'il ne m'a-
» vait point aperçu; je passai et repassai plusieurs
» fois sans avoir l'air de faire attention à lui :
» enfin je le vis qui passait le râteau sur une allée
» vers laquelle je me dirigeai; puis il arrosa pro-
» fondément les abords de l'endroit où il s'était

» arrêté, excepté d'un seul côté, celui-là même
» qui se trouvait sur mon chemin.

» Je m'approchai lorsqu'il fut à quelque dis-
» tance, et je distinguai des caractères tracés sur
» le sable. Ma curiosité était fortement excitée :
» je lus ces mots en français : *Un diplomate et un*
» *médecin, c'est trop de moitié.*

» Le prince était déjà tout près de nous, que
» j'étais encore à rêver sur le sens de ces carac-
» tères énigmatiques; je m'approchai comme pour
» le saluer en bouleversant avec mon pied la dé-
» pêche du vétéran.

» Je ne sais si le prince avait eu soupçon de
» quelque chose, ou si la prudence arrêta les dé-
» marches du balafré; toujours est-il que depuis
» ce temps il paraissait aussi soigneux de m'éviter,
» qu'il s'était montré ingénieux à multiplier nos
» rencontres.

» Il y a environ trois semaines je le vis occupé
» à planter quelques boutures : je l'abordai d'un
» air indifférent; il feignit de son côté de ne pas
» s'apercevoir que j'étais là... Jamais je n'oublie-
» rai cette scène : il assujettissait un tuteur pour
» protéger un jeune laurier... ce rapprochement
» allégorique m'émut profondément, j'oubliai son
» infirmité et je lui dis en français :

» — Pierre, croyez-vous que ce jeune arbris-
» seau réussisse ?

» — Oui, sire, me répondit-il, pourvu que les
» insectes n'en dévorent pas les racines.

» A ce mot *sire*, je crus que le sang allait jaillir
» de mon front.

» — Comment attacherez-vous l'élève au tu-
» teur? poursuivis-je.

» Il tira de son sein une attache ; c'était un
» ruban rouge ; la croix d'honneur y était sus-
» pendue.

» — Celui-ci ne déteindra pas! continua-t-il
» d'un ton solennel. Votre père l'a attaché sur ma
» poitrine à Waterloo...

» — Tais toi, si tu m'aimes, m'écriai-je.

» La figure de cet homme avait pris une expres-
» sion sublime. Je crus voir le génie de la France,
» la personnification de l'honneur dans ce soldat
» dévoué... J'oubliai tout... et nous tombâmes
» dans les bras l'un de l'autre.

» — Fils de mon Empereur, murmura-t-il en
» sanglottant, que faites-vous sur cette terre en-
» nemie? Ne voyez-vous pas qu'ils vous tueront?
» Ignorez-vous ce qui se passe en France? les
» Bourbons sont chassés ; la branche cadette
» chancelle sur le trône ; montrez-vous, c'est
» assez de votre nom.

» Je tremblai de saisissement; un frisson de
» gloire parcourut mes veines..... tout à coup un
» léger bruit se fit entendre. Pierre leva la tête
» avec fierté, sa main semblait chercher une arme
» absente.

   « — Sire, dit-il enfin, dans huit jours, à mi-
» nuit, à la même place, je retrouverai le fils de
» Napoléon, ou je dirai adieu à un archiduc d'Au-
» triche. »

   » C'en était trop, la fièvre m'a repris lemême
» soir... je veux tout vous dire, car vous m'ap-
» prouverez ou vous m'excuserez... ma misérable
» nature me fait défaut maintenant que ma réso-
» lution est prise; la fatalité est sur moi : le sa-
» crifice de mon père sera complet.

   » Je serais mort plutôt mille fois que de man-
» quer au rendez-vous : je dis au médecin que je
» me sentais mieux, et qu'une promenade à che-
» val me ferait du bien. Je rentrai tard à Schœn-
» brünn après avoir distancé mes gens. On me
» croyait rentré. Je m'enfonçai dans le parc.

   » Minuit sonnait; oubliant ma faiblesse, j'en-
» foncai l'éperon dans le flanc de mon cheval, et
» le dernier coup de l'horloge retentissait lorsque
» j'arrivai au lieu indiqué.

   » D'abord je ne vis personne; la lune qui pa-
» raissait par intervalles, projetait l'ombre des

» massifs dans les allées, et changeait tellement
» l'aspect du parc, que j'avais peine à me recon-
» naître. Un doute involontaire traversa mon es-
» prit..... Enfin, au détour d'une allée, j'aperçus
» un homme armé portant l'uniforme des grena-
» diers de la vieille garde. Il me fit le salut mili-
» taire avec l'allure d'un homme qui a longtemps
» triomphé. La croix de la légion d'honneur bril-
» lait sur sa poitrine et trois chevrons blason-
» naient son bras.

» Sire, me dit-il d'une voix ferme, que dirai-je
» de votre part à ceux qui vous attendent?

» L'idée que je pourrais commander de tels
» hommes, la réalisation de tous mes rêves, la
» dette de gloire que m'a léguée mon père, et
» pour tout dire, l'horreur indicible que j'ai au
» cœur de *mourir en prison*, toutes ces idées, tous
» ces sentiments confus traversèrent à la fois mon
» esprit..... Mes yeux s'obscurcirent et je tombai
» sans connaissance.

» Quand je revins à moi, j'étais dans mon lit;
» je démêlai dans les regards de ceux qui me soi-
» gnaient, un redoublement d'inquiétude. Enfin
» j'entendis votre voix dans une chambre voi-
» sine : J'allais demander qu'on vous fît entrer;
» mais j'étais si faible que je tombai en défail-
» lance.

» Aucun de ceux qui m'entourent ne m'a parlé
» de la scène du parc..... *Était-ce un songe*, un
» pressentiment que je vais bientôt rejoindre mon
» père ? Ma tête se perd..... Par pitié laissez-moi
» mon illusion ; ne me dites pas que j'étais en
» délire quand j'ai entendu le vieux soldat m'ap-
» peler *Sire !*

» Je me trouve dans un état indéfinissable, à
» une faiblesse extrême succède tout à coup une
» exaltation fébrile qui ressemble à un délire suivi.
» Ceux qui m'entourent semblent n'avoir soin que
» de mon corps ; ils ne savent pas ou ils feignent
» d'ignorer que le mal de l'âme a réagi sur l'en-
» veloppe, et que chacune de mes douleurs phy-
» siques répond à une souffrance analogue de ma
» nature morale.

» L'inutilité de mon traitement me décourage ;
» je sens que la vie m'échappe, je souhaite même
» d'abréger les tourments de l'épreuve ; et l'instant
» d'après, je lutte avec une sorte de désespoir con-
» tre l'idée de la destruction ; je voudrais con-
» centrer toutes les puissances de mon être ma-
» tériel dans la plénitude d'un sentiment vif. Il
» me semble que l'agonie du fils de l'Empereur
» doit se terminer par un cri et non par un
» soupir.

» Mais à qui pourrais-je communiquer ces der-

» niers rêves d'un mourant? Je retrouve, jusque
» dans la sollicitude dont je suis l'objet, la mesure
» d'un dévouement vulgaire. J'ai été tyrannisé
» toute ma vie; aujourd'hui les docteurs de la
» Faculté ont remplacé Metternich.

» Ils savent bien qu'ils me tourmentent en pure
» perte, et, au lieu de laisser la nature achever son
» œuvre, ils gâtent, par leurs prescriptions, les
» moments de répit qu'elle me laisserait.

» Mais ils ne connaissent pas toutes les ruses
» d'un mourant : quand je veux leur échapper,
» je leur laisse croire que je repose, et je profite
» de la solitude pour réfléchir sur le double mys-
» tère de la vie et de la mort dont je vais trouver
» le secret dans le sein de Dieu ; mais plus sou-
» vent, je l'avoue, j'aime à me replier sur moi-
» même et à faire le compte de mes courtes joies
» dans la vie de contrainte qui m'a été faite. C'est
» vous dire qu'après avoir été mon guide et ma
» force quand je sentais bouillonner dans mon
» sein la sève de ma jeunesse, vous êtes encore
» ma consolation, à présent, qu'à défaut d'espé-
» rance, je n'ai plus qu'à me réfugier dans mes
» souvenirs.

» Vous vous rappelez l'orage d'avant-hier; cette
» scène imposante m'a vivement frappé : j'ai be-
» soin de vous la raconter ou plutôt de me la ra-

» conter à moi-même ; les affections fortes aiment
» les redites ; le sentiment est-il autre chose que
» le renouvellement des mêmes désirs, des mêmes
» craintes, de ces jouissances intimes dont la
» source ne tarit jamais ?

» Au reste, vous me passerez cette fantaisie ;
» quand la maladie est sans espoir, on permet
» tout au mourant.

» Mais toutes ces digressions m'entraînent...
» c'est de l'orage que j'ai à vous parler. Vous sa-
» vez qu'on m'avait transporté dans le parc : le so-
» leil rayonnait avec force ; mais il y avait dans ce
» calme apparent de la nature, je ne sais quoi de
» solennel ; c'était comme le recueillement d'une
» âme forte à l'instant qui précède le danger.

» Tout à coup les feuilles tremblèrent, et deux
» vols de nuages parcoururent le ciel dans la di-
» rection de l'ouest et du midi. Tous les chants se
» turent, et les oiseaux regagnèrent à tire-d'aile
» leurs nids menacés. A gauche du pavillon la
» pluie tombait par torrents, tandis que de la fe-
» nêtre opposée on voyait les pins, éclairés par le
» soleil, projeter sur le sol leurs ombres gigantes-
» ques. Un murmure sourd, semblable à une basse
» majestueuse, formé des mille roulements des
» tonnerres lointains, accompagnait les voix ai-
» guës des vents qui tiraient une note de chaque

» obstacle, un frémissement de chaque feuille.

» Ce que les hommes appellent le repos n'est
» que l'ordre et l'harmonie dans le mouvement :
» cette harmonie est la fin de la nature : quand
» elle est troublée, elle se rétablit bientôt par une
» crise. La foudre formait au-dessus de nous
» comme une couronne de feu : il semblait que
» le ciel et la terre s'élançaient l'un vers l'autre,
» et que tous les éléments sympathiques tendaient
» à se réunir. D'abord j'admirai sans analyse, car
» toutes les puissances de mon être étaient sous le
» charme de ce spectacle imposant; mais bientôt
» lorsque le vent d'est eut réagi, jetant sur ce ciel
» d'un gris moins sombre comme des lanières
» d'azur, lorsque les plantes commencèrent à re-
» dresser leurs tiges lourdes de pluie, j'interro-
» geai mes impressions, et je me souvins qu'en
» me montrant l'horizon enflammé, vous m'aviez
» dit ces mots sublimes : Au delà le ciel est pur!

» Vous aviez donc compris tout ce qui se pas-
» sait en moi? Ma vie a été un orage continuel...
» Hélas! après la tempête la verdure est plus
» belle, la terre plus féconde; le calme riant de la
» nature semble se compléter encore par la puis-
» sance du contraste; mais pour moi, c'est dans
» un autre monde que le repos m'attend!

» La grandeur de ce pronostic m'effraie. Que

» serai-je dans un autre monde? Je comprends
» que l'esprit et la matière sont deux principes di-
» vers; mais je ne puis séparer l'un de l'autre dans
» l'appréciation de mon être; il y a plus, si je m'isole
» en esprit des conditions qui composent le moi,
» je crois sentir que je me dépouille de mon in-
» dividualité, et mon orgueil murmure, même
» en m'élevant à une nature supérieure qui ne se-
» rait plus ce que j'ai été.

» Pourquoi mon âme souffre-t-elle quand mon
» corps souffre? Pourquoi cette solidarité si in-
» time entre les puissances morales et les organes
» qui leur obéissent? Par quel mystère, en dehors
» de ma volonté, le mécanisme de mon être obéit-
» il à des lois constantes dont le résultat est l'har-
» monie, et dont le trouble a pour conséquence
» la maladie et la mort?

» Il serait triste de songer que l'âme humaine
» n'est que la résultante du jeu si complexe de l'or-
» ganisme, et qu'elle s'évanouit avec les phéno-
» mènes qui l'ont produite!

» Quand l'orage grondait sur ma tête, ces ré-
» flexions venaient malgré moi m'assaillir; je sen-
» tais tous les principes élémentaires lutter, en
» moi comme dans la nature; je n'étais plus qu'une
» partie du grand tout, et il me semblait que mon
» âme s'échappait pour se réunir à l'âme univer-

» selle. Mais, bientôt après, en voyant le soleil
» couchant caresser la verdure des arbres et se
» jouer dans les perles suspendues aux feuilles, un
» élan de reconnaissance me ramena aux vérités
» consolantes du christianisme. Je m'inclinai avec
» foi devant les mystères qui confondent la rai-
» son humaine. La voix de la création retentit
» dans mon âme comme un hymne ; je compris
» que l'Être infini peut renfermer en lui tous les
» êtres, sans cesser d'être lui, et que le mérite de
» nos œuvres, sans lesquels la vie future ne serait
» qu'une métempsychose païenne, constitue no-
» tre individualité dans le temps et dans l'éternité.

» C'est surtout lorsque l'on touche au terme,
» qu'il est consolant de croire ; mais, je vous le
» jure, si ma raison refusait l'espérance, j'aimerais
» mieux sortir de ce monde dans le doute de l'in-
» connu, que d'essayer de me faire illusion par un
» sentiment qui ne serait plus qu'une pure fai-
» blesse. »

Nous n'avons pas retranché un seul mot de cette
belle lettre, que nous avons trouvée dans l'*Histoire
de la Famille Bonaparte* par M. Chopin, et qui,
comme toutes celles que nous avons déjà citées,
appartient à l'histoire.

Quelques réflexions doivent trouver ici leur
place.

Qu'est-ce que ce récit singulier, où l'on voit un soldat de l'Empire, égaré au palais de Schœnbrunn, traiter le Roi de Rome de majesté, et donner solennellement un rendez-vous à l'héritier de son ancien Empereur? Est-ce la narration d'un fait réel ou la trace brûlante d'un rêve maladif qui avait tellement ému cette jeune imagination, qu'il avait revêtu pour elle les caractères de la réalité? Plusieurs invraisemblances doivent, ce nous semble, faire admettre cette dernière hypothèse. On aura remarqué d'abord que ce vieux soldat, présenté comme sourd au commencement du récit, ne l'est plus à la fin. C'est bien là cette incohérence d'idées, ce défaut de suite propre aux pensées désordonnées qui troublent le sommeil d'un fiévreux : et puis surtout quelle apparence que le soupçonneux Metternich, qui surveillait, comme il aurait fait d'une affaire d'État, jusqu'aux moindres détails de l'existence du Roi de Rome, eût admis comme jardinier au palais de Schœnbrünn un des vieux débris des armées impériales?

Non, il est évident que ce récit n'est autre chose qu'une hallucination produite par le sommeil et le trouble de facultés mentales depuis longtemps surexcitées. Mais comme toutes ces scènes imaginaires sont navrantes! avec quelle éloquence elles protestent contre cette erreur si longtemps accréditée que ce jeune homme n'était pas digne de son nom et que la gloire paternelle l'eût écrasé, si la fortune lui avait rendu son trône ! Comme on est ému de cette émotion qui le bouleverse lui-même en s'entendant appeler *Sire,* au point de lui faire perdre connaissance ! — « A ce » mot *sire*, dit-il, je crus que le sang allait jaillir » de mon front. L'idée que je pourrais comman- » der de tels hommes, etc., etc. » Relisez cet alinéa, et dites si cette énergie d'impressions, cette sensibilité exaltée ne promettaient pas un grand homme de plus, et ne rappelaient pas l'enthousiasme et les ravissements de son père, Napoléon, aux lectures chéries de sa jeunesse, les Vies des hommes illustres par Plutarque !

Il est un mot dans cette narration qui nous a particulièrement attristé — « un diplomate et un » médecin, c'est trop de moitié » dit au prince le héros de ce rêve : Nous avons exprimé notre opinion à cet égard ; dans notre conviction, le Roi de Rome n'a pas péri de mort violente, n'a pas été *matériellement* empoisonné ; mais il est évident qu'il est mort en se demandant s'il ne serait pas la victime d'un crime abominable. C'est une torture de plus qui s'est ajoutée à l'horreur de ses derniers moments.

Arrêtons-nous encore quelques instants sur cette lettre. Aussi bien la matière va nous manquer. Que nous reste-t-il maintenant à raconter? Une agonie de quelques jours..... et puis.... et puis, l'heure solennelle et suprême, la mort !

« Que serai-je dans un autre monde ? » s'écrie le Roi de Rome. En lisant ce passage, nos souvenirs nous ont reportés au sublime monologue que Shakespeare place dans la bouche d'Hamlet. Dans l'œuvre du grand poète anglais, le fils du roi de Danemark s'adresse la même question. Lui aussi il s'effraie, et son intelligence se perd en face de ce terrible problème de l'avenir de l'âme humaine..... Et puis, n'y a-t-il pas un peu d'analogie entre ces deux grandes douleurs, ces deux mélancoliques figures, le personnage du drame, Hamlet, et celui de l'histoire contemporaine, le fils de l'Empereur Napoléon? Tous deux pleuraient la mort d'un père dont ils adoraient la mémoire, tous deux voyaient avec effroi dans cette mort fatale le résultat d'un crime mystérieux ; car, puisque le duc de Reichstadt se croyait, comme nous l'avons vu, personnellement empoisonné, comment douter que la même pensée lui soit venue comme à tout le monde, quand il songeait au prisonnier de Sainte-Hélène? Tous deux enfin souffraient de ne pouvoir aimer leur mère comme ils

l'auraient voulu et de chercher en vain une excuse
à ses fautes. Marie-Louise n'avait pas, comme Ger-
trude, assassiné son époux ; mais elle l'avait renié,
trahi, outragé !

Et maintenant, voyez quel précoce raisonne-
ment dans cette tête de vingt ans ! « Je com-
» prends, écrit-il, que l'esprit et la matière sont
» deux principes divers ; mais je ne puis sépa-
» rer l'un et l'autre dans l'appréciation de mon
» être ; il y a plus, etc... » Et après deux alinéas
dont la conclusion est toute matérialiste, voyez
comme ce jeune esprit s'arrache tout à coup à un
doute qui lui pèse, en s'écriant : « Il serait triste
» de penser que l'âme humaine n'est que la résul-
» tante du jeu si complexe de l'organisme, et
» qu'elle s'évanouit avec les phénomènes qui l'ont
» produite ! En voyant le soleil couchant caresser
» la verdure des arbres, un élan de reconnais-
» sance me ramena aux vérités consolantes du
» christianisme ; je m'inclinai avec foi devant les
» mystères qui confondent la raison humaine...
» C'est surtout lorsque l'on touche au terme, qu'il
» est consolant de croire. » Il était impossible en
effet que le fils d'un homme comme Napoléon
crût qu'il ne reste rien de nous quand nous
sommes descendus dans la tombe. Plus que tout
autre il était fait pour dire : « Nous ne mourons

» pas tout entiers, et notre âme nous survit, »
car, comme l'a dit un poëte :

C'est sur la tombe des grands hommes
Qu'on croit à l'immortalité !

Et enfin, après cette vive profession de foi, admirez cet orgueil vraiment napoléonien qui éclate dans la dernière phrase : « Je vous le jure, si ma » raison refusait l'espérance, j'aimerais mieux sortir de ce monde dans le doute de l'inconnu, que » d'essayer de me faire illusion par un sentiment » qui ne serait plus qu'une pure faiblesse. »

Achevons maintenant ce récit, devenu si douloureux.

Une circonstance singulière signala un des jours de l'agonie du Roi de Rome. Le tonnerre tomba sur le palais de Schœnbrünn. La superstition populaire voulut voir dans cet accident un présage. « Le fils de Napoléon, dit-on à Vienne, devait finir » par un coup de tonnerre. »

Marie-Louise avait été instruite du danger qui menaçait son fils : elle accourut. On assure que son désespoir fut profond à la vue des ravages que le mal avait déjà faits. Dans sa justice vengeresse, Dieu mesura peut-être sa douleur à ses torts. Quant au duc de Reichstadt, nous ignorons ce qui dut se passer dans son âme quand il revit la veuve de

Napoléon; mais tout ce que nous connaissons de cette âme généreuse et sensible nous interdit de croire qu'un sentiment amer y soit resté en de pareils moments. Sans doute il oublia que, lors de sa plus tendre enfance, Marie-Louise l'avait sevré de la plus grande joie et du plus grand bonheur qui soient peut-être dans ce monde, l'amour et les caresses d'une mère; sans doute aussi il pria Dieu de pardonner à la femme parjure l'oubli de ses plus saints devoirs.

Quand il fut devenu bien certain que tout espoir serait une chimère, on voulut, suivant une pieuse coutume de la famille impériale d'Autriche, administrer le viatique au malade en présence de la cour assemblée; mais on craignait de hâter ses derniers moments par cette révélation indirecte, mais significative, de l'imminence du péril. Heureusement l'archiduchesse Sophie, qui lui avait donné tant de preuves d'affection, parvint à lui dissimuler la vérité et à lui faire croire qu'il ne s'agissait que de prier Dieu pour sa guérison. — « Cette cérémonie, dit M. de Montbel, eut lieu » au milieu du profond et triste recueillement » d'une assemblée nombreuse, qui assistait au sa- » crifice sans que le prince pût s'en apercevoir. »

Enfin arriva la journée du 24 juillet. Jusque-là le prince, si cruelles que fussent ses souffrances, les avait constamment niées. Dans son stoïque orgueil, il lui semblait que le fils de son père devait être comme ce jeune Spartiate qui se laissait déchirer la poitrine par une bête fauve cachée sous ses habits, sans pousser un seul cri ni faire entendre aucune plainte. Mais ce jour-là la douleur fut si vive et si intolérable, qu'une larme s'échappa de ses yeux et qu'il ne put s'empêcher de dire : « Je » souffre ! » Et, au même instant, son visage pâli se colorait légèrement, comme s'il rougissait d'un instant de faiblesse.

La nuit du 21 au 22 se passa dans une alternative de calme affaissé et d'agitation convulsive. Enfin, à trois heures et demie du matin, le jeune prince se dressa tout à coup sur son séant et s'écria : « Ma mère, ma mère ! à moi… je me meurs ! » je me meurs !… (*Ich ache unter !*) » Aussitôt la princesse Sophie et Marie-Louise accoururent. Le malade retomba épuisé sur son lit ; l'agonie commença, et à cinq heures quelques minutes le baron de Molh, grand dignitaire du palais impérial, recueillait son dernier soupir.

Ainsi mourut à Vienne, le 22 juillet 1832, celui qui fut le Roi de Rome.

Il était, par le cœur comme par la naissance, prince français, et on le condamna à vivre en prince autrichien. Un grand homme d'État, Napoléon, qui voulut être fondateur d'une dynastie populaire, lui avait destiné le premier trône de l'univers; un autre homme d'État, M. de Metternich, le fit descendre de ce trône et lui en ferma sans pitié toutes les avenues. La politique l'avait fait naître; la politique le tua.

Encore quelques mois peut-être et il aurait revu la France qu'il aimait tant! Au moment même où sa vie s'éteignait, on y préparait son retour. Nous avons parlé dans l'histoire de Napoléon III du complot Juba et Mirandoli, qui menaça les premières années du règne de Louis-Philippe (voyez l'histoire de Napoléon III, par MM. Guy et Gallix, chap. 2). Derrière ces deux hommes obscurs, se cachaient les plus grands personnages politiques, tels que les généraux Lafayette, Lallemand et plusieurs membres des deux chambres. Tous ces anciens ou nouveaux partisans de l'Empire, reconnaissant enfin l'impossibilité d'obtenir rien du prince de Metternich, s'étaient déterminés à se passer de son assentiment et à enlever à l'Autriche le jeune prince. Tout avait été disposé pour faire réussir ce projet. Différents régiments devaient, soit à Paris, soit en province, en aider l'exécution. On s'était assuré des sympathies actives, non-seulement des soldats, mais des chefs. Enfin jamais complot ne fut mieux combiné et n'offrit plus de chances de succès.

La mort seule devait s'y opposer.

En tous cas, et en admettant que cette conspiration eût échoué, l'avenir réservait de meilleurs jours au Roi de Rome, s'il eût vécu. Comment douter, en effet, qu'il eût été en 1848 l'élu du vote populaire? Si la France a choisi le neveu de l'Empereur, c'est que son fils n'existait plus.

Et alors quelle belle carrière s'ouvrait devant les pas du Roi de Rome! Quelle tâche à la fois magnifique et facile! Ce que voulait notre patrie, elle l'avait dit clairement dans trois circonstances solennelles. Elle ne voulait pas de la prédominance d'une classe exclusive, que cette classe s'appelât aristocratie, noblesse ou qu'elle se nommât bourgeoisie : Juillet 1830 et Février 1848 témoignaient assez haut de ses répugnances à cet égard. Elle ne voulait pas davantage du règne d'une minorité qui, sous prétexte de principes républicains, s'était imposée à la France ; Décembre 1848 l'a prouvé! Ce que voulait le pays, c'était un pouvoir fort, populaire, vraiment démocratique d'origine et de but, fonctionnant non au profit de quelques-uns, mais au profit de tous.

Par le récit de cette vie si courte, mais si pleine de généreux désirs, on peut juger si le Roi de

Rome eût compris la volonté nationale, et si ses forces auraient suffi à cette grande tâche si conforme au programme de son père : « Tout pour la France ! » Mais Dieu, dans ses impénétrables desseins avait jeté les yeux sur un autre ouvrier pour continuer l'œuvre impériale. Sur les marches du trône de Napoléon il a pris un prince qui, lui aussi, dépositaire pieux de la sublime tradition bonapartiste, s'y est montré fidèle, et sait occuper dignement la place qu'aurait tenue le Roi de Rome.

FIN DE L'HISTOIRE DU ROI DE ROME.

TESTAMENT POLITIQUE

DE

NAPOLEON Ier.

Manuscrit venu de Sainte-Helène.

Je n'écris pas des commentaires : car les évènements de mon règne sont assez connus, et je ne suis pas obligé d'alimenter la curiosité publique. Je donne le précis de ces événements, parce que mon caractère et mes intentions peuvent être étrangement défigurés, et je tiens à paraître tel que j'ai été, aux yeux de mon fils, comme à ceux de la postérité.

C'est le but de cet écrit. Je suis forcé d'employer une voie détournée pour le faire paraître. Car s'il tombait dans les mains des ministres anglais, je sais par expérience, qu'il resterait dans leurs bureaux.

Ma vie a été si étonnante que les admirateurs de mon pouvoir ont pensé que mon enfance même avait été extraordinaire. Ils se sont trompés. Mes premières années n'ont rien eu de singulier. Je n'étais qu'un enfant obstiné et curieux. Ma

première éducation a été pitoyable comme tout
ce qu'on faisait en Corse. J'ai appris assez facilement le français, par les militaires de la garnison,
avec lesquels je passais mon temps.

Je réussissais dans ce que j'entreprenais, parce
que je le voulais : mes volontés étaient fortes, et
mon caractère décidé. Je n'hésitais jamais; ce
qui m'a donné de l'avantage sur tout le monde.
La volonté dépend, au reste, de la trempe de l'in-
dividu ; il n'appartient pas à chacun d'être maître
chez lui.

Mon esprit me portait à détester les illusions.
J'ai toujours discerné la vérité de plein saut.
C'est pourquoi j'ai toujours vu mieux que d'autres le fond des choses. Le monde a toujours été
pour moi dans le fait, et non dans le droit. Aussi
n'ai-je ressemblé à peu près à personne. Par ma
nature, j'ai toujours été isolé.

Je n'ai jamais compris quel serait le parti que
je pourrais tirer des études, et dans le fait, elles
ne m'ont servi qu'à apprendre des méthodes. Je
n'ai tiré quelque fruit que des mathématiques.
Le reste ne m'a été utile à rien ; mais j'étudiais
par amour-propre.

Mes facultés intellectuelles prenaient cependant leur essor, sans que je m'en mêlasse. Elles
ne consistaient que dans une grande mobilité des

fibres de mon cerveau. Je pensais plus vite que les autres. En sorte qu'il m'est toujours resté du temps pour réfléchir. C'est en cela qu'a consisté ma profondeur.

Ma tête était trop active pour m'amuser avec les divertissements ordinaires de la jeunesse. Je n'y étais pas totalement étranger, mais je cherchais ailleurs de quoi m'intéresser. Cette disposition me plaçait dans une espèce de solitude où je ne trouvais que mes propres pensées. Cette manière d'être m'a été habituelle dans toutes les situations de ma vie.

Je me plaisais à résoudre des problèmes ; je les cherchais dans les mathématiques ; mais j'en eus bientôt assez, parce que l'ordre matériel est extrêmement borné. Je les cherchai alors dans l'ordre moral : c'est le travail qui m'a le mieux réussi. Cette recherche est devenue chez moi une disposition habituelle. Je lui ai dû les grands pas que j'ai fait faire dans la politique et dans la guerre.

Ma naissance me destinait au service : c'est pourquoi j'ai été placé dans les écoles militaires. J'obtins une lieutenance au commencement de la Révolution. Je n'ai jamais reçu de titre avec autant de plaisir que celui-là. Le comble de mon ambition se bornait alors à porter un jour une épaulette à bouillons sur chacune de mes épaules : un colonel d'artillerie me paraissait le *nec plus ul-tra* de la grandeur humaine.

J'étais trop jeune dans ce temps pour mettre de l'intérêt à la politique. Je ne jugeais pas encore de l'homme en masse. Aussi je n'étais ni surpris ni effrayé du désordre qui régnait à cette époque, parce que je n'avais pu la comparer avec aucune autre. Je me contentai de ce que je trouvai. Je n'étais pas encore difficile.

On m'envoya dans l'armée des Alpes. Cette armée ne faisait rien de ce que doit faire une armée; elle ne connaissait ni la discipline ni la guerre. J'étais à mauvaise école, il est vrai que nous n'avions pas d'ennemis à combattre; nous n'étions chargés que d'empêcher les Piémontais de passer les Alpes, et rien n'était si facile.

L'anarchie régnait dans nos cantonnements : le soldat n'avait aucun respect pour l'officier; l'officier n'en avait guère pour le général : ceux-ci étaient tous les matins destitués par les Représentants du Peuple : l'armée n'accordait qu'à ces derniers l'idée du pouvoir, la plus forte sur l'esprit humain. J'ai senti dès-lors le danger de l'influence civile sur le militaire, et j'ai su m'en garantir.

Ce n'était pas le talent, mais la loquacité qui donnait du crédit dans l'armée : tout y dépendait de cette faveur populaire, qu'on obtient par des vociférations.

Je n'ai jamais eu avec la multitude cette communauté de sentiments qui produit l'éloquence des rues. Je n'ai jamais eu le talent d'émouvoir le peuple. Aussi je ne jouais aucun rôle dans cette armée. J'en avais mieux le temps de réfléchir.

J'étudiais la guerre, non sur le papier mais sur le terrain. Je me trouvai pour la première fois au feu dans une petite affaire de tirailleurs, du côté du Mont Genêvre. Les balles étaient clair-semées ; elles ne firent que blesser quelques-uns de nos gens. Je n'éprouvai pas d'émotion, cela n'en valait pas la peine ; j'examinai l'action. Il me parut évident qu'on n'avait des deux côtés aucune intention de donner un résultat à cette fusillade. On se tiraillait seulement pour l'acquit de sa conscience, et parce que c'est l'usage à la guerre. Cette nullité d'objet me déplut ; je reconnus notre terrain ; je pris le fusil d'un blessé, et j'engageai un bonhomme de capitaine qui nous commandait, à nourrir son feu pendant que j'irais avec une douzaine d'hommes, couper la retraite aux Piémontais.

Il m'avait paru facile d'atteindre une hauteur qui dominait leur position, en passant par un bosquet de sapins, sur lequel notre gauche s'appuyait. Notre capitaine s'échauffa ; sa troupe gagna du terrain ; elle nous renvoya l'ennemi, et lorsqu'il fut ébranlé, je démasquai mes gens. Notre feu gêna sa retraite ; nous lui fîmes quelques morts, et vingt prisonniers. Le reste se sauva.

J'ai raconté mon premier fait d'armes, non parce qu'il me valut le grade de capitaine, mais parce qu'il m'initia au secret de la guerre. Je m'apperçus qu'il était plus facile qu'on ne croit de battre l'ennemi, et que ce grand art consiste à ne pas tâtonner dans l'action, et surtout à ne tenter que des mouvements décisifs, parce que c'est ainsi qu'on enlève le soldat.

J'avais gagné mes éperons ; je me croyais de l'expérience. D'après cela, je me sentis beaucoup d'attrait pour un métier qui me réussissait si bien. Je ne pensais qu'à cela, et je me donnai à résoudre tous les problèmes qu'un champ de bataille peut offrir. J'aurais voulu étudier aussi la guerre dans les livres, mais je n'en avais point. Je cherchais à me rappeler le peu que j'avais lu dans l'histoire, et je comparais ces récits avec le tableau que j'avais sous les yeux. Je me suis fait ainsi une théorie de la guerre que le temps a développée mais n'a jamais démentie.

Je menai cette vie insignifiante jusqu'au siége

de Toulon. J'étais alors chef de bataillon, et comme tel, je pus avoir quelque influence sur le succès de ce siége.

Jamais armée ne fut plus mal menée que la nôtre. On ne savait qui la commandait. Les généraux ne l'osaient pas de peur des Représentants du Peuple ; ceux-ci avaient encore plus peur du comité de salut public. Les commissaires pillaient, les officiers buvaient, les soldats mouraient de faim, mais ils avaient de l'insouciance et du courage. Ce désordre même leur inspirait plus de bravoure que de discipline. Aussi suis-je resté convaincu que les armées mécaniques ne valent rien : elles nous l'ont prouvé.

Tout se faisait au camp par motion et par acclamation. Cette manière de faire m'était insupportable, mais je ne pouvais pas l'empêcher et j'allais à mon but sans m'en embarrasser.

J'étais peut-être le seul dans l'armée qui eût un but ; mais mon goût était d'en mettre au bout de tout. Je ne m'occupai que d'examiner la position de l'ennemi et la nôtre. Je comparai ses moyens moraux et les nôtres. Je vis que nous les avions tous, et qu'il n'en avait point. Son expédition était un misérable coup de tête dont il devait prévoir d'avance la catastrophe, et l'on est bien faible quand on prévoit d'avance sa déroute.

Je cherchai les meilleurs points d'attaque : je jugeai la portée de nos batteries et j'indiquai les positions où il fallait les placer. Des officiers expérimentés les trouvèrent trop dangereuses, mais on ne gagne pas des batailles avec de l'expérience. Je m'obstinai ; j'exposai mon plan à Barras : il a été marin : ces braves gens n'entendent rien à la guerre, mais ils ont de l'intrépidité. Barras l'approuva, parce qu'il voulait en finir. D'ailleurs, la Convention ne lui demandait pas compte des bras te des jambes, mais du succès.

Mes artilleurs étaient braves et sans expérience, c'est la meilleure de toutes les dispositions pour les soldats. Nos attaques réussirent : l'ennemi s'intimidait ; il n'osait plus rien tenter contre nous. Il nous envoya bêtement des boulets qui tombaient où ils pouvaient et ne servaient à rien. Les feux que je dirigeais allaient mieux au but. J'y mettais beaucoup de zèle, parce que j'en attendais mon avancement : j'aimais d'ailleurs le succès pour lui-même. Je passais mon temps aux batteries, je dormais dans nos épaulements, on ne fait bien que ce qu'on fait soi-même. Les prisonniers nous apprenaient que tout allait au diable dans la place. On l'évacua enfin d'une manière effroyable.

Nous avions bien mérité de la Patrie, on me fit

général de brigade. Je fus employé, dénoncé, destitué, ballotté par les intrigues et les factions; je pris en horreur l'anarchie qui était alors à son comble, et je ne me suis jamais raccommodé avec elle. Ce gouvernement massacreur m'était d'autant plus antipathique, qu'il était absurde et se dévorait lui-même. C'était une révolution perpétuelle, dont les meneurs ne cherchaient pas seulemént à s'établir d'une manière permanente.

Général, mais sans emploi, je fus à Paris, parce qu'on ne pouvait en obtenir que là. Je m'attachai à Barras, parce que je n'y connaissais que lui. Robespierre était mort; Barras jouait un rôle; il fallait bien m'attacher à quelqu'un et à quelque chose.

L'affaire des sections se préparait : je n'y mettais pas un grand intérêt, parce que je m'occupais moins de politique que de guerre. Je ne pensais pas à jouer un rôle dans cette affaire; mais Barras me proposa de commander sous lui la force armée contre les insurgés. Je préférais, en qualité de général, d'être à la tête des troupes, plutôt qu'à me jeter dans les rangs des sections, où je n'avais rien à faire.

Nous n'avions pour garder la salle du manége, qu'une poignée d'hommes et deux pièces de quatre. Une colonne de sectionnaires vint nous attaquer pour son malheur. Je fis mettre le feu à mes pièces, les sectionnaires se sauvèrent; je les fis suivre; ils se jetèrent sur les gradins de Saint-Roch. On n'avait pu passer qu'une pièce tant la rue était étroite. Elle fit feu sur cette cohue, qui se dispersa en laissant quelques morts : le tout fut terminé en dix minutes.

Cet événement, si petit en lui-même, eut de grandes conséquences : il empêcha la Révolution de rétrograder. Je m'attachai naturellement un parti pour lequel je venais de me battre, et je me trouvai lié à la cause de la Révolution. Je commençai à la mesurer, et je restai convaincu qu'elle serait victorieuse, parce qu'elle avait pour elle l'opinion, le nombre et l'audace.

L'affaire des sections m'éleva au grade de général de division, et me valut une sorte de célébrité. Comme le parti vainqueur était inquiet de sa victoire, il me garda à Paris malgré moi : car je n'avais d'autre ambition que celle de faire la guerre dans mon nouveau grade.

Je restai donc désœuvré sur le pavé de Paris, je n'y avais pas de relations; je n'avais aucune habitude de la société, et je n'allais que dans celle de Barras, où j'étais bien reçu. C'est là que j'ai vu pour la première fois, ma femme, qui a eu une grande influence sur ma vie, et dont la mémoire me sera toujours chère.

Je n'étais pas insensible aux charmes des femmes; mais jusqu'alors elles ne m'avaient pas gâté, et mon caractère me rendait timide auprès d'elles. Madame de Beauharnais est la première qui m'ait rassuré. Elle m'adressa des choses flatteuses sur mes talents militaires, un jour où je me trouvai placé auprès d'elle. Cet éloge m'enivra; je m'adressais continuellement à elle; je la suivais partout; j'en étais passionnément amoureux, et notre société le savait déjà, que j'étais encore loin d'oser le lui dire.

Mon sentiment s'ébruita; Barras m'en parla, je n'avais pas de raison pour le nier. « En ce cas, » me dit-il, il faut que vous épousiez madame de » Beauharnais. Vous avez un grade et des talents » à faire valoir; mais vous êtes isolé, sans for- » tune, sans relations; — Il faut vous marier : — » cela donne de l'aplomb. Madame de Beauhar- » harnais est agréable et spirituelle, mais elle » est veuve. Cet état ne vaut plus rien aujour- » d'hui; les femmes ne jouent plus de rôle, il faut » qu'elles se marient pour avoir de la consistan- » ce. Vous lui convenez; — voulez-vous me » charger de cette négociation ?»

J'attendis la réponse avec anxiété. Elle fut favorable ; madame de Beauharnais m'accordait sa main, et s'il y a eu des moments de bonheur dans ma vie, c'est à elle que je les ai dus.

Mon attitude dans le monde changea après mon mariage. Il s'était refait sous le Directoire une manière d'ordre social dans lequel j'avais pris une place assez élevée. L'ambition devenait raisonnable chez moi : je pouvais aspirer à tout.

En fait d'ambition, je n'en avais pas d'autre que celle d'obtenir un commandement en chef; car un homme n'est rien s'il n'est précédé d'une réputation militaire. Je croyais être sûr de faire la mienne, car je me sentais l'instinct de la guerre; mais je n'avais pas de droits fondés pour faire une pareille demande. Il fallait me les donner. Dans ce temps-là ce n'était pas difficile.

L'armée d'Italie était au rebut, parce qu'on ne l'avait destinée à rien. Je pensai à la mettre en mouvement pour attaquer l'Autriche sur le point où elle avait plus de sécurité, c'est-à-dire en Italie.

Le Directoire était en paix avec la Prusse et l'Espagne; mais l'Autriche, soldée par l'Angleterre, fortifiait son état militaire et nous tenait tête sur le Rhin; il était évident que nous devions faire une diversion en Italie, pour ébranler l'Autriche, pour donner une leçon aux petits princes d'Italie qui s'étaient ligués contre nous ; pour donner, enfin, une couleur décidée à la guerre, qui n'en avait point jusqu'alors.

Ce plan était si simple, il convenait si bien au Directoire, parce qu'il avait besoin de succès pour avoir crédit, que je me hâtai de le présenter de peur d'être prévenu. Il n'éprouva pas de contradiction, et je fus nommé général en chef de l'armée d'Italie.

Je partis pour la joindre. Elle avait reçu quelques renforts de l'armée d'Espagne, et je la trouvai forte de 50,000 hommes, dépourvue de tout, si ce n'est de bonne volonté. J'allais la mettre à l'épreuve. Peu de jours après mon arrivée, j'ordonnai un mouvement général sur toute la ligne ; elle s'étendait de Nice à Savone. C'était au commencement d'avril 1796.

En trois jours nous enlevâmes tous les postes austro-sardes qui défendaient les hauteurs de la Ligurie. L'ennemi attaqué brusquement se rassembla. Nous le rencontrâmes le 10 à Montenotte : il fut battu. Le 14, nous l'attaquâmes à Millesimo, il fut encore battu, et nous séparâmes les Autrichiens des Piémontais. Ceux-ci vinrent prendre position à Mondovi, tandis que les Autrichiens se retiraient sur le Pô pour couvrir la Lombardie.

Je battis les Piémontais. En trois jours je m'emparai de toutes les positions du Piémont, et nous étions à neuf lieues de Turin, lorsque je reçus un aide-de-camp qui venait demander la paix.

Je me regardai alors, pour la première fois, non plus comme un simple général, mais comme un homme appelé à influer sur le sort des peuples. Je me vis dans l'histoire.

Cette paix changeait mon plan. Il ne se bornait plus à faire la guerre en Italie, mais à la conquérir. Je sentais qu'en élargissant le terrain de la Révolution, je donnais une base plus solide à son édifice. C'était le meilleur moyen d'assurer son succès.

La cour de Piémont nous avait cédé toutes ses places fortes. Elle nous avait remis son pays. Nous étions maîtres par là des Alpes et des Apennins. Nous étions assurés de nos points d'appui, et tranquilles sur notre retraite.

Dans une si belle position, j'allai attaquer les Autrichiens. Je passai le Pô à Plaisance, et l'Adda à Lodi. Ce ne fut pas sans peine, mais Beaulieu se retira, et j'entrai dans Milan.

Les Autrichiens firent des efforts incroyables pour reprendre l'Italie. Je fus obligé de défaire cinq fois leur armée pour en venir à bout.

Maître de l'Italie, il fallait y établir le système

de la Révolution afin d'attirer ce pays à la France, par des principes et des intérêts communs ; c'est-à-dire qu'il fallait y détruire l'ancien régime, pour y établir l'égalité, parce qu'elle est la cheville ouvrière de la Révolution. J'allais donc avoir sur les bras le clergé, la noblesse, et tout ce qui vivait à leur table. Je prévoyais ces résistances, et je résolus de les vaincre par l'autorité des armes, et sans ameuter le peuple.

J'avais fait de grandes actions, mais il fallait prendre une attitude et un langage analogues. La Révolution avait détruit chez nous toute espèce de dignité : je ne pouvais pas rendre à la France une pompe royale : je lui donnai le lustre des victoires et le langage du maître.

Je voulais devenir le protecteur de l'Italie, et non son conquérant. J'y suis parvenu en maintenant la discipline de l'armée et punissant sévèrement les révoltes, et surtout en instituant la République cisalpine. Par cette institution je satisfaisais le vœu prononcé par des Italiens : celui d'être indépendants. Je leur donnai ainsi de grandes espérances ; il ne dépendait que d'eux de les réaliser en se liant à notre cause. C'étaient des alliés que je donnais à la France.

Cette alliance durera longtemps entre les deux peuples, parce qu'elle s'est fondée sur des services et des intérêts communs. Ces deux peuples ont les mêmes opinions et les mêmes mobiles. Ils auraient conservé sans moi leur vieille inimitié.

Sûr de l'Italie, je ne craignis pas de m'aventurer jusqu'au centre de l'Autriche. J'arrivai jusqu'à la vue de Vienne, et je signai là le traité de Campo-Formio. Ce fut un acte glorieux pour la France.

Le parti que j'avais favorisé au 18 fructidor était resté maître de la République. Je l'avais favorisé parce que c'était le mien, et parce qu'il était le seul qui pût faire marcher la Révolution. Or, plus je m'étais mêlé des affaires, plus je m'étais convaincu qu'il fallait achever cette Révolution, parce que c'était le fruit du siècle et des opinions. Tout ce qui retardait sa marche ne servait qu'à prolonger la crise.

La paix était faite sur le continent; nous n'étions plus en guerre qu'avec l'Angleterre; mais, faute de champ de bataille, cette guerre nous laissait dans l'inaction. J'avais la conscience de mes moyens : ils étaient de nature à me mettre en évidence, mais ils n'avaient point d'emploi. Je savais cependant qu'il fallait fixer l'attention pour rester en vue, et qu'il fallait pour cela tenter des choses extraordinaires, parce que les hommes savent gré de les étonner. C'est en vertu de cette opinion que j'ai imaginé l'expédition d'Égypte. On a voulu l'attribuer à de profondes combinaisons de ma part ; je n'en avais pas d'autres que celle de ne pas rester oisif après la paix que je venais de conclure.

Cette expédition devait donner une grande idée de la puissance de la France : elle devait attirer l'attention de son chef ; elle devait surprendre l'Europe par sa hardiesse. C'était plus de motifs qu'il n'en fallait pour la tenter, mais je n'avais pas alors la moindre envie de détrôner le Grand Turc, ni même de me faire pacha.

Je préparai le départ dans un profond secret. Il était nécessaire au succès, et il ajoutait au caractère singulier de l'expédition.

La flotte mit à la voile. J'étais obligé de détruire, en passant, cette gentilhommerie de Malte, parce qu'elle ne servait qu'aux Anglais. Je craignis que quelque vieux levain de gloire ne portât ces chevaliers à se défendre et à me retarder : ils se rendirent, par bonheur, plus honteusement que je ne m'en étais flatté.

La bataille d'Aboukir détruisit la flotte et livra la mer aux Anglais. Je compris dès ce moment que l'expédition ne pouvait se terminer que par une catastrophe ; car toute armée qui ne se recrute pas finit toujours par capituler, un peu plus tôt ou un peu plus tard.

Il fallait en attendant rester en Égypte, puisqu'il n'y avait pas moyen d'en sortir. Je me décidai à faire bonne mine à mauvais jeu. J'y réussis assez bien.

J'avais une belle armée; il fallait l'occuper, et j'achevai la conquête de l'Égypte pour employer son temps à quelque chose. J'ai livré par là aux sciences le plus beau champ qu'elles aient exploité.

Nos soldats étaient un peu surpris de se trouver dans l'héritage de Sésostris. Mais ils prirent bien la chose, et il était si étrange de voir un Français au milieu de ces ruines, qu'ils s'en amusaient eux-mêmes.

N'ayant plus rien à faire en Égypte, il me parut curieux d'aller en Palestine et d'en tenter la conquête. Cette expédition avait quelque chose de fabuleux. Je m'y laissai séduire. Je fus mal informé des obstacles qu'on m'opposerait, et je ne pris pas assez de troupes avec moi.

Parvenu au delà du désert, j'appris qu'on avait rassemblé des forces à Saint-Jean-d'Acre. Je ne pouvais pas les mépriser; il fallait y marcher. La place était défendue par un ingénieur français; je m'en aperçus à la résistance : il fallut lever le siége; la retraite fut pénible. Je luttai pour la première fois contre les éléments, mais nous n'en fûmes pas vaincus.

De retour en Égypte, je reçus des journaux par la voie de Tunis. Ils m'apprirent l'état déplorable de la France, l'avilissement du Directoire et le succès de la coalition. Je crus pouvoir servir mon pays une seconde fois. Aucun motif ne me retint en Egypte : c'était une entreprise épuisée. Tout général était bon pour signer une capitulation que le temps rendait inévitable, et je partis sans autre dessein que celui de reparaître à la tête des armées pour y ramener la victoire.

Débarqué à Fréjus, ma présence excita l'enthousiasme du peuple. Ma gloire militaire rassurait tous ceux qui avaient peur d'être battus; c'était une affluence sur mon passage ; mon voyage eut l'air d'un triomphe, et je compris en arrivant à Paris que je pouvais tout en France.

La faiblesse du gouvernement l'avait mis à deux doigts de sa perte : j'y trouvai l'anarchie. Tout le monde voulait sauver la patrie et proposait des plans en conséquence. On venait me'n faire confidence ; j'étais le pivot des conspirations ; mais il n'y avait pas un homme à la tête de tous ces projets qui fût capable de les mener. Ils comptaient tous sur moi, parce qu'il leur fallait une épée. Je ne comptais sur personne et je fus maître de choisir le plan qui me convenait le mieux.

La fortune me portait à la tête de l'État. J'allais me trouver maître de la Révolution, car je ne voulais pas en être le chef : ce rôle ne me convenait pas. J'étais donc appelé à préparer le sort à venir de la France, et peut-être celui du monde.

Mais il fallait auparavant faire la guerre, faire la paix, assoupir les factions, fonder mon autorité. Il fallait remuer cette grosse machine qu'on appelle le gouvernement. Je connaissais le poids de ces résistances, et j'aurais préféré alors le simple métier de la guerre; car j'aimais l'autorité du quartier général et l'émotion du champ de bataille. Je me sentais enfin dans ce moment plus de dispositions pour relever l'ascendant militaire de la France que pour la gouverner.

Mais je n'avais pas le choix de ma destination; car il m'était facile de voir que le règne du Directoire touchait à sa fin, qu'il fallait mettre à sa place une autorité imposante pour sauver l'État; qu'il n'y a de vraiment imposant que la gloire militaire. Le Directoire ne pouvait donc être remplacé que par moi ou par l'anarchie. Ce choix de la France n'était.pas douteux ; l'opinion publique éclairait à cet égard la mienne. Je proposai de remplacer le Directoire par un consulat, tellement j'étais éloigné alors de concevoir l'idée d'un

pouvoir souverain. Les républicains proposèrent
d'élire deux consuls; j'en demandai trois, parce
que je ne voulais pas être appareillé. Le premier
rang m'appartenait de droit dans cette trinité :
c'était tout ce que je voulais.

Les républicains se défièrent de ma proposition.
Ils entrevirent un élément de dictature dans ce
triumvirat. Ils se liguèrent contre moi. La présence même de Sieyès ne pouvait les rassurer. Il
s'était chargé de faire une constitution; mais les
jacobins redoutaient plus mon épée qu'ils ne se
fiaient à la plume de leur vieux abbé.

Tous les partis se rangèrent alors sous deux
bannières : d'un côté se trouvaient les républicains qui s'opposaient à mon élévation; de l'autre
était toute la France qui la demandait. Elle était
donc inévitable à cette époque, parce que la majorité finit toujours par l'emporter. Les premiers
avaient établi leur quartier général dans le conseil des Cinq-Cents. Ils firent une belle défense;
il fallut gagner la bataille de Saint-Cloud pour
achever cette Révolution. J'avais cru un moment
qu'elle se ferait par acclamation.

Le vœu public venait de me donner la première place de l'État : la résistance qu'on avait
opposée ne m'inquiétait pas, parce qu'elle ne
venait que de gens flétris par l'opinion. Les roya-

listes n'avaient pas paru : ils avaient été surpris par le temps. La masse de la nation avait confiance en moi, car elle savait bien que la Révolution ne pouvait pas avoir de meilleure garantie que la mienne. Je n'avais de force qu'en me plaçant à la tête des intérêts qu'elle avait créés, puisqu'en la faisant rétrograder, je me serais retrouvé sur le terrain des Bourbons.

Il fallait que tout fût neuf dans la nature de mon pouvoir, afin que toutes les ambitions y trouvassent de quoi vivre. Mais il n'y avait rien de défini dans sa nature, et c'était son défaut.

Je n'étais, par la Constitution, que le premier magistrat de la République, mais j'avais une épée pour bâton de commandement. Il y avait incompatibilité entre mes droits constitutionnels et l'ascendant que je tenais de mon caractère et de mes actions. Le public le sentait comme moi; la chose ne pouvait pas durer ainsi, et chacun prenait ses mesures en conséquence.

Je trouvais des courtisans plus que je n'en avais besoin. On faisait queue. Aussi n'étais-je nullement en peine du chemin que faisait mon autorité; mais je l'étais beaucoup de la situation matérielle de la France.

Nous nous étions laissé battre : les Autrichiens avaient reconquis l'Italie et détruit mon ouvrage.

Nous n'avions plus d'armée pour reprendre l'offensive. Il n'y avait pas un sou dans les caisses et aucun moyen de les remplir. La conscription ne s'exécutait que sous le bon plaisir des maires. Sieyès nous avait fait une Constitution paresseuse et bavarde qui entravait tout. Tout ce qui constitue la force d'un État était anéanti ; il ne subsistait que ce qui fait sa faiblesse.

Forcé par ma position, je crus devoir demander la paix : je le pouvais alors de bonne foi, parce qu'elle était une fortune pour moi. Plus tard elle n'eût été qu'une ignominie.

M. Pitt la refusa, et jamais homme d'État n'a fait une plus lourde faute ; car ce moment a été le seul où les alliés auraient pu la conclure avec sécurité. La France en demandant la paix se reconnaissait vaincue ; et les peuples se relèvent de tous les revers, si ce n'est de consentir à leur opprobre.

M. Pitt la refusa ; il m'a sauvé une grande faute, il a étendu l'empire de la Révolution sur toute l'Europe ; empire que ma chute n'est pas même parvenue à détruire. Il l'aurait borné à la France s'il avait voulu alors la laisser à elle-même.

Il me fallait donc faire la guerre. Masséna se défendit dans Gênes ; mais les armées de la République n'osaient plus repasser ni le Rhin ni les

Alpes. Il fallait donc rentrer en Italie et en Allemagne, pour dicter une seconde fois la paix a l'Autriche. Tel était mon plan ; mais je n'avais ni soldats, ni canons, ni fusils.

J'appelai les conscrits ; je fis forger des armes ; je réveillai le sentiment de l'honneur national, qui n'est jamais qu'assoupi chez les Français. Je ramassai une armée. La moitié ne portait que des habits de paysans. L'Europe riait de mes soldats ; elle a payé chèrement ce moment de plaisir.

On ne pouvait cependant entreprendre ouvertement une campagne avec une telle armée. Il fallait au moins étonner l'ennemi et profiter de sa surprise. Le général Suchet l'attirait vers les gorges de Nice. Masséna prolongeait jour à jour la défense de Gênes. Je pars ; je m'avance vers les Alpes : ma présence, la grandeur de l'entreprise ranimèrent les soldats. Ils n'avaient pas de souliers, mais ils semblaient tous marcher à l'avant-garde.

Dans aucun temps de ma vie je n'ai éprouvé de sentiment pareil à celui que je sentis en pénétrant dans les gorges des Alpes. Les échos retentissaient des cris de l'armée. Ils m'annonçaient une victoire incertaine, mais probable. J'allais revoir l'Italie, théâtre de mes premières armes. Mes canons gravissaient lentement ces rochers. Mes premiers grenadiers atteignirent enfin la cime du

Saint-Bernard ; ils jetèrent en l'air leurs chapeaux garnis de plumets rouges en jetant des cris de joie. Les Alpes étaient franchies, et nous débordâmes comme un torrent.

Le général Lannes commandait l'avant-garde. Il courut prendre Ivrée, Verceil, Pavie, et s'assura du passage du Pô. Toute l'armée le passa sans obstacle.

Nous étions tous jeunes dans ce temps, soldats et généraux. Nous avions notre fortune à faire. Nous comptions les fatigues pour rien, les dangers pour moins encore. Nous étions insouciants sur tout, si ce n'est sur la gloire qui ne s'obtient que sur les champs de bataille.

Au bruit de mon arrivée, les Autrichiens manœuvrèrent sur Alexandrie. Accumulés dans cette place, au moment où je parus devant ses murs, leurs colonnes vinrent se déployer en avant de la Bormida. Je les fis attaquer. Leur artillerie était supérieure à la mienne ; elle ébranla nos jeunes bataillons ; ils perdirent du terrain. La ligne n'était conservée que par deux bataillons de la garde, et par la 45ᵉ. Mais j'attendais des corps qui marchaient en échelons. La division de Desaix arrive ; toute la ligne se rallie. Desaix forme sa colonne d'attaque et enlève le village de Marengo, où s'appuyait le centre de l'ennemi. Ce grand général fut tué au moment où il décidait une immortelle victoire.

L'ennemi se jeta sous les remparts d'Alexandrie. Les ponts étaient trop étroits pour le recevoir. Une bagarre affreuse s'y passa; nous prenions des masses d'artillerie et des bataillons entiers. Refoulés au delà du Turano, sans communication, sans retraite, menacés sur leurs derrières par Masséna et par Suchet, n'ayant en front qu'une armée victorieuse, les Autrichiens reçurent la loi. Elle fut inouïe dans les fastes de la guerre. L'Italie entière me fut restituée, et l'armée vaincue vint déposer ses armes aux pieds de nos conscrits.

Ce jour a été le plus beau de ma vie, car il a été un des plus beaux pour la France. Tout était changé pour elle; elle allait jouir d'une paix qu'elle avait acquise. Elle s'endormait comme un lion. Elle allait être heureuse, parce qu'elle était grande.

Les factions semblaient se taire, tant d'éclat les étouffait. La Vendée se pacifiait; les jacobins étaient forcés de me remercier de ma victoire, car elle était à leur profit. Je n'avais plus de rivaux.

Le danger commun et l'enthousiasme public avaient allié momentanément les partis. La sécurité les divisa. Partout où il n'y a pas un centre de pouvoir incontestable, il se trouve des hommes qui espèrent l'attirer à eux. C'est ce qui arriva au mien. Mon autorité n'était qu'une magistrature temporaire : elle n'était donc pas inébranlable. Les gens qui avaient de la vanité et se croyaient du talent commencèrent une campagne contre moi. Ils choisirent le Tribunat pour leur place d'armes. Là, ils se mirent à m'attaquer sous le nom de pouvoir exécutif.

Si j'avais cédé à leurs déclamations, c'en était fait de l'État. Il avait trop d'ennemis pour diviser ses forces et perdre son temps en paroles. On venait d'en faire une rude épreuve, mais elle n'avait pas suffi pour faire taire cette espèce d'hommes qui préfèrent les intérêts de leur vanité à ceux de la patrie. Ils s'amusèrent, pour faire leur popularité, à refuser les impôts, à décrier le gouvernement, à entraver sa marche, ainsi que le recrutement des troupes.

Avec ces manières-là, nous aurions été en quinze jours la proie de l'ennemi. Nous n'étions pas encore de force à le hasarder. Mon pouvoir était trop neuf pour être invulnérable ; le Consulat allait finir comme le Directoire si je n'avais pas détruit cette opposition par un coup d'éclat. Je renvoyai les tribuns factieux. On appela cela éliminer : le mot fit fortune.

Ce petit événement, qu'on a sûrement oublié aujourd'hui, changea la constitution de la France, parce qu'elle me fit rompre avec la République : car il n'y en avait plus du moment que la représentation nationale n'était plus sacrée.

Ce changement était forcé dans la situation où se trouvait la France vis-à-vis de l'Europe et d'elle-même. La Révolution avait des ennemis trop acharnés au dedans et au dehors, pour qu'elle ne fût pas forcée d'adopter une forme dictatoriale, comme toutes les républiques dans les moments de danger. Les autorités à contre-poids ne sont bonnes qu'en temps de paix. Il fallait renforcer au contraire celle qu'on m'avait confiée, chaque fois qu'elle avait couru un danger, afin de prévoir les rechutes.

J'aurais peut-être mieux fait d'obtenir franchement cette dictature, puisqu'on m'accusait d'y aspirer. Chacun aurait jugé de ce qu'on appelait mon ambition : cela aurait, je crois, mieux valu ; car les monstres sont plus gros de loin que de près. La dictature aurait eu l'avantage de ne rien présager pour l'avenir, de laisser les opinions dans leur entier, et d'intimider l'ennemi en lui montrant la résolution de la France.

Mais je m'apercevais que cette autorité venait d'elle-même se placer dans mes mains, je n'avais donc pas besoin de la recevoir officiellement. Elle s'exerçait de fait, sinon de droit. Elle suffisait pour passer la crise et sauver la France et la Révolution.

Ma tâche était donc de terminer cette Révolution en lui donnant un caractère légal, afin qu'elle fût reconnue et légitimée par le droit public de l'Europe. Toutes les Révolutions ont passé par les mêmes combats. La nôtre ne pouvait pas en être exempte; mais elle devait, à son tour, prendre son droit de bourgeoisie.

Je savais qu'avant de le proposer, il fallait en arrêter les principes, en consolider la législation et en détruire les excès. Je me crus assez fort pour y réussir; et je ne me trompais pas.

Le principe de la Révolution était l'extinction des castes, c'est-à-dire l'égalité : je l'ai respectée. La législation devait en régler les principes : j'ai fait des lois dans cet esprit. Les excès se montraient dans l'existence des factions : je n'en ai tenu aucun compte et elles ont disparu. Ils se montraient dans la destruction du culte : je l'ai rétabli; dans l'existence des émigrés : je les ai rappelés; dans le désordre de l'administration : je l'ai réglée; dans la ruine des finances : je les ai restaurées; dans l'absence d'une autorité capable de contenir la France : je lui ai donné cette autorité en prenant les rênes de l'État.

Peu d'hommes ont fait autant de choses que j'en ai fait alors, en aussi peu de temps. L'histoire dira un jour ce qu'était la France à mon avènement, et ce qu'elle était quand elle a donné la loi à l'Europe.

Je n'ai pas eu besoin d'employer un pouvoir arbitraire pour accomplir ces immenses travaux. On ne m'en aurait peut-être pas refusé l'exercice, mais je n'en aurais pas voulu, parce que j'ai toujours détesté l'arbitraire en tout. J'aimais l'ordre et les lois. J'en ai fait beaucoup, et je les ai faites sévères et précises, mais justes, parce qu'une loi qui ne connaît point d'exception est toujours juste. Je les ai fait observer rigoureusement, parce que c'est le devoir du trône, mais je les ai respectées. Elles me survivront : c'est la récompense de mes travaux.

Tout semblait marcher à souhait. L'État se recréait, l'ordre s'y rétablissait, je m'en occupais avec ardeur ; mais je sentais qu'il manquait une chose à tout ce système ; — c'était du définitif.

Quel que fût mon désir de faire à la Révolution un établissement stable, je voyais clairement que je ne pourrais y parvenir qu'après avoir vaincu de grandes résistances, car il y avait antipathie nécessaire entre les anciens et les nouveaux régimes : ils formaient deux masses, dont les **intérêts** étaient précisément en sens inverse. Tous les gouvernements qui subsistaient encore en vertu de l'ancien droit, se voyaient exposés par les principes de la Révolution : et celle-ci n'avait de garantie qu'en traitant avec l'ennemi, ou qu'en l'écrasant s'il refusait de la reconnaître.

Cette lutte devait décider en dernier ressort du renouvellement de l'ordre social de l'Europe. J'étais à la tête de la grande faction qui voulait anéantir le système sur lequel roulait le monde depuis la chute des Romains. Comme tel, j'étais en butte à la haine de tout ce qui avait intérêt à conserver cette rouille gothique. Un caractère moins entier que le mien aurait pu louvoyer, pour laisser une partie de cette question à décider au temps.

Mais dès que j'eus vu le fond du cœur de ces deux factions, dès que j'eus vu qu'elles partageaient le monde, comme au temps de la réformation ; je compris que tout pacte était impossible entre elles, parce que leurs intérêts se froissaient trop. Je compris que plus on abrégeait la crise, mieux les peuples s'en trouveraient. Il fallait avoir pour nous la moitié, plus un, de l'Europe, afin que la balance penchât de notre côté. Je ne pouvais disposer de ce poids qu'en vertu de la loi du plus fort, parce que c'est la seule qui ait cours entre les peuples. Il fallait donc que je fusse le plus fort, de toute nécessité; car je n'étais pas seulement chargé de gouverner la France, mais de lui soumettre le monde, sans quoi le monde l'aurait anéantie.

Je n'ai jamais eu de choix dans les partis que j'ai pris : ils ont toujours été commandés par les événements, parce que le danger était toujours imminent, et le 31 mars a prouvé à quel point il était à redouter, et s'il était facile de faire vivre en paix les vieux et les nouveaux régimes.

Il m'était donc aisé de prévoir que tant qu'il y aurait parité de forces entre ces deux systèmes, il y aurait entre eux guerre ouverte ou secrète : les paix qu'ils signeraient ne pourraient être que des haltes pour respirer. Il fallait donc que la France, comme le chef-lieu de la Révolution, se tînt en mesure pour résister à la tempête. Il fallait donc qu'il y eût unité dans le gouvernement pour qu'il pût être fort; union dans la nation, pour que ses moyens tendissent au même bu.; et confiance dans le peuple, pour qu'il consentît aux sacrifices nécessaires pour assurer sa conquête.

Or, tout était précaire dans le système du consulat, parce que rien n'y était à sa véritable place. Il y existait une république de nom, une souveraineté de fait; une représentation nationale faible; un pouvoir exécutif; des autorités soumises, et une armée prépondérante.

Rien ne marche par un système politique où les mots jurent avec les choses. Le gouvernement se décrie par le mensonge perpétuel dont il fait usage. Il tombe dans le mépris qu'inspire tout ce qui est faux, parce que ce qui est faux est faible. On ne peut plus d'ailleurs ruser en politique : les peuples en savent trop long, les gazettes en disent trop. Il n'y a plus qu'un secret pour mener le monde, c'est d'être fort; parce qu'il n'y a dans la force ni erreur, ni illusion : c'est le vrai mis à nu.

Je sentais la faiblesse de ma position, la faiblesse de mon consulat. Il fallait établir quelque chose de solide pour servir de point d'appui à la Révolution. Je fus nommé consul à vie. C'était une souveraineté viagère, insuffisante à elle-même puisqu'elle plaçait une date dans l'avenir, et que rien ne gâte la confiance comme la prévoyance d'un changement. Mais elle était passable pour le moment où elle fut établie.

Dans l'intervalle que m'avait laissé la trêve d'Amiens, j'avais hasardé une expédition imprudente qu'on m'a reprochée et avec raison : elle ne valait rien en soi.

J'avais essayé de reprendre Saint-Domingue. J'avais de bons motifs pour le tenter. Les alliés haïssaient trop la France, pour qu'elle osât rester dans l'inaction pendant la paix. Il fallait donner une pâture à la curiosité des oisifs. Il fallait tenir constamment l'armée en mouvement pour l'empêcher de s'endormir. Enfin, j'étais bien-aise d'essayer les marins.

Du reste, l'expédition a été mal conduite. Partout où je n'ai pas été, les choses ont toujours été mal. Cela revenait d'ailleurs assez au même ; car il était facile de voir que le ministère anglais allait rompre la trêve ; et si nous avions reconquis Saint-Domingue, ce n'aurait été que pour eux.

Chaque jour augmentait ma sécurité, lorsque l'événement du 3 nivôse m'apprit que j'étais sur un volcan. Cette conspiration fut imprévue : c'est la seule que la police n'ait pas déjouée d'avance. Elle n'avait pas de confidents, c'est pourquoi elle a réussi.

J'échappai par un miracle. L'intérêt qu'on me témoigna me dédommagea amplement. On avait mal choisi le moment pour conspirer. Rien n'était prêt en France pour les Bourbons.

On chercha les coupables. Je le dis avec vérité; je n'en accusai que les Brutus du coin. En fait de crimes, on était toujours disposé à leur en faire honneur. Je fus très étonné lorsque la suite des enquêtes vint à prouver que c'était aux royalistes que les gens de la rue Saint-Nicaise avaient l'obligation d'être sautés en l'air.

Je croyais les royalistes honnêtes gens, parce qu'ils nous accusaient de ne pas l'être. Je les croyais, surtout, très incapables de l'audace et de la scélératesse que suppose un tel projet; au reste, il n'appartenait qu'à un petit nombre de voleurs de diligences; espèce qui était prônée, mais peu considérée dans le parti.

Les royalistes, tout à fait oubliés depuis la pacification de la Vendée, reparaissaient ainsi sur l'horizon politique. C'était une conséquence naturelle de l'accroissement de mon autorité. Je refaisais la royauté. C'était chasser sur leurs terres.

Ils ne se doutaient pas que ma monarchie n'avait point de rapport à la leur. La mienne était toute dans les faits; la leur, toute dans les droits. La leur n'était fondée que sur des habitudes; la mienne s'en passait, elle marchait en ligne avec l'esprit du siècle. La leur tirait à la corde pour le retenir.

Les républicains s'effrayaient de la hauteur où

me portaient les circonstances; ils se défiaient de l'usage que j'allais faire de ce pouvoir. Ils redoutaient que je ne remontasse une vieille royauté à l'aide de mon armée. Les royalistes fomentaient ce bruit et se plaisaient à me présenter comme un singe des anciens monarques; d'autres royalistes, plus adroits, répandaient sourdement que je m'étais enthousiasmé du rôle de Monck, et que je ne prenais la peine de restaurer le pouvoir que pour en faire hommage aux Bourbons lorsqu'il serait en état de leur être offert.

Les têtes médiocres qui ne mesuraient pas ma force, ajoutaient foi à ce bruit. Ils accréditaient le parti royaliste et me décriaient dans le peuple et dans l'armée; car ils commençaient à douter de mon attachement à leur cause. Je ne pouvais pas laisser courir une telle opinion, parce qu'elle tendait à nous désunir.

Il fallait à tout prix détromper la France, les royalistes et l'Europe, afin qu'ils sussent tous à quoi s'en tenir avec moi. Une persécution de détail contre des propos ne produit jamais qu'un mauvais effet, parce qu'elle n'attaque pas le mal dans sa racine. D'ailleurs, ce moyen est devenu impossible dans ce siècle de sollicitation, où l'exil d'une femme remua toute la France.

Il s'offrit malheureusement à moi, dans ce moment décisif, un de ces coups du hasard qui détruisent les meilleures résolutions. La police découvrit de petites menées royalistes, dont le foyer était au delà du Rhin. Une tête auguste s'y trouvait impliquée. Toutes les circonstances de cet événement cadraient d'une manière incroyable avec celles qui me portaient à tenter un coup d'État. La perte du duc d'Enghien décidait la question qui agitait la France. Elle décidait de moi sans retour. Je l'ordonnái.

Un homme de beaucoup d'esprit, et qui doit s'y connaître, a dit de cet attentat que c'était plus qu'un crime, que c'était une faute. N'en déplaise à ce personnage, c'était un crime, et ce n'était pas une faute. Je sais fort bien la valeur des mots. Le délit de ce malheureux prince se bornait à de misérables intrigues avec quelques vieilles baronnes de Strasbourg. Il jouait son jeu. Ces intrigues étaient surveillées : elles ne menaçaient ni la sûreté de la France, ni la mienne. Il a péri victime de la politique et d'un concours inoui de circonstances.

Sa mort n'était pas une faute, car toutes les conséquences que j'avais prévues sont arrivées.

La guerre avait recommencé avec l'Angleterre, parce qu'il ne lui est plus possible de rester longtemps en paix. Le territoire de l'Angleterre est devenu trop petit pour sa population. Il faut pour vivre le monopole des quatre parties du monde. La guerre procure seule ce monopole aux Anglais, parce qu'elle lui vaut le droit de détruire sur mer. C'est sa sauvegarde.

Cette guerre était paresseuse, faute de terrain pour se battre : l'Angleterre était obligée d'en louer sur le continent, mais il fallait donner le temps à la moisson de croître. L'Autriche avait reçu de si rudes leçons, que les ministres n'osaient pas proposer la guerre de sitôt, quelqu'envie qu'ils eussent de gagner leur argent. La Prusse s'engraissait de sa neutralité; la Russie avait fait en Suisse une fatale expérience de la guerre. L'Italie et l'Espagne étaient entrées, à peu de choses près, dans mon système. Le continent faisait halte.

Faute de mieux, je mis en avant un projet de descente en Angleterre. Je n'ai jamais pensé à le réaliser, car il aurait échoué : non que le matériel du débarquement ne fût possible, mais la retraite ne l'était pas. Il n'y a pas un Anglais qui ne se fût armé pour sauver l'honneur de son pays, et l'armée française, laissée sans secours, à leur merci, aurait fini par périr ou par capituler. J'avais pu faire cet essai en Égypte; mais à Londres, c'était jouer trop gros jeu.

Comme la menace ne me coûtait rien, puisque je ne savais que faire de mes troupes, il valait autant les tenir en garnison sur les côtes qu'ailleurs : ce seul appareil a obligé l'Angleterre à se mettre sur un pied de défense ruineux. C'était autant de gagné.

En revanche, on organisa une conspiration contre moi. Je peux faire honneur de celle-ci aux princes émigrés, car elle était vraiment royale. On avait mis en mouvement une armée de conspirateurs. Aussi nous en fûmes informés dans les vingt-quatre heures, tant les confidences allaient bon train.

Comme je voulais cependant faire punir des hommes qui ne cherchaient qu'à renverser l'État (ce qui est contre les lois divines et humaines), je fus obligé d'attendre pour les faire arrêter, qu'on eût rassemblé contre eux des preuves irrécusables.

Pichegru était à la tête de cette machination : cet homme, qui avait plus de bravoure que de talent, avait voulu jouer le rôle de Monck ; il allait à sa taille.

Ces projets m'inquiétaient peu, parce que je connaissais leurs portées, et que l'opinion publique ne les favorisait pas. Les royalistes m'auraient assassiné, qu'ils n'en auraient pas été plus avancés. Chaque chose a son temps.

J'appris bientôt que Moreau trempait dans cette affaire. Ceci devenait plus délicat, parce qu'il avait une popularité colossale. Il était clair qu'on devait le gagner. Il avait trop de réputation pour que nous fussions bons voisins. Je ne pouvais pas être tout, et lui rien. Il fallait trouver une manière honnête de nous séparer. Il la trouva.

On a beaucoup dit que j'étais jaloux de lui : je l'étais fort peu ; mais il l'était beaucoup de moi, et il y avait de quoi. Je l'estimais, parce que c'était un bon militaire. Il avait pour amis tous ceux qui ne m'aimaient pas, c'est-à-dire beaucoup de gens. Ils en auraient fait un héros, s'il avait péri. Je n'en voulais faire que ce qu'il était : c'est-à-dire un homme nul. J'ai réussi ; l'absence l'a perdu, ses amis l'ont oublié, et on n'y a plus songé.

Les autres coupables exigeaient moins de ménagements. C'étaient tous les vieux habitués de conspiration dont il fallait purger tout à fait la France. Nous y avons réussi, car il n'en a plus reparu dès lors.

Je fus accablé de sollicitations. Toutes les femmes et les enfants de Paris étaient en l'air. On demandait la grâce de tout le monde. J'eus la faiblesse d'envoyer quelques coupables dans des prisons d'État, au lieu d'en laisser faire justice.

Je me reproche même aujourd'hui cette espèce d'indulgence, parce qu'elle n'est dans un souverain qu'une faiblesse coupable. Il n'y a qu'un seul devoir à remplir vis-à-vis de l'État, celui d'y faire observer les lois. Toute transaction avec le crime devient un crime de la part du trône. Le droit de grâce ne doit jamais s'exercer envers les coupables. Il faut le réserver pour les cas malheureux que la conscience absout, quand la loi les condamne.

Pichegru fut trouvé étranglé dans son lit. On ne manqua pas de dire que c'était par mes ordres. Je fus totalement étranger à cet événement. Je ne sais pas même pourquoi j'aurais soustrait ce criminel à son jugement. Il ne valait pas mieux que les autres, et j'avais un tribunal pour le juger, et des soldats pour le fusiller. Je n'ai jamais rien fait d'inutile dans ma vie.

Mon autorité s'accrut, parce qu'on l'avait menacée. Il n'y avait rien de prêt en France pour une contre-révolution. Elle ne voyait dans les menées des royalistes, qu'un moyen de lui apporter l'anarchie et la guerre civile. Elle voulait s'en préserver à tout prix et se rapprochait de de moi. Elle voulait dormir à l'abri de mon épée.

Le vœu public (l'histoire ne me démentira pas), le vœu public m'appelait à régner sur la France.

La forme républicaine ne pouvait plus durer, parce qu'on ne fait pas de républiques avec de vieilles monarches. Ce que voulait la France, c'était sa grandeur. Pour en soutenir l'édifice, il fallait anéantir les factions, consolider l'œuvre de la Révolution, et fixer sans retour les limites de l'État. Seul, je promettais à la France de remplir ces conditions. La France voulait que je régnasse sur elle.

Je ne pouvais devenir roi, c'était un titre usé. Il portait avec lui des idées reçues. Mon titre devait être nouveau comme la nature de mon pouvoir. Je n'étais pas l'héritier des Bourbons. Il fallait être beaucoup plus pour s'asseoir sur leur trône. Je pris le nom d'empereur, parce qu'il était plus grand et moins défini.

Jamais révolution ne fut aussi douce que celle qui renversa cette république pour laquelle on avait répandu tant de sang. C'est qu'on maintenait la chose, le mot seul était changé. C'est pourquoi les républicains n'ont pas redouté l'Empire.

D'ailleurs, les révolutions qui ne déplacent pas les intérêts, sont toujours douces.

La Révolution était enfin terminée. Elle devenait inébranlable sous une dynastie permanente.

La République n'avait satisfait que des opinions ;
l'Empire garantissait les intérêts avec les opinions.

Ces intérêts étaient ceux de l'immense majorité, parce qu'avant tout, les institutions de l'Empire garantissaient l'égalité. La démocratie y existait de fait et de droit. La liberté seule y a été
restreinte, parce qu'elle ne vaut rien pour les
temps de crise. Mais la liberté n'est à l'usage que
de la classe éclairée de la nation : l'égalité sert à
tout le monde. C'est pourquoi mon pouvoir est
resté populaire, même dans les revers qui ont
écrasé la France.

Mon autorité n'existait pas comme dans la
vieille monarchie, sur un échaffaudage de castes
et de corps intermédiaires. Elle était immédiate,
et n'avait d'appui que dans elle-même ; car il
n'y avait dans l'Empire que la nation et moi.
Mais dans cette nation, tous étaient également
appelés aux fonctions publiques. Le point de
départ n'était un obstacle pour personne. Le mouvement ascendant était universel dans l'État. Ce
mouvement a fait ma force.

Je n'ai pas inventé ce système : il est sorti des
ruines de la Bastille. Il n'est que le résultat de la
civilisation et des mœurs que le temps a donnés
à l'Europe. On essaiera en vain de le détruire ; il
se maintiendra par la force des choses, parce que

le fait finit toujours par se placer là où est la force. Or, la force n'était plus dans la noblesse, depuis qu'elle avait permis au tiers-état de porter les armes, et qu'elle n'avait plus voulu être la seule milice de l'État.

La force n'était plus dans le clergé, depuis que le monde était devenu protestant en devenant raisonneur. La force n'était plus, dans les gouvernements, précisément parce que la noblesse et le clergé, n'étaient plus en état de remplir leurs fonctions, c'est-à-dire d'appuyer le trône. Sa force n'était plus dans les routines et les préjugés, depuis qu'on avait démontré aux peuples qu'il n'y avait ni routine ni préjugés.

Il y avait dissolution dans le corps social, longtemps avant la Révolution, parce qu'il n'y avait plus de rapport entre les mots et les choses.

La chute des préjugés avait mis à nu la source des pouvoirs. On avait découvert leur faiblesse. Ils sont tombés en effet à la première attaque.

Il fallait donc refaire l'autorité sur un autre plan. Il fallait qu'elle se passât du cortége des habitudes et des préjugés. Il fallait qu'elle se passât de cet aveuglement qu'on appelle la foi. Elle n'avait hérité d'aucuns droits; il fallait donc qu'elle fût en entier dans le fait, c'est-à-dire dans la force.

Je ne montai pas ainsi sur le trône comme un héritier des anciennes dynasties, pour m'y asseoir mollement sous le prestige des habitudes et des illusions, mais pour affermir les institutions que le peuple voulait, pour mettre les lois en accord avec les mœurs, et pour rendre la France redoutable, afin de maintenir son indépendance.

On ne tarda pas à m'en fournir l'occasion. L'Angleterre était fatiguée par le séjour de mes troupes sur les côtes. Elle voulait s'en débarrasser à tout prix, et cherchait, la bourse en main, des alliés sur le continent. Elle devait en trouver.

Les anciennes dynasties étaient effrayées de me voir sur le trône. Quelques politesses que nous nous fissions, elles voyaient bien que je n'étais pas un des leurs : car je ne régnais qu'en vertu d'un système qui détruisait l'autel que le temps leur avait élevé. J'étais à moi seul une révolution. L'Empire les menaçait comme la République. Elles le redoutaient davantage, parce qu'il était plus robuste.

Il était donc de leur politique de m'attaquer le plus tôt possible, c'est-à-dire avant que j'eusse pris toutes mes forces.

Les chances de la lutte qui allait s'ouvrir étaient d'un grand intérêt pour moi. Elles allaient m'apprendre la mesure de la haine qu'on me portait.

Elles allaient m'apprendre à distinguer çeux des souverains que la crainte déciderait à s'associer au système de l'Empire, d'avec ceux qui périraient plutôt que de transiger avec lui.

Cette lutte devait amener de nouvelles combinaisons politiques en Europe. Je devais succomber ou en devenir l'arbitre.

Je venais de réunir le Piémont à la France, parce qu'il fallait que la Lombardie s'appuyât à l'Empire. On cria à l'ambition : on prépara la lice pour le combat. Cette réunion lui servit de signal.

La bataille devait être rude. Les Autrichiens rassemblaient toutes leurs forces, et les Russes s'étaient décidés à y réunir les leurs.

Le jeune Alexandre venait de monter sur le trône. Comme les enfants aiment à faire le contraire de leurs parents, il me déclara la guerre, parce que son père avait fait la paix. Car nous n'avions rien encore à démêler avec les Russes. Leur tour n'était pas venu, mais les femmes et les courtisans l'avaient décidé ainsi. Ils ne croyaient faire qu'une chose de bon goût, parce que je n'étais pas à la mode dans le beau monde; et ils commençaient, sans le savoir, le système auquel la Russie devra sa grandeur.

La coalition n'a jamais ouvert la campagne

plus maladroitement. Les Autrichiens s'imaginèrent de me surprendre. Cette prétention ne leur
réussit pas.

Ils inondèrent la Bavière sans attendre l'armée
des Russes. Il s'en vinrent à marche forcée sur
le Rhin. Mes colonnes avaient quitté le camp de
Boulogne et traversaient la France. Nous passâ-
mes le Rhin à Strasbourg. Mon avant-garde rencontra les Autrichiens à Ulm et les culbuta. Je
marchai sur Vienne à tour de route. J'y entrai
sans obstacle. Un général autrichien oublia de
couper les ponts du Danube. Je passai la rivière.
Je l'aurais passée également, mais j'en arrivai
plus vite en Moravie.

Les Russes débouchaient seulement : les débris autrichiens coururent se réfugier sous leurs
drapeaux. L'ennemi voulut tenir à Austerlitz ; il
fut battu. Les Russes se retirèrent en bon ordre,
et me laissèrent l'empire de l'Autriche.

L'empereur François me demanda une entrevue ; je la donnai dans un fossé. Il me demanda
la paix ; je l'accordai ; car qu'aurais-je fait de son
pays ? Il n'était pas moulé pour la Révolution.
Mais, pour diminuer ses forces, je demandai Venise pour la Lombardie et le Tyrol pour la Bavière,
afin de renforcer au moins mes amis aux dépens
de mes ennemis. C'était bien le moins.

Ce n'était point le moment de disputer; la paix fut signée. Je la fis proposer en même temps aux Russes, Alexandre la refusa.

Ce refus était noble; car, en acceptant la paix, il acceptait l'humiliation des Autrichiens.

En refusant, il montra de la fermeté dans les revers et de la confiance dans la fortune. Ce refus m'apprit que le sort du monde dépendait de nous deux.

La campagne recommença. Je suivis la retraite des Russes. J'arrivai en Pologne. Un nouveau théâtre s'ouvrit à nos armes. J'allai voir cette vieille terre de l'anarchie et de la liberté, courbée sous un joug étranger : les Polonais attendaient ma venue pour le secouer.

J'ai négligé le parti que je pouvais tirer des Polonais, et c'est la plus grande faute de mon règne. Je savais cependant qu'il était essentiel de relever ce pays, pour en faire une barrière à la Russie et un contre-poids à l'Autriche; mais les circonstances ne furent pas assez heureuses à cette époque pour réaliser ce plan.

D'ailleurs, les Polonais m'ont paru peu propres à remplir mes vues. C'est un peuple passionné et léger. Tout se fait chez eux par fantaisie et rien par système. Leur enthousiasme est violent, mais ils ne savent ni le régler ni le perpétuer. Cette nation porte sa ruine dans son caractère.

Peut-être qu'en donnant aux Polonais un plan, un système et un point d'appui, ils auraient pu se former avec le temps.

Quoique mon caractère ne m'ait jamais porté à faire les choses à demi, je n'ai cependant fait que cela en Pologne, et je m'en suis mal trouvé. Je m'avançai, au cœur de l'hiver, vers les pays du nord. Le climat n'inspirait aucune défiance au soldat. Son moral était excellent. J'avais à combattre une armée maîtresse de son terrain et de son climat. Elle m'attendait sur les frontières de la Russie. J'allai l'y chercher, parce qu'il ne fallait pas laisser languir mes troupes dans de mauvais cantonnements. Je rencontrai l'ennemi à Eylau : l'affaire fut meurtrière et indécise.

Si les Russes nous avaient attaqués le lendemain, nous aurions été battus; mais leurs généraux n'ont heureusement pas de ces inspirations. Ils me donnèrent le temps de les attaquer à Friedland. La victoire y fut moins douteuse.—Alexandre s'était vaillamment défendu : il me proposa la paix. Elle était honorable pour les deux nations, car elles s'étaient mesurées avec une égale bravoure. La paix fut signée à Tilsitt; elle fut de bonne foi : j'en atteste le czar lui-même.

Telle fut l'issue des premiers efforts de la coalition contre l'empire que je venais de fonder.

Elle éleva la gloire de nos armes, mais elle laissa la question indécise entre l'Europe et moi, car nos ennemis n'avaient été qu'humiliés : ils n'étaient ni détruits ni changés. Nous nous retrouvions au même point, et, en signant la paix, je prévis une nouvelle guerre.

Elles étaient inévitables tant que le sort de la guerre n'amènerait pas de nouvelles combinaisons, et tant que l'Angleterre aurait un intérêt personnel à les prolonger.

Il fallait donc profiter du repos passager que je venais de rendre au continent pour élargir la base de l'Empire, afin de la rendre plus solide pour les attaques à venir. Le trône était héréditaire dans ma famille : elle commençait ainsi une dynastie nouvelle, que le temps devait consacrer, comme il a légitimé toutes les autres ; car, depuis Charlemagne, aucune couronne n'avait été donnée avec autant de solennité. Je l'avais reçue du vœu des peuples et de la sanction de l'Église : ma famille, appelée à régner, ne devait pas rester dans les rangs de la société ; c'eût été un contre-sens.

J'étais riche en conquêtes. Il fallait lier intimement ces États au système de l'empire, afin d'accroître sa prépondérance. Il n'y a pas d'autres liens entre les peuples que ceux des intérêts qu'ils mettent en commun. Il fallait donc établir une entière communauté entre nous et les pays conquis. Il ne s'agissait pour cela que de changer leur ancien ordre social pour leur donner le nôtre, en mettant à la tête de ces nouvelles institutions des souverains intéressés à les maintenir.

Je remplissais ces conditions en plaçant ma famille sur les trônes qui se trouvaient vacants.

La Lombardie était le plus essentiel de ces États, parce qu'elle devait être continuellement exposée aux regrets de la maison d'Autriche. Je ne voulus pas lui donner le plaisir de mettre un de mes frères sur ce trône. J'étais seul capable de porter la couronne de fer, et je la mis sur ma tête.

Je donnai par là plus de confiance aux Lombards, parce que je faisais ma propre affaire de la leur.

Ce nouvel État prit le nom de royaume d'Italie, parce que ce titre était plus grand et parlait davantage à l'imagination des Italiens.

Le trône de Naples était vacant. La reine Caroline, après avoir inondé de sang le pavé de Naples et livré son royaume aux Anglais, en avait été chassée de nouveau. Il fallait un maître à ce malheureux pays, pour le sauver de l'anarchie et des vengeances : un de mes frères monta sur ce trône.

La Hollande avait perdu depuis longtemps l'énergie qui fait les Républiques. Elle n'avait plus la force de jouer ce rôle ; elle en avait donné la preuve lors du débarquement de 99. Je ne devais pas soupçonner qu'elle regrettât la maison d'Orange, à la manière dont elle l'avait traitée. La Hollande semblait donc avoir besoin d'un souverain ; je lui donnai un autre de mes frères.

Le cadet était assez jeune pour attendre ; le quatrième n'aimait pas à régner ; il s'était sauvé pour s'y soustraire.

Il ne resta en République que celle des Suisses. Il ne valait pas la peine de changer des formes auxquelles ils étaient accoutumés. Mon autorité dans ce pays s'est bornée à les empêcher de s'égorger entre eux. Ils ne m'en ont pas témoigné une grande reconnaissance.

En formant ainsi des États alliés de la France et dépendant de l'empire, je dus en même temps réunir à la mère patrie d'autres portions de territoire, afin de conserver sa prépondérance sur tout le système.

C'est dans ce but que j'avais réuni le Piémont à la France et non pas à l'Italie. J'y réunis de même Gênes et Parme. Ces réunions ne valaient rien en elles-mêmes, car j'aurais fait de ces peuples de bons Italiens ; je n'en ai fait que de médiocres

Français. Mais l'empire se composait non-seulement de la France, mais des États de la famille et des alliés étrangers. Il était essentiel de conserver la proportion entre ces trois éléments. Chaque alliance nouvelle emportait avec elle une nouvelle réunion. Le public, à chaque fois, criait à l'ambition. Mon ambition n'a jamais consisté à posséder quelques lieues carrées de plus ou de moins, mais à faire triompher ma cause.

Or, cette cause ne consistait pas seulement dans les opérations, mais dans le poids que chaque parti pouvait mettre dans la balance, et les lieues carrées pèsent dans le bassin, parce que le monde ne se compose que de cela.

J'augmentais ainsi la masse des forces que je faisais mouvoir. Il ne fallait ni talent ni adresse pour opérer ces changements. Il suffisait d'un acte de ma volonté; car ces pays étaient trop petits pour en avoir en ma présence. Ils dépendaient du mouvement imprimé à l'ensemble du système impérial. Le point de départ de ce système était en France.

Il fallait donc consolider mon ouvrage en donnant à la France des institutions conformes au nouvel ordre social qu'elle avait adopté. Il fallait créer mon siècle pour moi, comme je l'avais été pour lui.

Il fallait être législateur après avoir été guerrier.

Il n'était plus possible de faire reculer la Révolution ; car c'aurait été soumettre de nouveau les forts aux faibles, ce qui est contre nature. Il fallait donc en saisir l'esprit, pour y accommoder un système analogue de législation. Je crois y être parvenu. Ce système me survivra, et j'ai laissé à l'Europe un héritage qu'elle ne pourra plus répudier.

Il n'y avait en réalité dans l'État qu'une vaste démocratie, menée par une dictature. Cette espèce de gouvernement est commode pour l'exécution ; mais elle est d'une nature temporaire, parce qu'elle n'est qu'en viager sur la tête du dictateur. Je devais la rendre perpétuelle, en faisant des institutions à demeure, et des corporations vivaces, afin de les placer entre le trône et la démocratie. Je ne pouvais rien opérer par le levier des habitudes et des illusions. J'étais obligé de tout créer avec de la réalité.

Il fallait ainsi fonder ma législation sur les intérêts immédiats de la majorité, et créer mes corporations avec des intérêts, parce que les intérêts sont ce qu'il y a de plus réel dans ce monde.

J'ai fait des lois dont l'action était immense, mais uniforme. Elles avaient pour principe le maintien de l'égalité. Elle est si fortement empreinte dans ces codes, qu'ils suffiront seuls pour la conserver.

J'instituai une caste intermédiaire. Elle était démocratique, parce qu'on y entrait à toute heure et de partout; elle était monarchique, parce qu'elle ne pouvait pas mourir.

Cette corporation devait remplacer dans le nouveau régime le service que la noblesse était censée faire dans l'ancien; c'est-à-dire d'appuyer le trône. Mais elle ne lui ressemblait en rien. La vieille noblesse n'existait que par ses prérogatives, la mienne n'avait que du pouvoir. La vieille noblesse n'avait de mérite que parce qu'elle était exclusive. Tous ceux qui se distinguaient entraient de droit dans la nouvelle : elle n'était autre chose qu'une couronne civique. Le peuple n'y attachait pas d'autre idée. Chacun l'avait méritée par ses œuvres : tous pouvaient l'obtenir au même prix; elle n'était offensante pour personne.

L'esprit de l'empire était le mouvement ascendant, c'est le caractère des révolutions. Il agitait toute la nation. Elle se soulevait pour s'élever. J'ai placé au sommet de ce mouvement de grandes récompenses. Elles ne furent données que par la reconnaissance publique. Ces hautes dignités étaient encore conformes à l'esprit de l'égalité,

car le dernier soldat les obtenait par des actions
d'éclat.

Après le désordre de la Révolution, il importait
de rétablir l'ordre, parce qu'il est le symptôme
de la force et de la durée.

Les administrateurs et les juges étaient essen-
tiels à l'État, puisque d'eux seuls dépendait l'ordre
public, c'est-à-dire l'exécution des lois. Je les
associai au mouvement qui animait le peuple et
l'armée. Je fis un ordre qui honorait les administrateurs, parce qu'il avait reçu des soldats un bre-
vet d'honneur. Je le rendis commun à tous ceux
qui servaient l'État, parce que la première des
vertus est le dévouement à la patrie.

Je donnai ainsi pour ressort à l'empire un lien
général. Il unissait par leurs intérêts toutes les
classes de la nation, parce qu'aucune n'était subordonnée ni exclue. Il se formait autour de moi
un corps intermédiaire fourni par l'élite de la
nation. Il était attaché au système impérial par
sa vocation, par ses intérêts, et par ses opinions.
Ce corps nombreux, quoique revêtu du pouvoir
civil et militaire, était avoué par le peuple, parce
qu'il était tiré au sort dans ses rangs. Il avait confiance en lui, parce que leurs intérêts étaient con-
fondus. Ce corps n'était ni décimateur ni exclusif.
Ce n'était en réalité qu'une magistrature.

L'empire s'asseyait sur une organisation forte. L'armée était formée à l'école de la guerre : elle avait appris à se battre et à souffrir.

Les fonctionnaires civils s'accoutumaient à faire exécuter strictement les lois, parce que je ne voulais ni d'arbitraire ni d'interprétation. Ils se formaient ainsi à l'habitude et à la rapidité. J'avais répandu partout une impulsion uniforme, parce qu'on ne donnait qu'un seul mot d'ordre dans l'empire. Aussi tout se mouvait dans cette machine, mais le mouvement ne s'opérait que dans les cadres que j'avais préparés.

J'ai arrêté les dilapidations publiques en centralisant sur un seul point toute la machine fiscale. Je n'ai rien laissé de vague dans cette partie, parce qu'en fait de monnaie, tout doit se retrouver. Je n'ai surtout rien laissé de disponible à ces demi-responsabilités provinciales ; parce que l'expérience m'avait prouvé que cet abandon ne sert qu'à enrichir quelques petits malversateurs, aux dépens du trésor, du peuple et de la chose.

J'ai rendu le crédit à l'État, en ne faisant pas usage de crédit.

J'ai substitué au système des emprunts qui avait perdu la France, celui des impôts qui l'a corroborée.

J'ai organisé la conscription, — loi rigoureuse,

mais grande, et seule digne d'un peuple qui chérit sa gloire et sa liberté : car il ne doit confier sa défense qu'à lui-même.

J'ai ouvert de nouvelles communications au commerce. J'ai fait réunir l'Italie à la France, en ouvrant les Alpes par quatre routes différentes. J'ai entrepris dans ce genre ce qui paraissait presque impossible.

J'ai fait prospérer l'agriculture en maintenant les lois protectrices de la propriété, et en répartissant également les charges publiques.

J'ai ajouté de grands monuments à ceux que possédait la France. Ils devaient servir de témoins à sa gloire. Je pensais qu'ils élèveraient l'âme de nos descendants. Les peuples s'attachent à ces nobles images de leur histoire.

Mon trône ne brillait que de l'éclat des armes. Les Français aiment de la grandeur jusqu'à son apparence. J'ai fait décorer des palais ; j'y ai réuni une cour nombreuse. Je lui ai donné un caractère austère : tout autre eût été mal assorti. On ne s'amusait point dans ma cour. Aussi les femmes n'ont joué qu'un rôle mesquin dans cette cour, où tout était consacré à la grandeur de l'État. C'est pourquoi elles m'ont toujours détesté. Louis XV était beaucoup mieux leur fait.

Mon ouvrage était à peine ébauché, lorsqu'un

nouvel ennemi se présenta inopinément dans la lice.

Depuis dix ans, la Prusse s'était tenue en paix : la France lui en avait su gré ; les alliés lui en avaient voulu beaucoup de mal. Ils l'injuriaient, mais elle prospérait.

Sa neutralité m'avait été surtout essentielle dans la dernière campagne. Pour m'en assurer, il lui fut fait quelques ouvertures d'une cession du Hanovre. Je pensai qu'une pareille ouverture valait bien une petite violation de territoire que je m'étais permise, pour accélérer la marche d'une division que j'étais pressé d'avoir sur le Danube.

L'Angleterre avait rejeté les propositions de paix que nous lui avions envoyées, suivant notre usage, en signant celle de Tilsitt. La Prusse demanda la cession du Hanovre.

Je ne demandais pas mieux que de lui faire ce cadeau ; mais il me parut qu'il était temps que cette cour se déclarât franchement pour nous, en entrant pour tout de bon dans notre système. Il ne pouvait pas tout conquérir avec l'épée ; la politique devait aussi nous donner des alliés, et l'occasion paraissait belle.

Mais je m'aperçus que la Prusse avait de toutes autres intentions et qu'elle croyait m'avoir amplement payé par sa neutralité. Dès ce moment il devenait ridicule d'agrandir un pays sur lequel je ne pouvais pas compter. J'y mis de l'honneur; je ne calculai pas assez qu'en donnant du terrain à la Prusse je la compromettais, c'est-à-dire que je me l'assurais. Je refusai tout, et le Hanovre reçut une autre destination.

Les Prussiens jetèrent les hauts cris, parce que je ne voulais pas leur donner le bien d'autrui. Ils se plaignirent de ma petite violation de l'année précédente. Ils s'avisèrent tout d'un coup qu'ils étaient dépositaires de la gloire du grand Frédéric. Les têtes s'échauffèrent. Une espèce de mouvement national agita la noblesse de-Prusse ; l'Angleterre s'empressa de le solder, et il prit de la consistance.

Si les Prussiens m'avaient attaqué pendant que j'étais aux prises avec les Russes, ils pouvaient me faire beaucoup de mal ; mais il était si absurde de venir, hors de toute raison, nous déclarer une guerre qui ressemblait à une mutinerie de collége, que je fus longtemps avant d'y ajouter foi.

Rien n'était plus vrai cependant, et il fallut rentrer en campagne.

Je m'attendais bien à battre les Prussiens ; mais j'avais destiné peu de temps à cela. Je pris des mesures contre les agressions qu'on pourrait me susciter d'ailleurs, et que je soupçonnais ; mais je n'en eus pas besoin.

Par un hasard singulier, les Prussiens ne tinrent que deux heures ; par un autre hasard, leurs généraux n'imaginèrent pas de défendre des places qui m'auraient tenu trois mois. En quelques jours je fus maître du pays.

La diligence de cette déroute me prouva que cette guerre n'avait rien eu de populaire en Prusse. J'aurais dû profiter de cette découverte pour organiser la Prusse à notre manière ; mais je ne sus pas m'y prendre.

L'empire avait acquis une immense prépondérance par la bataille de Jéna. Le public commençait à regarder ma cause comme gagnée ; je m'en aperçus aux manières que l'on prit avec moi. Je commençai à le croire aussi moi-même, et cette opinion m'a fait faire des fautes.

Le système sur lequel j'avais fondé l'empire était ennemi né des anciennes dynasties. Je savais qu'entre elles et moi la guerre devait être mortelle. Il fallait donc prendre des moyens rigoureux pour la rendre aussi courte que possible, afin de ménager la souffrance des peuples et des rois.

Ainsi j'aurais dû changer, d'une part, la forme et le personnel de tous les États que la guerre mettait dans mes mains ; parce qu'on ne fait pas des révolutions en gardant les mêmes hommes et les mêmes choses. J'étais donc sûr, en conservant ces gouvernements, de les avoir toujours contre moi : c'étaient des ennemis que je ressuscitais.

Si je voulais, d'autre part, garder ces gouvernements, faute de mieux, il fallait les rendre complices de ma grandeur en les faisant accepter, avec mon alliance, des territoires et des titres.

En suivant l'un ou l'autre de ces plans, suivant l'occasion, j'aurais étendu rapidement les frontières de la Révolution. Nos alliances auraient été solides, parce qu'elles auraient été faites avec les peuples. Je leur aurais apporté les avantages avec les principes de la Révolution : j'aurais éloigné d'eux le fléau de la guerre dont ils ont été persécutés pendant vingt ans, et qui a fini par les révolter contre nous.

Il est à croire que la majorité des nations du continent auraient accepté cette grande alliance, et l'Europe aurait été refondue sur un nouveau plan analogue à l'état de sa civilisation.

Je raisonnai bien, mais je fis le contraire. Au lieu de changer la dynastie prussienne, comme je l'en avais menacée, je lui rendis ses États après les avoir morcelés. La Pologne ne me sut pas gré de n'avoir remis en liberté que la portion de son territoire dont la Prusse s'était emparée. Le royaume de Westphalie fut mécontent de ne pas obtenir davantage; et la Prusse, furieuse de ce que je lui avais ôté, me jura une haine éternelle.

Je m'imaginai, je ne sais pourquoi, que les souverains dépossédés par le droit de conquête pouvaient devenir reconnaissants de la part qu'on leur laissait. J'imaginai qu'ils pourraient, après tant de revers, s'allier de bonne foi avec nous, parce que c'était le parti le plus sûr. J'imaginai pouvoir étendre ainsi les alliances de l'empire, sans me charger de l'odieux que ces révolutions traînent après elles. Je trouvai enfin que c'était un grand rôle à jouer que celui d'ôter et de rendre des couronnes. Je m'y laissai séduire. Je me suis trompé, et les fautes ne se pardonnent jamais.

Je voulus corriger, au moins, ce que j'avais fait en Prusse, en organisant la Confédération du Rhin, parce que j'espérais contenir l'un par l'autre. Pour former cette confédération, j'ai agrandi les États de quelques souverains, aux dépens de ceux d'une cohue de petits princes, qui ne servaient qu'à manger l'argent de leurs sujets sans pouvoir leur être bons à rien. J'attachai ainsi à ma cause les souverains dont j'avais grossi le volume, par les intérêts de leur agrandissement. Je les fis conquérants malgré eux. Mais ils se trouvèrent bien du métier. Ils ont fait volontiers cause commune avec moi. Ils ont été fidèles à cette cause tant qu'ils l'ont pu.

Le continent se trouva ainsi pacifié pour la quatrième fois. J'avais étendu la surface et la prépondérance de l'empire. Mon pouvoir immédiat s'étendait de l'Adriatique aux bouches du Veser ; — mon pouvoir d'opinion, sur toute l'Europe.

Mais l'Europe sentait, comme moi, que cette pacification n'était encore qu'une œuvre provisoise, parce qu'il y avait trop d'éléments de résistance ; et, qu'en traitant avec ces résistances, comme j'avais eu le tort de le faire, je n'avais fait que reculer la difficulté.

Le principe vital de la résistance était en Angleterre. Je n'avais aucun moyen de l'attaquer corps à corps, et j'étais sûr que la guerre se renouvellerait sur le continent, tant que les ministres anglais auraient de quoi en payer les frais. La chose pouvait durer longtemps, parce que les bénéfices de la guerre alimentaient la guerre. C'était un cercle vicieux, dont le résultat était la ruine du continent. Il fallait donc trouver un moyen de détruire les bénéfices que la guerre maritime valait à l'Angleterre, afin de ruiner le crédit du ministère. On me proposa, dans ce but, le système continental. Il me parut bon, et je l'acceptai. Peu de gens ont compris ce système. On s'est obstiné à n'y voir d'autre but que celui de renchérir le café. Il devait avoir de tout autres conséquences.

Il devait ruiner le commerce anglais. En cela il a mal fait son devoir : parce qu'il a produit, comme toutes les prohibitions,— un renchérissement ; ce qui est toujours à l'avantage du commerce, et parce qu'il ne peut être assez complétement établi pour bannir la contrebande.

Mais le système continental devait servir encore à désigner clairement nos amis d'avec nos ennemis. Nous ne pouvions pas nous y tromper. L'attachement au système continental témoignait de l'attachement à notre cause, parce qu'il était son enseigne et son palladium.

Ce système, si débattu, était indispensable dans le moment où je l'ai établi : car il faut qu'un grand empire ait non-seulement une tendance générale pour diriger sa politique ; mais son économie doit avoir une tendance pareille. Il faut une route à l'industrie, comme à toutes choses, pour se mouvoir et pour avancer. Or, la France n'en avait point quand je lui ai tracé sa route en lui donnant le système continental.

L'économie de la France s'était portée, avant la Révolution, vers les colonies et le commerce d'échange. C'était la mode alors. Elle y avait eu de grands succès. A quelque point qu'on ait vanté ces succès, ils n'avaient eu cependant d'autres résultats que ceux d'amener la ruine des finances de l'État, la perte de son crédit, la destruction de son système militaire, la perte de sa considération au dehors, la langueur de son agriculture. Ces succès l'avaient amenée, finalement à signer un traité de commerce qui livrait son approvisionnement aux Anglais.

La France avait à la vérité de beaux ports de mer et quelques négociants dont les fortunes étaient colossales.

La guerre avait détruit sans retour le système maritime. Les ports de mer étaient ruinés. Aucune force humaine ne pouvait leur rendre ce que la Révolution avait anéanti. Il fallait donc donner une autre impulsion à l'esprit de trafic, pour rendre de la vie à l'industrie de la France. Il n'y avait pas d'autre moyen d'y parvenir que celui d'enlever aux Anglais le monopole de l'industrie manufacturière, pour faire de cette industrie la tendance générale de l'économie de l'État. Il fallait créer le système continental.

Il fallait ce système, et rien de moins; parce qu'il fallait donner une prime énorme aux fabriques, pour engager le commerce à mettre en dehors les avances qu'exige l'établissement de tout un ensemble de fabrication.

Le fait a prouvé en ma faveur : j'ai déplacé le siége de l'industrie, en lui faisant passer la mer. Elle a fait de si grands pas sur le continent, qu'elle n'a plus de concurrence à redouter. Si la France veut prospérer, qu'elle garde mon système en changeant son nom. Si elle veut déchoir, elle n'a qu'à recommencer des entreprises maritimes; car les Anglais les détruiront à la première guerre. J'ai été forcé de porter le système continental à l'extrême, parce qu'il avait pour but de faire non-seulement du bien à la France, mais du mal à l'Angleterre. Nous ne recevions les denrées coloniales que par son ministère, quel que fût le pavillon qu'elles empruntassent pour naviguer. Il fallait donc en recevoir le moins possible. Il n'y avait pas de meilleur moyen pour cela, que d'en élever le prix outre mesure. Le but politique était rempli; les finances de l'État en profitaient; mais j'ai désolé les bonnes femmes, et elles s'en sont vengées. L'expérience montrait chaque jour que le système continental était bon; car l'État prospérait, malgré le fardeau de la guerre. Les impôts étaient à jour, — le crédit au pair avec l'intérêt de l'argent. L'esprit d'amélioration se montrait dans l'agriculture comme dans les fabriques; on bâtissait les villages à neuf, comme les rues de Paris; les routes et les canaux facilitaient le mouvement intérieur ; on inventait, chaque semaine, quelque perfectionnement. Je faisais faire du sucre avec des navets, et de la soude avec du sel. Le développement des sciences marchait de front avec celui de l'industrie.

Il aurait donc été insensé de renoncer à un système au moment où il portait ses fruits. Il fallait l'affermir, pour donner d'autant plus de prise à l'émulation.

Cette nécessité a influé sur la politique de l'Europe, en ce qu'elle a fait à l'Angleterre une nécessité de poursuivre l'état de guerre. Dès ce moment aussi la guerre a pris en Angleterre un caractère plus sérieux. Il s'agissait pour elle de la fortune publique, c'est-à-dire de son existence. La guerre se popularisa ; les Anglais ne confièrent plus à des auxiliaires le soin de leur protection, ils s'en chargèrent eux-mêmes, et parurent en grosses masses sur le terrain. La lutte n'est devenue périlleuse que depuis lors. J'en reçus l'impression en signant le décret. Je soupçonnai qu'il n'y aurait plus de repos pour moi, et que ma vie se passerait à combattre des résistances que le public ne voyait plus, mais dont j'avais le secret, parce que je suis le seul que les apparences n'aient jamais trompé. Je me flattais, au fond du cœur, de rester maître de l'avenir au moyen de l'armée que j'avais faite; tant de succès l'avaient rendue invincible. Elle ne doutait jamais du succès; ses mouvements étaient faciles, parce que nous avions renoncé au système des camps et des magasins. On pouvait la transporter à l'instant sur toutes les directions; et partout elle arrivait avec la conscience de sa supériorité. Avec de tels soldats, quel est le général qui n'eût aimé la guerre? Je l'aimais, je l'avoue, et cependant je n'ai plus senti en moi, depuis l'affaire de Jéna, la plénitude de confiance ni le mépris de l'avenir auxquels j'avais dû mes premiers succès. Je me défiais de moi-même; cette défiance portait de l'incertitude dans mes décisions : mon humeur en était altérée, mon caractère abâtardi. Je me commandais; mais ce qui n'est pas naturel n'est jamais parfait.

Le système continental avait décidé les Anglais à nous faire la guerre à mort : le Nord était soumis, et contenu par mes garnisons; les Anglais n'y avaient plus de rapports que ceux de la contrebande; mais on leur avait livré le Portugal, et je savais que l'Espagne favorisait leur commerce à l'abri de sa neutralité.

Pour que ce système continental fût bon à quelque chose, il fallait qu'il fût complet. Je l'avais établi, à quelque chose près, dans le Nord; il fallait le faire respecter dans le Midi. Je demándai à l'Espagne un passage pour un corps d'armée que je voulais envoyer en Portugal. On me l'accorda. A l'approche de mes troupes, la cour de Lisbonne s'embarqua pour le Brésil, et et me livra son royaume. Il fallut établir, au travers de l'Espagne, une route militaire pour communiquer avec le Portugal. Cette route nous mit en rapport avec l'Espagne. Jusqu'alors je n'avais jamais songé à ce pays, à cause de sa nullité.

L'État politique de l'Espagne était alors inquiétant ; elle était gouvernée par le plus incapable de tous ses souverains ; brave et digne homme dont l'énergie se bornait à obéir à son favori. Ce favori, sans caractère et sans talent, n'avait lui-même d'autre énergie que celle de demander sans cesse des richesses et des dignités.

Le favori m'était resté dévoué, parce qu'il trouvait commode de gouverner sous l'ombre de mon alliance. Mais il avait mené si mal les affaires, que son crédit avait baissé en Espagne. Il ne pouvait plus s'y faire obéir. Son dévouement me devenait inutile.

Les opinions avaient marché en Espagne dans un sens inverse du reste de l'Europe. Le peuple, qui s'était élevé partout à la hauteur de la Révolution, y était resté fort au-dessous ; les lumières n'avaient pas percé jusqu'à la seconde couche de la nation. Elles s'étaient arrêtées à la surface, c'est-à-dire sur les hautes classes. Celles-ci sentaient l'abaissement de leur patrie, et rougissaient d'obéir à un gouvernement qui perdait leur pays. On les appelait les libéraux.

En sorte que les révolutionnaires étaient, en Espagne, ceux qui avaient à perdre à la Révolution ; et ceux qui devaient y gagner n'en voulaient pas entendre parler. Le même contre-sens a eu lieu également à Naples. Il m'a fait faire beaucoup de fautes, parce que je n'en avais pas eu la clef d'entrée.

La présence de mes troupes en Espagne y causa un événement ; chacun l'interpréta. Les têtes s'en occupèrent, la fermentation commença. J'en fus informé : les libéraux furent sensibles à l'humiliation de leur pays ; ils crurent prévenir sa ruine par une conjuration. Cette conjuration réussit ; elle se borna à faire abdiquer le vieux roi et à rouer de coups son favori. L'Espagne ne gagnait rien au fond à ce changement ; car le fils qu'on mettait sur le trône ne valait pas mieux que son père. Je sais à quoi m'en tenir à cet égard.

La conjuration eut à peine réussi, que les conjurés s'épouvantèrent de leur audace : ils eurent peur d'eux, de moi, et de tout le monde.

Les moines n'approuvaient pas la violence qu'on avait exercée contre leur vieux roi, parce qu'elle était illégitime. Je la désapprouvai également par un autre motif. L'épouvante se mit dans la nouvelle cour, la révolte dans le peuple, et l'anarchie dans l'État.

La force des choses avait amené ainsi un changement en Espagne, puisqu'une révolution venait d'y commencer dans le fait. Cette révolution ne pouvait pas être de la même nature que celle de la France, parce que les éléments en étaient différents. Jusqu'alors, elle n'avait eu aucune direction, parce qu'elle n'avait point eu de chef ni de parti pris d'avance. Ce n'était encore qu'une suspension d'autorité, une subversion de pouvoirs, un désordre : voilà tout.

On ne pouvait prévoir autre chose sur le sort de l'Espagne, si ce n'est qu'avec un peuple ignorant et farouche, cette révolution ne se terminerait pas sans des flots de sang et de longues calamités.

Que demandaient d'ailleurs les hommes qui voulaient un changement en Espagne? Ce n'était pas une révolution comme la nôtre; c'était un gouvernement capable, une autorité qui fût en état d'ôter la rouille qui couvrait leur pays, afin de lui rendre de la considération au dehors et de la civilisation au dedans.

Je pouvais leur donner l'un et l'autre, en m'emparant de leur révolution au point où ils l'avaient amenée. Il s'agissait de donner à l'Espagne une dynastie qui serait forte parce qu'elle serait neuve, et qui serait éclairée parce qu'elle serait dépourvue de préjugés. La mienne réunissait ces qualités : je songeai donc à lui donner ce trône de plus.

A cet égard, le plus difficile était fait : c'était de se débarrasser de l'ancienne dynastie. Or, les Espagnols avaient laissé abdiquer le vieux roi et ne voulaient pas reconnaître le nouveau. Tout semblait donc présager que l'Espagne, pour éviter l'anarchie, accepterait un souverain qui se présenterait armé d'un levier prodigieux. Elle serait entrée par là sans efforts dans le rayon du système impérial, et, quelque déplorable que fût l'état social de l'Espagne, il ne fallait pas dédaigner cette conquête.

Comme il faut voir de près les choses par soi-même pour s'en faire une idée, je partis pour Bayonne; où j'avais invité la vieille cour d'Espagne à se rendre. Comme elle n'avait rien de mieux à faire, elle y vint. J'avais invité également la nouvelle; et je m'attendais qu'elle ne viendrait pas, parce qu'elle avait beaucoup mieux à faire.

Je pensai que, pour ne pas le mettre en présence ni de moi ni de son père, on aurait fait prendre à Ferdinand ou le parti de la révolte, ou celui de gagner l'Amérique. Il ne prit ni l'un ni l'autre; il s'en vint à Bayonne avec son précepteur et ses confidents, et laissa l'Espagne au premier occupant.

Cette démarche seule me donna la mesure de cette cour. J'eus à peine conféré avec ces chefs de conjurés, que je vis l'ignorance où ils étaient de leur propre situation. Ils n'avaient de parti pris sur rien; ils ne prévoyaient rien; ils menaient leur politique comme des quinze-vingts. J'eus à peine vu le souverain qu'ils avaient mis sur le trône, que je fus convaincu qu'on ne devait pas laisser l'Espagne en de pareilles mains.

Je me décidai alors à recevoir l'abdication de cette famille, et à placer un de mes frères sur un trône que ses maîtres venaient d'abandonner. Ils en étaient descendus si facilement, que je crus qu'il y monterait de même.

Rien, en effet, ne semblait s'y opposer: la junte de Bayonne l'avait reconnu; aucun pouvoir légal n'était resté en Espagne, pour refuser ce changement de règne; le vieux roi s'était montré reconnaissant de ce que j'avais ôté le trône à son fils, et il était allé se reposer à Compiègne. Son fils

fut conduit au château de Valençay, où l'on avait
fait les préparatifs nécessaires.

Les Espagnols savaient à quoi s'en tenir avec
leur vieux roi : il ne laissa ni regrets ni souvenirs;
mais son fils était jeune, son règne en espérance;
il était malheureux, on en fit un héros : l'imagination se monta en sa faveur. Les libéraux criè-
rent à l'indépendance nationale, les moines à l'il-
légitimité : toute la nation s'est armée sous ces
deux bannières.

Je conviens que j'ai eu tort de mettre le jeune
roi en séquestre à Valençay; j'aurais dû le laisser
voir à tout le monde, afin de détromper ceux qui
s'intéressaient à lui.

J'ai eu tort, surtout, de ne pas lui permettre
de rester sur le trône. Les choses auraient été de
mal en pis en Espagne. Je me serais acquis le titre
de protecteur du vieux roi, en lui donnant un asile.
Le nouveau gouvernement n'aurait pas manqué
de se compromettre avec les Anglais. Je lui aurais
déclaré la guerre, tant en mon nom qu'en qualité
de fondé de pouvoirs du vieux roi. L'Espagne aurait confié à son armée le sort de cette guerre;
et, dès qu'elle aurait été battue, la nation se serait soumise au droit de conquête. Elle n'aurait
pas même songé à en murmurer, parce qu'en dis-

posant des pays conquis, on ne fait que suivre les usages reçus.

Si j'avais été plus patient, j'aurais suivi cette marche; mais je crus que, le résultat étant le même, les Espagnols accepteraient *à priori* un changement de dynastie que la position des affaires rendait inévitable. Je mis de la gaucherie dans cette entreprise, parce que je supprimai les gradations. Je venais de déplacer ainsi l'ancienne dynastie d'une manière offensante pour les Espagnols. Blessés dans leur orgueil, ils ne voulurent pas reconnaître celle que j'avais mise à sa place. Il en résulta qu'il n'y eut plus d'autorité nulle part, c'est-à-dire qu'elle se trouva partout. La nation en masse se crut chargée de la défense de l'État, puisqu'il n'y avait plus d'armée ou d'autorité auxquelles on pût confier cette défense. Chacun en prit la responsabilité. Je criai à l'anarchie; je trouvai contre moi toutes les ressources qu'elle donne : j'eus toute la nation sur les bras.

Cette nation, dont l'histoire n'a signalé que l'avarice et la férocité, était peu redoutable devant l'ennemi; elle fuyait à la vue de nos soldats, mais elle les assassinait par derrière. Ils en étaient révoltés : ils avaient les armes à la main, ils en usaient; de représailles en représailles, cette guerre est devenue une arène d'atrocités.

J'ai senti qu'elle imprimait un caractère de violence à mon règne, qu'elle était d'un exemple dangereux pour les peuples et funeste pour l'armée, parce qu'elle consommait beaucoup d'hommes et fatiguait le soldat. J'ai senti qu'elle avait été mal commencée; mais, une fois que cette guerre avait été entamée, il n'était plus possible de l'abandonner; car le plus petit revers enflait les ennemis, et remettait l'Europe en armes. J'ai été obligé d'être toujours victorieux.

Je ne tardai pas à en faire l'épreuve.

J'étais allé en Espagne, afin d'accélérer les événements et de reconnaître le terrain sur lequel j'allais laisser mon frère. J'avais occupé Madrid, et détruit l'armée anglaise qui venait à son secours. Mes succès étaient rapides, l'effroi à son comble; la résistance allait finir : il n'y avait pas un instant à perdre; on n'en perdit pas non plus. Le ministère anglais arma l'Autriche. Il a toujours été aussi actif à me trouver des ennemis, que je l'ai été à les battre.

Le projet de l'Autriche fut mené, pour cette fois, très adroitement. Il me surprit. Il faut rendre justice à ceux qui le méritent.

Mes armées étaient éparpillées à Naples, à Madrid, à Hambourg; j'étais moi-même en Espagne. Il était probable que les Autrichiens devaient,

22

en débutant, obtenir des succès ; ces succès pouvaient en amener d'autres : dans ce genre, c'est le premier pas qui coûte. Ils auraient pu tenter la Prusse et la Russie, retremper le courage des Espagnols, et rendre de la popularité au ministère anglais.

La cour de Vienne a une politique tenace, que les événements ne dérangent jamais. J'ai été longtemps à en deviner la cause. Je me suis aperçu enfin, mais trop tard, que cet état n'avait de si profondes racines, que parce que la bonhomie du gouvernement l'a laissé dégénérer en oligarchie. L'État n'est plus mené que par une centaine de nobles ; ils possèdent le territoire, et se sont emparés des finances, de la politique et de la guerre ; au moyen de quoi ils sont maîtres de tout, et n'ont laissé à la cour que la signature.

Or, les oligarchies ne changent jamais d'opinions, parce que leurs intérêts sont toujours les mêmes. Elles font mal tout ce qu'elles font, mais elles font toujours, parce qu'elles ne meurent jamais. Elles n'obtiennent jamais de succès, mais elles supportent admirablement les revers, parce qu'elles les supportent en société.

L'Autriche a dû quatre fois son salut à cette forme de gouvernement : elle décida de la guerre qu'on venait de me déclarer.

Je n'avais pas un moment à perdre. Je quittai brusquement l'Espagne et courus sur le Rhin. Je ramassai les premières troupes que je trouvai sous ma main. Le prince Eugène s'était déjà laissé battre en Italie; je lui envoyai des renforts. Les rois de Wurtemberg et de Bavière me prêtèrent leurs troupes; j'allai battre avec elles les Autrichiens à Ratisbonne, et je marchai sur Vienne.

Je suivis à marche forcée la rive droite du Danube. Je comptais sur le succès du vice-roi pour opérer notre jonction. Je voulais devancer les Autrichiens à Vienne, y passer le Danube, et me trouver en possession pour recevoir l'archiduc.

Ce plan était bien conçu; mais il était imprudent, parce que j'avais affaire à un habile homme, et que je n'avais pas assez de troupes; mais la fortune était alors pour moi.

L'archiduc fit en revanche une très belle marche: il devina mon projet et gagna les devants. Il se porta rapidement sur Vienne, par la rive gauche du Danube, et prit position en même temps que moi. C'est, à ma connaissance, la seule belle manœuvre que les Autrichiens aient jamais faite.

Mon plan de campagne était manqué. J'étais en présence d'une armée formidable. Elle dominait mes mouvements, et me forçait à l'inaction. Il n'y avait plus qu'une grande affaire qui pût terminer la guerre. L'archiduc m'avait réservé ce rôle. Il n'était pas facile à jouer, car il était en position de me recevoir.

Par un bonheur inespéré, l'archiduc Jean, au lieu de contenir à tout prix le vice-roi, se laissa battre. L'armée d'Italie se rejeta du côté du Danube. Nous eûmes pour nous toute la droite.

Mais comme nous ne voulions pas y rester toujours, il fallait en finir. Je fis jeter des ponts. L'armée s'ébranla. Le corps du maréchal Masséna déboucha le premier. Il commençait le feu, lorsqu'un accident rompit les ponts. Il était impossible de les réparer assez tôt pour le secourir. Il fut attaqué par toute l'armée ennemie. Cette troupe se défendit avec une valeur héroïque, car elle était sans espoir. Les munitions manquèrent ; ils allaient périr, lorsque les Autrichiens cessèrent leur feu, croyant qu'à chaque jour suffit sa peine. Ils reprirent position au moment décisif, et me tirèrent d'une cruelle angoisse.

Nous n'en avions pas moins éprouvé un revers. Je m'en aperçus par l'état de l'opinion. On publiait ma défaite, on annonçait ma retraite, on en donnait les détails, on prévoyait ma perte. Les Tyroliens s'étaient révoltés, il avait fallu y envoyer l'armée de Bavière. Des partis s'étaient formés en Prusse et en Westphalie, et couraient le pays pour exciter un soulèvement. Les Anglais tentaient une expédition contre Anvers, qui aurait réussi sans leur ineptie. Ma position empirait chaque jour.

Je parvins à jeter un nouveau pont sur le Danube. L'armée passa le fleuve par une nuit épouvantable. J'assistai à ce passage, parce qu'il me donnait de l'inquiétude. Il se fit à souhait. Nos colonnes eurent le temps de se former, et cette grande affaire s'ouvrit sous d'heureux auspices.

La bataille fut belle, parce qu'elle fut disputée. Les généraux ne firent cependant pas de grands efforts d'imagination, parce qu'ils commandaient de grosses masses, sur un terrain plat. Il fut longtemps défendu. L'intrépidité de nos troupes et une manœuvre hardie de Macdonald, décidèrent la journée.

Une fois rompue, l'armée autrichienne défila en désordre dans une longue plaine, où elle perdit beaucoup de monde. Je la suivis vivement, car il fallait décider la campagne. Battue en Moravie, il n'y eut d'autre parti à prendre que celui de me demander la paix. Je l'accordai pour la quatrième fois.

J'espérais qu'elle serait durable; parce qu'on se lasse d'être battu, comme de toute autre chose; et parce qu'un assez grand parti, dans Vienne, opinait en faveur d'une alliance finale avec l'empire.

Je souhaitais la paix, parce que je sentais le besoin d'accorder quelque relâche aux peuples. Car, au lieu de goûter les avantages de la Révolution, ils n'en avaient jusqu'à présent que les ravages. Nous n'étions plus des protecteurs pour eux, comme au commencement de la guerre; et, pour accoutumer l'opinion de l'Europe à la nature de mon pouvoir, il ne fallait pas toujours le montrer sous un aspect hostile.

Le parti ennemi assurait en revanche à la foule, qu'il ne s'armait que pour la délivrer du fléau de la guerre, et pour faire baisser les marchandises anglaises.

Ces insinuations faisaient des prosélytes. C'est pourquoi je désirais la paix; mais il fallait obtenir le consentement du ministère anglais; l'Autriche se chargea de la demander : on la refusa.

Ce refus m'inquiéta. Il fallait que l'Angleterre se connût des ressources dont je n'avais pas le secret. Je cherchai à les découvrir, mais en vain.

Au lieu de désarmer, je fus forcé de rester sur le pied de guerre, et de fatiguer l'Europe. J'en étais d'autant plus fâché, que les alliés avaient tout l'honneur de la lutte, si j'en avais les succès. Car ils avaient l'air innocent que donne la défense des choses qu'on appelle légitimes, parce qu'elles sont vieilles. J'avais en revanche l'air agresseur, parce que je me battais pour les détruire, et pour faire du neuf. Je portais ainsi seul le poids de l'accusation. Et cependant la guerre de la Révolution n'a été que le résultat de la position de l'Europe. C'était la crise qui changeait ses mœurs. C'était la conséquence inévitable du passage d'un système social à un autre. Si j'avais été l'inventeur de ce système, j'aurais été coupable des maux qu'il a faits. Mais il n'a été inventé par personne. Il n'a été produit que par la marche du temps. Elle a préparé sourdement cette Révolution, comme elle avait amené celle du protestantisme, avec les malheurs qui l'ont suivie. La guerre n'a pas dépendu davantage de moi, que des alliés. Elle a dépendu de la manière dont la création a fait le genre humain.

L'Angleterre continua la guerre sans auxiliaires, mais non sans alliés; car elle avait pour tels tous les ennemis de la Révolution. Nous avions du terrain en Espagne pour nous battre. J'y renvoyai mes troupes, mais je n'y retournai pas moi-même. J'ai eu tort, parce qu'il n'y a que soi qui fasse bien ses affaires. Mais j'étais fatigué de ce tracas, et je méditais dès lors un projet qui devait donner à mon règne un nouveau caractère.

On me suscita auparavant un autre embarras, dont je n'avais pas eu l'appréhension. Le Nord était occupé par mes troupes. Les Anglais n'étaient pas assez forts pour m'attaquer sur ce point. C'était dans la Méditerranée que leur marine leur assurait de la supériorité. Ils y possédaient Malte, et jouissaient de la Sicile, des côtes d'Espagne, d'Afrique et de la Grèce. Ils voulurent profiter de tant d'avantages.

Ils essayèrent d'exciter un mouvement de réaction en Italie, pour en faire une seconde Espagne, si la chose était faisable. Il y avait des mécontents partout; car je n'avais pas pu placer tout le monde dans les droits-réunis. Il y en avait en Italie comme ailleurs. Le clergé ne m'aimait pas, parce que mon règne avait détruit le sien. Les dévots me détestaient à son exemple. Le bas peuple partageait ces sentiments, parce que le clergé l'influençait encore en Italie. Le quartier-général de cette opposition était établi à Rome, comme la seule ville d'Italie où elle espérait se dérober à ma surveillance. Elle communiquait de là avec les Anglais; elle provoquait la révolte; elle m'insultait dans des écrits clandestins; elle répandait de faux bruits; elle recrutait pour les Anglais; elle soudoyait les bandits du cardinal Ruffa, pour assassiner les Français; elle essayait

de faire sauter le palais du ministre de la police
à Naples. Il devenait manifeste que les Anglais
avaient un plan sur l'Italie, et qu'ils y fomentaient des troubles.

Je ne devais pas le permettre : je ne devais pas
souffrir qu'on insultât et qu'on assassinât les
Français. Je me contentai d'en faire, à diverses
reprises, des plaintes au Saint-Siége. J'en recevais
des réponses obligeantes, pour m'engager à prendre mon mal en patience. Comme je n'ai jamais
été patient de mon naturel, je vis qu'il y avait
une mauvaise volonté décidée contre nous, et
qu'il fallait prendre les devants pour en prévenir
l'explosion. Je fis occuper Rome par mes troupes.

Au lieu d'arrêter l'effervescence, cette mesure,
un peu violente, irrita les esprits. Elle maintint
le repos de l'Italie, et déjoua les plans de lord
Bentinck ; mais la caste des dévots fit secrètement
contre moi tout ce que la haine et l'esprit de l'É-
glise peuvent suggérer.

Ce foyer de troubles avait des ramifications en
France et en Suisse. Le clergé, les mécontents, les
partisans de l'ancien régime (car il y en avait encore), s'étaient réunis pour intriguer contre mon
autorité et me faire le plus de mal qu'ils pourraient. Ils ne se présentaient plus comme des conjurés : ils avaient emprunté les bannières de l'É-

glise, et se battaient avec des foudres et non pas avec du canon. Ils avaient leur mot d'ordre et de ralliement. C'était une maçonnerie orthodoxe que je ne pouvais atteindre nulle part, parce qu'elle était partout.

Il était d'ailleurs difficile d'attaquer ces gens en détail, parce que ç'aurait été une persécution ; or, c'est le métier des faibles et non des forts. Je crus pouvoir dissiper ce parti en l'effrayant par un grand coup d'autorité. Je voulus lui montrer ma résolution, pour lui faire comprendre que je voulais maintenir le respect de l'ordre et de l'autorité, et que rien ne me coûtait pour y parvenir.

Je savais que je ne pouvais pas atteindre plus sûrement ce parti qu'en le séparant du chef de l'Église. J'attendis longtemps avant de prendre cette résolution ; mais plus je tardai, plus il devenait nécessaire de me décider. Je me répétai que Charles-Quint, qui était plus dévot et moins puissant que moi, avait osé faire un pape prisonnier. Il ne s'en était pas mal trouvé, et je crus pouvoir tenter la même chose. Le pape fut enlevé de Rome et conduit à Savone. Rome fut réuni à la France.

Cet acte politique a suffi pour déjouer les projets de l'ennemi. L'Italie est restée calme et dévouée jusqu'au jour où l'empire a fini ; mais la guerre de l'Église se poursuivit avec le même acharnement. Le zèle des dévots se ralluma. C'était une action sourde, mais venimeuse, contre moi. Quelque soin que j'aie pris, les dévots sont parvenus à communiquer avec Savone et à recevoir leurs instructions. Les trappistes de Fribourg faisaient aller cette correspondance; elle s'imprimait chez eux, et circulait de curés en curés dans tout l'empire. Il fallut transférer le Saint-Père à Fontainebleau, et chasser les trappistes, pour arrêter ces communications; et je crois que je n'y suis pas parvenu.

Cette petite guerre a été d'un mauvais effet, parce que je n'ai pu lui ôter le caractère de persécution. Il fallait sévir forcément contre des gens désarmés, et j'en faisais malgré moi des victimes. Ces malheureuses affaires de l'Église m'ont fait jusqu'à cinq cents prisonniers d'État; la politique n'en a pas donné cinquante. J'ai eu tort dans toute cette affaire : j'étais assez fort pour laisser courir les faibles, et j'ai fait beaucoup de mal, parce que j'ai voulu le prévenir.

Un grand projet occupait l'État; il me paraissait de nature à consolider mon règne, en me plaçant vis-à-vis de l'Europe dans un nouveau rapport. J'en attendais de grands résultats.

Mon pouvoir n'était plus contesté : il ne manquait que le caractère de perpétuité qu'il ne pour-

.rait recevoir tant que je n'aurais point d'héritier.
Ma mort pouvait être, sans cela, un moment dangereux pour ma dynastie ; car, pour être entière, il ne faut pas qu'une autorité ait des époques marquées d'avance.

Je comprenais la nécessité de me séparer d'une femme dont je ne pouvais plus attendre de postérité : j'y répugnais par la douleur de quitter la personne que j'ai le plus aimée. Je fus longtemps avant de m'y résoudre ; mais elle s'y résigna d'elle-même, avec le dévouement qu'elle a toujours eu pour moi. J'acceptai son sacrifice, parce qu'il était indispensable. La politique la plus simple m'indiquait l'alliance de la maison d'Autriche. La cour de Vienne était fatiguée de ses revers. En s'unissant sans retour avec moi, elle mettait sa sécurité sous ma garantie. Par cette alliance, elle devenait complice de ma grandeur ; et j'avais dès lors autant d'intérêt à la protéger, que j'en avais eu à la battre. Par cette alliance, nous formions la masse de puissance la plus formidable qui ait existé ; nous dépassions l'empire romain. Cette alliance se contracta.

Il ne resta plus sur le continent, en dehors de notre masse, que la Russie et les débris de la Prusse ; le reste nous obéissait. Une si grande prépondérance devait porter le découragement chez nos ennemis ; et j'ai pu croire, sans trop de prévention, que j'avais fini mon œuvre, et que j'avais placé mon trône à l'abri des tempêtes.

Mon calcul était juste, mais les passions ne calculent pas. L'apparence était cependant en ma faveur. Le continent était tranquille, et s'accoutumait à me voir régner. Il me le témoignait du moins par ses génuflexions. Elles étaient si profondes qu'un plus habile y aurait été trompé comme moi. Le respect qu'on portait au sang de la maison d'Autriche légitimait mon règne aux yeux des souverains. Ma dynastie prenait rang dans l'Europe, et je sentais qu'on ne disputait plus le trône au fils à qui l'Impératrice venait de donner le jour.

Il n'y avait plus de trouble qu'en Espagne, où les Anglais avaient porté de grandes forces. Mais cette guérre ne me donnait pas d'inquiétude ; parce que j'étais résolu d'être plus tenace encore que les Espagnols, et qu'avec du temps on vient à bout de tout.

L'empire était assez fort pour soutenir cette guerre sans en être offensé ; elle n'empêchait ni les embellissements dont je décorais la France, ni les entreprises utiles qu'elle réclamait. L'administration s'améliorait ; j'organisais les institutions qui devaient assurer les forces de l'empire, en relevant une génération pour devenir son appui.

L'obligation de maintenir le système continental amenait seule des difficultés avec les gouvernements, dont le littoral facilitait la contrebande. Entre ces États, la Russie se trouvait dans une situation embarrassante : sa civilisation n'était pas assez avancée pour lui permettre de se passer des produits de l'Angleterre; j'avais exigé cependant qu'ils fussent prohibés : c'était une absurdité, mais elle était indispensable pour compléter le système prohibitif. La contrebande se faisait; je l'avais prévu, parce que le gouvernement russe surveille mal son pays; mais comme on passe moins facilement par les portes fermées que par les portes ouvertes, la contrebande amène toujours beaucoup moins de marchandises que la libre entrée. Je remplissais ainsi les deux tiers de mon but; cependant je ne m'en plaignis pas moins : on se justifia; on recommença; nous nous irritions. Cette manière d'être ne pouvait pas durer.

Nous devions en effet nous froisser avec la Russie, depuis l'alliance que j'avais contractée avec l'Autriche. La Russie devait savoir que notre union politique ne pouvait plus avoir d'autre ennemi qu'elle-même, attendu que nous étions maître de tout le reste. Il fallait donc qu'elle se résignât à une complaisante nullité; ou qu'elle essayât de nous tenir tête, et de maintenir son rang. Elle était trop forte pour consentir à n'être rien. Elle était aussi trop faible pour nous résister; mais dans cette alternative il valait mieux mettre de la fierté dans cette attitude, que de se reconnaître d'avance comme vaincu; car ce dernier parti est toujours le plus mauvais. La Russie se décida pour le premier.

D'après cela, je rencontrai inopinément de la hauteur dans mes rapports avec Pétersbourg. On me refusa de confisquer les contrebandes. On se plaignit de l'occupation du pays d'Oldenbourg. Je répondis sur le même ton. Il était clair que nous allions nous brouiller; car nous n'étions endurants ni l'un ni l'autre, et nous étions de force à nous mesurer.

J'avais une grande confiance dans l'issue de cette guerre, parce que j'avais conçu un plan au moyen duquel j'espérais terminer, pour toujours, la grande lutte dans laquelle j'avais consumé ma vie. Il me semblait, d'ailleurs, que, parvenu au point où nous en étions de notre histoire, les souverains de l'Europe ne devaient point prendre de part directe à ce dernier conflit; car nos intérêts étaient devenus les mêmes. La politique des princes devait pencher maintenant en ma faveur; parce que mon métier n'était plus d'ébranler les trônes, mais de les raffermir. J'avais rendu de nouveau le royaume formidable. En cela j'avais travaillé pour eux. Ils étaient sûrs de régner par mon alliance, également à l'abri de la guerre et des révolutions.

Cette politique était si grosse, que je crus les souverains assez clairvoyants pour l'apercevoir. Je ne me défiai pas d'eux. Qui aurait pu deviner, en effet, que, séduits par la haine qu'ils avaien pour moi, ils abandonneraient le parti du trône, et remettraient eux-mêmes la révolution dars leurs États, pour en être tôt ou tard les victimes?

J'avais calculé que la Russie était d'un trop gros volume pour qu'elle pût jamais entrer dans le système européen que je venais de refaire, et dont la France était le centre. Il fallait donc la remettre en dehors de l'Europe, pour qu'elle ne gâtât pas l'unité de ce système. Il fallait donner à cette nouvelle démarcation politique des frontières assez solides pour résister au poids de toute la Russie. Il fallait remettre de force cet État dans la place qu'il occupait il y a cent ans.

Il n'y avait que la masse de mon empire qui fût assez vigoureuse pour tenter un pareil acte de violence politique. Mais je crois qu'il était possible, et je crois qu'il était l'unique moyen de mettre le monde à l'abri des Cosaques.

Pour faire réussir ce plan, il fallait refaire la Pologne surétoffée, et battre les Russes, pour leur faire accepter les frontières qu'on allait tracer à la pointe de l'épée. La Russie aurait pu signer sans honte la paix qui devait établir ces frontières, parce qu'elle n'aurait rien eu d'outrageant pour elle. C'était un aveu de sa force, un signe de crainte de notre part.

Placée ainsi, par mes précautions, hors du rayon de l'économie européenne; séparée de cette économie par trois cent mille gardiens, la Russie aurait renoué avec l'Angleterre; elle aurait conservé son indépendance politique et sa manière d'être dans leur intégrité, parce qu'elle nous aurait été aussi étrangère que le royaume du Thibet.

Il n'y avait de raisonnable que ce plan. On en regrettera tôt ou tard la ruine; car l'Europe, rangée par un consentement mutuel, sous un système unique refondu sur le modèle que demandait la disposition du siècle, aurait offert le plus grand spectacle que l'histoire ait décrit. Mais trop de préventions obstruaient les yeux des souverains, pour qu'ils pussent voir le danger là où il était. Ils crurent le voir là où étaient les secours.

Je partis pour Dresde. Cette guerre allait décider sans retour la question qui se débattait depuis vingt ans, puisque cette guerre devait être la dernière : car au delà de la Russie, le monde finit. Nos ennemis n'avaient plus qu'un moment : c'est pourquoi ils tentèrent leur dernier effort. La cour d'Autriche commença par déranger mes plans sur la Pologne, en refusant de rendre ce qu'elle avait pris. Je crus être tenu à des égards pour elle, et cette seule faiblesse a perdu mes affaires : car, du moment que j'avais cédé sur ce point, il me fut impossible d'aborder franchement la question de l'indépendance polonaise. Je fus obligé de morceler ce pays, sur lequel devait reposer la sécurité de l'Europe. Je donnai, par ma faiblesse, du mécontentement, et surtout de la défiance aux Polonais : car ils virent que je les sacrifiais à mes convenances. Je sentis ma faute, et j'en eus honte. Je ne voulus plus aller à Varsovie ; je n'y avais plus rien à faire pour le moment. Je n'avais plus d'autre parti à prendre que celui de confier aux victoires à venir le sort de cette nation.

Je savais que la témérité réussit souvent : je pensai qu'il me serait possible de faire en une seule campagne ce que j'avais compté faire en deux. Cette promptitude me plaisait, car je commençais à avoir de l'inquiétude dans le caractère. J'étais à la tête d'une armée qui ne connaissait plus d'autres sentiments que celui de la gloire, et plus d'autre patrie que les champs de bataille. Au lieu d'assurer mon terrain, et d'avancer à coup sûr, je traversai la Pologne et passai le Niémen. Je battis les armées qu'on m'opposa, je marchai sans relâche, et j'entrai dans Moscow.

Ce fut le terme de mes succès, et ç'aurait dû être celui de ma vie.

Maître d'une capitale que les Russes m'avaient remise en cendres, j'aurais dû croire que cet empire s'avouerait vaincu, et qu'il accepterait les belles conditions de la paix que je lui fis proposer. Mais ce fut alors que la fortune abandonna notre cause. L'Angleterre conçut un traité entre la Russie et la Porte, qui rendit l'armée russe disponible. Un Français, tombé par hasard sur le trône de Suède, trahit les intérêts de sa patrie; et s'allia avec ses ennemis, dans l'espoir de troquer la Finlande contre la Norwége.

Il traça lui-même le plan de défense de la Russie, et l'Angleterre empêcha qu'elle n'acceptât la paix. Dès que j'en fus certain, j'ordonnai la retraite. Les éléments la rendirent sévère. Les Français s'y acquirent de l'honneur, par la fermeté avec laquelle ils supportèrent ces revers. Leur courage ne les a jamais quittés qu'avec la vie.

Ébranlé moi-même par la vue de ce désastre,

j'ai eu besoin de me rappeler qu'un souverain ne doit jamais ni plier ni s'attendrir.

L'Europe était encore plus étonnée de mes revers qu'elle ne l'avait été de mes succès. Mais je ne devais pas me méprendre à sa stupeur; je venais de perdre la moitié de cette armée qui avait fait sa terreur; on pouvait espérer d'en vaincre les restes, car la proportion des forces était changée; je devais donc prévoir que, le premier étonnement passé, j'allais retrouver contre moi l'éternelle coalition dont j'entendais déjà les cris de joie.

C'est un mauvais moment pour faire la paix, que celui d'une défaite. Cependant l'Autriche, qui se consolait de me voir baisser (puisque sa part dans notre alliance en devenait meilleure), l'Autriche voulut proposer la paix. Elle offrit sa médiation, mais on n'en voulut pas : elle avait tué son crédit.

Il fallait donc vaincre de nouveau, et je fus sûr de mon fait lorsque je vis la France partager mon opinion. Jamais l'histoire n'a montré un grand peuple sous un plus beau jour. Affligé de ses pertes, il ne songea qu'à les réparer; en trois mois il en vint à bout. Ce seul fait répond aux clabauderies de ces hommes qui ne savent triompher que par les désastres de leur patrie.

La France me doit peut-être en partie l'attitude qu'elle conserva dans le malheur : et s'il y a eu dans ma carrière un moment qui mérite l'estime de la postérité, ce doit être celui-là, car il me fut pénible à soutenir.

Je reparus ainsi, à l'ouverture de la campagne, aussi formidable que jamais. L'ennemi fut surpris de revoir si tôt nos aigles : l'armée que je commandais était plus belliqueuse qu'aguerrie; mais elle portait l'héritage d'une longue gloire, et je la menai à l'ennemi avec confiance. J'avais une grande tâche à remplir : il fallait refaire notre crédit militaire, et reprendre sous œuvre la lutte qui avait été près de se terminer Je tenais encore l'Italie, la Hollande et la plupart des places de l'Allemagne. Je n'avais perdu que peu de terrain; mais l'Angleterre doublait ses efforts; la Prusse nous faisait la guerre par insurrection; les princes de la Confédération se tenaient prêts à marcher au secours du plus fort, et, comme je l'étais encore, ils suivaient mes drapeaux, mais mollement. L'Autriche tâchait de garder la dignité des neutres, tandis qu'on courait l'Allemagne avec des brandons, pour ameuter les peuples contre nous. Tout mon système était ébranlé.

Le sort du monde appartenait au hasard, car il n'y avait de plan arrêté nulle part; il dépendait d'une bataille. La Russie devait décider la question, parce qu'elle se battait avec de grandes forces et de bonne foi.

J'attaquai l'armée prusso-russe, et je la battis trois fois.

Comme ce succès dérangeait les plans des favoris de l'Angleterre, on fit semblant d'abandonner tous ces projets hostiles, et l'on chargea l'Autriche de me proposer la paix.

Les conditions en étaient supportables en apparence, et beaucoup d'autres à ma place les auraient acceptées; car on ne demandait que la restitution des provinces illyriennes et des villes anséatiques; la nomination de souverains indépendants dans les royaumes d'Italie et de Hollande, la retraite de l'Espagne et le retour du pape à Rome. On devait me demander en outre de renoncer à la confédération du Rhin et à la médiation de la Suisse; mais on avait ordre de céder sur ces deux articles.

J'étais donc bien baissé dans l'opinion, puisqu'après trois victoires, on osait m'offrir d'abandonner des États que les alliés n'osaient pas même menacer encore.

Si j'avais consenti à la paix, l'empire aurait déchu plus vite qu'il ne s'était élevé. Il restait, par ce traité, encore puissant sur la carte; mais il n'était plus rien dans le fait. L'Autriche, en s'élevant au rôle de médiateur, rompait notre alliance et s'unissait à l'ennemi. En restituant les villes anséatiques, j'apprenais que je pouvais rendre, et tout le monde aurait voulu ravoir son indépendance ; je mettais l'insurrection dans tous les pays réunis. En abandonnant l'Espagne, j'encourageais toutes les résistances ; en déposant la couronne de fer, je mettais en compromis celle de l'empire. Les chances de la paix m'étaient toutes funestes, celles de la guerre pouvaient me sauver.

Il faut le dire : de plus grands succès et de trop grands revers avaient marqué mon histoire, pour qu'il me fût possible alors de remettre la partie à un autre jour. Il fallait que la grande révolution du dix-neuvième siècle s'élevât sans retour, ou qu'elle s'étouffât sous un monceau de morts. Le monde entier était en présence pour décider cette question. Si j'avais signé la paix à Dresde, je l'aurais laissée indécise, et il aurait fallu la reprendre plus tard. Il aurait fallu recommencer cette longue carrière de succès que j'avais déjà parcourue. Il aurait fallu la recommencer lorsque je n'étais plus jeune, avec un empire fatigué, auquel j'avais promis la paix, et qui m'aurait blâmé de ne l'avoir pas acceptée.

Il valait donc mieux profiter d'un moment unique, où la destinée du monde ne tenait plus qu'à une seule bataille; car on me l'aurait abandonnée si je l'avais gagnée.

Je refusai la paix. Comme chacun voit par ses yeux, l'Autriche ne vit que mon imprudence, et crut le moment favorable pour se ranger avec mes ennemis. Je ne fus cependant convaincu de cette défection qu'au dernier moment, mais j'étais en mesure de la soutenir. Mon plan de campagne était fait. Il aurait produit un résultat décisif.

L'inconvénient des grandes armées, c'est que le général ne peut pas être partout. Mes manœuvres étaient, je crois, les meilleures que j'aie combinées; mais le général Vandamme quitta sa position et se fit prendre; croyant se faire maréchal de l'empire, Macdonald manqua de se noyer dans des débordements; le maréchal Ney se laissa franchement battre : mon plan fut renversé en quelques heures.

J'étais battu; j'ordonnai la retraite; j'étais encore assez fort pour reprendre l'offensive, en changeant de terrain. Je ne voulus pas perdre l'avantage des places que j'occupais, puisqu'avec une seule victoire, je me retrouvais maître du Nord jusqu'à Dantzick. Je renforçai, au contraire, mes garnisons, en leur ordonnant de tenir jusqu'à l'extrémité. En cela elles ont exécuté mes ordres.

Je me retirais lentement avec une masse imposante; mais je me retirais, et les ennemis me suivaient en se grossissant : car rien n'augmente les bataillons comme les succès. Toute l'inimitié que le temps avait amassée se soulevait à la fois. Les Allemands voulaient se venger des maux de la guerre : le moment était propice; j'étais battu. Comme je l'avais prévu, les ennemis sortaient de terre. Je les attendis à Leipsick, dans ces mêmes plaines où ils avaient été battus peu auparavant.

Notre position n'était pas bonne , parce que nous étions attaqués en demi-cercle. La victoire même ne pouvait avoir de grands résultats pour nous. Nous eûmes, en effet, l'avantage le premier jour, mais sans pouvoir reprendre l'offensive. C'était donc une bataille nulle, et il fallut recommencer. L'armée se battait bien malgré sa lassitude; mais alors, par un acte que la postérité désignera comme elle voudra, les alliés qui se battaient dans nos rangs tournèrent inopinément leurs armes contre nous, et nous fûmes vaincus.

Nous reprîmes le chemin de la France; mais une si grande retraite ne put se faire sans désordre. L'épuisement, la faim firent périr beaucoup de monde. Les Bavarois, après avoir déserté nos drapeaux, voulurent nous empêcher de revenir en France. Les Français passèrent sur leurs cadavres et rentrèrent à Mayenne. Cette retraite coûta autant de monde que celle de Russie.

Nos pertes étaient si grandes, que j'en fus moi-même consterné. La nation en fut abattue. Si les ennemis avaient poursuivi leur marche, ils seraient rentrés avec notre arrière-garde dans Paris; mais l'aspect de la France les intimida : ils regardèrent longtemps nos frontières avant d'oser les franchir.

Il ne s'agissait plus alors de la gloire, mais de l'honneur de la France : c'est pourquoi je comptais sur les Français. Mais je n'étais plus heureux; je fus mal servi. Je n'en accuse pas ce peuple, toujours prêt à verser son sang pour sa patrie. Je n'en accuse pas la trahison; car il est plus difficile de trahir qu'on ne croit. Je n'en accuse que ce découragement, fruit ordinaire du malheur. Je n'en fus pas exempt moi-même. L'homme découragé reste indécis, parce qu'il ne voit devant lui que de mauvais partis : et ce qu'il y a de pire dans les affaires, c'est l'indécision.

J'aurais dû me défier davantage de cet abâtardissement général et pourvoir à tout par moi-même. Mais je me confiai à un ministère épouvanté, où tout s'exécutait mal. Les places fortes n'étaient ni réparées ni munies, parce qu'elles n'avaient pas été menacées depuis vingt ans. Le zèle des paysans y pourvut ; mais la plupart des commandants étaient de vieux infirmes, qu'on avait mis là pour se reposer : la plupart de mes préfets étaient timides, et ne songèrent qu'à emballer, au lieu de se défendre. J'aurais dû les changer à temps, pour n'avoir en première ligne que des hommes intrépides : si tant est qu'on en trouve dans ceux qui ont à perdre.

Rien n'était encore prêt pour notre défense, lorsque les Suisses livrèrent aux alliés le passage du Rhin. Malgré leurs victoires, les ennemis n'avaient pas osé l'aborder de front, et ne s'avancèrent qu'à pas de loup. Ils étaient effrayés de marcher sans obstacle sur cette terre qu'ils croyaient hérissée de baïonnettes. Ils ne rencontrèrent nos avant-postes qu'à Langres. Alors commença cette campagne trop connue pour que je la répète, mais qui laissera un nom immortel à cette poignée de braves, qui ne désespérèrent pas du salut de la France. Ils me rendirent de la confiance, et je crus à trois reprises que rien n'était impossible avec de tels soldats.

J'avais encore une armée en Italie, et de fortes garnisons dans le Nord. Mais je n'avais pas le temps de les faire venir à mon secours. Il fallait vaincre sur place. Le sort de l'Europe était con-

centré sur moi seul. Il n'y avait d'important que
le point où j'étais.

Les alliés m'offraient la paix, tant ils se défiaient de leurs succès. Après l'avoir refusée à
Dresde, je ne pouvais pas l'accepter à Châtillon.
Pour faire la paix, il fallait sauver la France et
replanter nos aigles sur le Rhin.

Après une telle épreuve, nos armes auraient été
réputées invincibles. Nos ennemis auraient trem-
blé devant cette fatalité qui me donnait la victoire. Maître encore du Midi et du Nord par mes
garnisons, une seule bataille me rendait mon ascendant. J'aurais eu la gloire des revers comme
celle des victoires.

Ce résultat était prêt; mes manœuvres avaient
réussi. L'ennemi était tourné : il perdait la tête.
Une émeute générale allait en finir. Il ne fallait
plus qu'un moment. Mais ma perte était décidée.
Un courrier que j'avais imprudemment adressé
à l'Impératrice, tomba dans les mains des alliés.
Il leur fit voir qu'ils étaient perdus. Un Corse, qui
se trouvait dans leur conseil, leur apprit que la
prudence était plus dangereuse que l'audace. Ils
prirent le seul parti que je n'avais pas prévu,
parce que c'était le seul bon. Ils gagnèrent l'a-
vance et marchèrent sur Paris.

On avait promis de leur en faciliter l'entrée;

mais cette promesse aurait été illusoire, si j'avais remis la défense de Paris en de meilleures mains. Je m'étais confié à l'honneur de la nation, et j'avais laissé follement en liberté ceux que je connaissais pour en être dépourvus. J'arrivai trop tard à son secours ; et cette ville, qui n'a su défendre ni ses souverains ni ses murailles, avait ouvert ses portes à l'étranger.

J'ai accusé le général Marmont de m'avoir trahi. Je lui rends justice aujourd'hui. Aucun soldat n'a trahi la foi qu'il devait à son pays. C'est dans une autre classe qu'on a trouvé des lâches. Mais je ne fus pas maître d'un premier mouvement de douleur en voyant la capitulation de Paris signée par un ancien frère d'armes.

La cause de la Révolution était perdue, puisque j'étais vaincu. Ce n'étaient ni les royalistes, ni les poltrons, ni les mécontents qui m'avaient renversé : c'étaient les armées ennemies. Les alliés étaient maîtres du monde, puisque je ne leur disputais plus cet empire.

J'étais à Fontainebleau, entouré d'une troupe fidèle, mais peu nombreuse. J'aurais pu tenter encore avec elle le sort des combats, car elle était capable d'actions héroïques. Mais la France aurait payé trop cher le plaisir de cette vengeance. Elle aurait eu le droit de m'accuser de ses maux.

Je veux qu'elle ne m'accuse que de la gloire où j'ai porté son nom. Je me résignai.

On vint me proposer des abdications. Pour ma part, je trouvai que c'était une momerie. J'avais abdiqué le jour où j'avais été battu. Mais cette formule pouvait servir un jour à mon fils. Je n'hésitai pas à la signer.

Un parti nombreux aurait souhaité que cet enfant montât sur le trône pour conserver la Révolution avec ma dynastie. Mais la chose était impossible. Les alliés n'avaient pas même de choix ; ils étaient obligés de rappeler les Bourbons. Chacun s'est vanté d'avoir opéré leur retour. Ce retour était forcé. Il était la conséquence immédiate des principes pour lesquels on se battait depuis vingt ans. En prenant la couronne, j'avais mis les trônes à l'abri des peuples. En la rendant aux Bourbons, on la mettait à l'abri des soldats heureux. C'était donc la seule manière d'éteindre sans retour le feu révolutionnaire. L'appel de tout autre souverain sur le trône de France n'aurait été autre chose qu'une sanction solennelle de la Révolution, c'est-à-dire un acte insensé dans l'intérêt des souverains.

Je dirai plus ; le retour des Bourbons était un bonheur pour la France. Il la sauvait de l'anarchie, et lui promettait le repos, parce qu'il lui assurait la paix. Elle était forcée entre les alliés et les Bourbons, parce qu'ils se servaient mutuellement de garantie. La France n'était pas complice de cette paix, parce qu'elle ne se traitait pas en sa faveur, mais pour le profit de la famille qu'il convenait aux alliés de remettre sur le trône. C'était un traité où l'on voulait faire bonne part à tout le monde. C'était donc la meilleure manière dont la France pût se tirer de la plus grande défaite qu'une nation guerrière ait jamais éprouvée.

J'étais prisonnier. Je m'attendais à être traité comme tel. Mais, soit par cette sorte de respect qu'inspire un vieux guerrier, soit par l'esprit de générosité qui a présidé à cette révolution, on me proposa de choisir un asile. Les alliés me cédèrent une île et un titre qu'ils regardèrent comme aussi vains l'un que l'autre. Ils me permirent (et en cela, leur générosité fut pleine de noblesse), ils me permirent d'amener avec moi un petit nombre de ces vieux soldats avec lesquels j'avais couru tant de fortunes. Ils me permirent d'amener avec moi quelques-uns de ces hommes que le malheur ne décourage pas.

Séparé de ma femme et de mon fils, contre toutes les lois divines et humaines, je me retirai dans l'île d'Elbe, sans aucune espèce de projet pour l'avenir. Je n'étais plus qu'un des spectateurs du siècle. Mais je savais mieux que personne en quelles mains l'Europe allait tomber. Je savais d'après cela qu'elle serait menée par le hasard. Les chances de ce hasard pouvaient me mettre en jeu. Cependant l'impuissance d'y contribuer m'empêchait de former un plan, et je vivais comme étranger à l'histoire. Mais la marche des événements se précipita plus que je ne le croyais, et je fus surpris par eux dans ma retraite.

Je recevais les journaux : ils m'apprenaient le gros des affaires. Je tâchai d'en saisir l'esprit à travers leurs mensonges.

Il me parut évident que le roi avait connu le secret de notre siècle. Il avait su que la majorité de la France voulait la Révolution. Il savait, par vingt-cinq ans d'expérience, que son parti était trop faible pour résister à cette majorité. Il savait que la majorité finit par faire la loi. Il fallait donc pour régner qu'il régnât avec la majorité, c'est-à-dire avec la Révolution. Mais pour n'être pas révolutionnaire lui-même, il fallait que le roi refît la Révolution comme à neuf, en vertu du droit divin qui lui était départi.

Cette idée était ingénieuse ; elle rendit les Bourbons révolutionnaires, en sûreté de conscience, et rendait les révolutionnaires royalistes,

en maintenant leurs intérêts et leurs opinions.
Il ne devait donc plus y avoir qu'un cœur et
qu'une âme dans toute la nation. C'est ce qu'on
répétait, mais ce qui n'était pas vrai.

Il y avait cependant tant de bonheur dans cette
combinaison, que la France, sous ce régime, aurait été florissante en peu d'années. Le roi avait
résolu, en un trait de plume, le problème pour
lequel j'avais combattu pendant vingt ans, puisqu'il établissait la nouvelle économie politique
en France, et la faisait reconnaître, sans contes-
tation, de toute l'Europe. Il ne lui fallait, pour
réussir, que de savoir être maître chez lui.

Pour opérer ce grand œuvre, le roi avait donné
une charte jetée sur le moule où l'on fait toutes
les chartes. Elle était excellente, parce qu'elles le
sont toutes quand on les fait marcher. Mais comme
les chartes ne sont que des feuilles de papier, elles
n'ont de valeur que par l'autorité qui se charge
de les défendre. Or, cette autorité ne se plaça
nulle part. Au lieu de se réunir dans les seules
mains qui en étaient responsables, le roi la laissa
s'éparpiller dans tout le parti qui portait son nom.
Au lieu d'être l'unique chef de l'État, il se laissa
constituer en chef de parti. Tout prit en France
une couleur factieuse. L'anarchie s'y mit.

Dès lors il n'y eut plus que de l'inconséquence

et de la contradiction dans le système de la cour. Les mots n'allaient jamais aux choses, parce qu'on voulait au fond du cœur autre chose que ce qui était.

Le roi avait donné la charte pour empêcher qu'on ne la prît : mais il était évident que, le premier moment passé, les royalistes espéraient la retirer brin à brin, parce qu'au fond elle ne leur allait pas.

Il ne se posait donc que des pierres d'attente dans le gouvernement. On avait refait la noblesse, mais on ne lui avait donné ni des prérogatives ni du pouvoir. Elle n'était pas démocratique, parce qu'elle était exclusive. Elle n'était pas aristocratique, puisqu'elle n'était rien dans l'État. C'était donc un mauvais service qu'on avait rendu à la noblesse, en la remettant sur pied de cette manière. Car on l'avait mise en prise, parce qu'elle était offensante, sans lui donner aucun moyen de se défendre. C'était un contre-sens qui devait amener des froissements continuels.

On voulait refaire le clergé ; mais on choisit un évêque défroqué pour relever le trône et l'autel.

On voulait passer l'éponge sur la Révolution, mais on exhumait ses cadavres.

On voulait faire marcher la Révolution de 89 avec les royalistes ; et la contre-révolution du

31 mars, avec des ex-conventionnels. Ils faisaient également mal leur devoir, parce qu'on ne fait marcher des révolutions qu'avec des hommes qui sont nés avec elles. Le roi n'aurait dû se servir que de gens de vingt ans.

On voulait maintenir la Révolution, et l'on avilissait ses institutions. On décourageait, par là, la masse de la nation, qui avait été élevée avec elle, et s'était accoutumée à les respecter.

On gardait mes soldats parce qu'on en avait peur, et on les faisait passer en revue par des gens qui parlaient de gloire, en saluant des Cosaques.

Personne ne prenait confiance dans ce qui existait, parce qu'on n'y voyait de points d'appui nulle part. Ils n'étaient pas dans les intérêts, puisqu'ils étaient tous compromis ; ni dans les opinions, puisqu'elles étaient toutes froissées ; ni dans la force, puisqu'il n'y avait à la tête des affaires ni bras ni volonté.

J'étais assez bien informé de ce qui se passait à Vienne, dans ce congrès où l'on s'amusait à me singer. Je sus à temps que les ministres de France avaient décidé le congrès à m'enlever de l'île d'Elbe pour m'exiler à Sainte-Hélène. J'eus quelque peine à croire que l'empereur de Russie eût consenti à manquer si vite à la foi des traités ;

car j'ai toujours eu beaucoup d'estime pour son caractère; mais enfin j'acquis cette certitude, et je pensai à me soustraire au sort qu'on me destinait.

Mes faibles moyens de défense auraient été bientôt anéantis. Je devais donc essayer de m'en créer d'assez grands, pour me rendre une seconde fois redoutable à mes ennemis.

La France n'avait point de confiance dans son gouvernement. Le gouvernement n'en avait point dans la France. La nation avait senti que ses intérêts n'étaient pas ceux du trône, que ceux du trône n'étaient pas les siens. C'était une trahison mutuelle, qui devait perdre l'un ou l'autre. Il était temps de la prévenir, et je conçus un projet qui paraîtra audacieux dans l'histoire, et qui n'était que raisonnable, en réalité.

Je pensai à remonter sur le trône de France. Quelque faibles que fussent mes forces, elles étaient encore plus grandes que celles des royalistes; car j'avais pour allié l'honneur de la patrie, qui ne périt jamais dans le cœur des Français.

Je me confiai dans cet appui. Je passai en revue cette petite troupe à laquelle je destinais une si grande entreprise. Ces soldats étaient mal vêtus, car je n'avais pas eu de quoi les équiper à neuf. Mais ils avaient des cœurs intrépides.

Mes préparatifs ne furent pas longs, car je n'emportai que des armes. Je pensai que les Français nous donneraient de tout. Le colonel anglais qui séjournait près de moi, avait été se divertir à Livourne; et je mis à la voile par un bon vent.

Notre petite flottille n'éprouva pas d'accident Notre traversée dura cinq jours. Je revis la côte de France, près de la même plage où j'avais pris terre, quinze ans auparavant, à mon retour d'Egypte. La fortune semblait me sourire comme alors; comme alors, je revenais sur cette terre de la gloire, pour relever ses aigles et lui rendre son indépendance.

Je débarquai sans obstacle. Je me retrouvai en France. J'y revenais malheureux. Mon cortége ne consistait qu'en un petit nombre d'amis et de frères d'armes, qui avaient partagé avec moi le bonheur et l'adversité. Mais c'était une raison pour attirer le respect et l'amour des Français.

Je n'avais point de plan déterminé, parce que je n'avais que des données vagues sur l'état des choses. J'attendais mes décisions des événements. J'avais seulement quelques partis pris pour des cas probables.

Je n'avais qu'une seule route à tenir, parce qu'il me fallait un point d'appui. Grenoble était la place forte la plus voisine. Je marchai donc sur

Grenoble aussi vite que possible, parce que je voulais savoir à quoi m'en tenir sur mon entreprise. L'accueil que je reçus sur ma route dépassa mon attente et confirma mon projet. Je vis que la portion du peuple qui n'était corrompue ni par des passions ni par des intérêts, conservait un caractère mâle que l'humiliation blessait.

Je découvris enfin les premières troupes qu'on avait fait marcher contre moi : c'étaient de mes soldats. Je m'avançai sans crainte, tant j'étais sûr qu'ils n'oseraient faire feu sur moi. Ils revoyaient leur Empereur marchant à la tête de ces vieux maîtres de la guerre qui leur avait si souvent tracé le chemin du combat. J'étais le même encore, puisque je leur rapportais l'indépendance avec mes aigles.

Qui n'aurait pu croire que des soldats français balanceraient un moment entre des serments officiels prêtés sous les drapeaux de l'étranger, et la foi qu'ils avaient jurée à celui qui venait pour affranchir leur patrie ?

Le peuple et les soldats me reçurent avec les mêmes cris de joie. Je n'avais que ces cris pour cortége ; mais ils valaient mieux que toutes les pompes, car ils me promettaient le trône.

Je m'attendais à trouver de la résistance de la part des royalistes ; mais je me trompais : ils ne m'en opposèrent aucune; et j'entrai dans Paris sans les apercevoir, si ce n'est aux fenêtres. Jamais entreprise plus téméraire, en apparence, ne coûta moins de peine à exécuter : c'est qu'elle était conforme au vœu de la nation, et que tout devient facile quand on suit l'opinion.

La Révolution fut terminée en vingt jours, sans avoir coûté une seule goutte de sang. La France avait changé d'aspect. Les royalistes allèrent crier au secours chez les alliés. La nation, rendue à elle-même, reprit de la fierté. Elle était libre, puisqu'elle venait de faire, en me replaçant sur le trône, le plus grand acte de spontanéité qui appartienne aux peuples. Je n'y étais aussi que par son vœu; car je ne l'aurais pas conquise avec mes six cents soldats. Elle ne me redoutait plus comme Prince. Elle m'aimait comme son sauveur. La grandeur de mon entreprise avait effacé mes revers; elle m'avait rendu la confiance des Français. J'étais de nouveau l'homme de leur choix.

Jamais aussi la totalité d'une nation ne s'est exposée à la situation la plus dangereuse, avec tant d'abandon et d'intrépidité. Elle n'en a calculé ni les périls ni les conséquences. L'amour de l'indépendance enflammait ce peuple que l'histoire placera avant tous les autres.

J'avais refusé la paix qu'on m'offrait à Châtillon, parce que j'étais sur le trône de France et qu'elle me faisait descendre trop bas. Mais je pouvais accepter celle qu'on avait accordée aux Bourbons, parce que je venais de l'île d'Elbe : et l'on peut s'arrêter quand on monte ; jamais quand on descend.

Je crus que l'Europe, étonnée de mon retour et de l'énergie du peuple français, craindrait de recommencer la guerre avec une nation dont elle voyait la témérité, et avec un homme dont le caractère était plus fort à lui seul que toutes les armées.

Il en aurait été ainsi, si le congrès eût été séparé et que nous eussions traité avec les souverains, un à un. Mais leur amour-propre s'échauffa, parce qu'ils étaient en présence ; et mes efforts pour maintenir la paix n'aboutirent à rien.

J'aurais dû prévoir ce résultat, et profiter sans retard du premier élan du peuple, pour montrer à quel point nous étions redoutables ; l'ennemi aurait pâli devant notre audace. Il ne vit que de la faiblesse dans mon tâtonnement. Il avait raison, car je n'agissais plus d'après mon caractère.

Mon attitude pacifique endormit la nation,

parce que je lui laissai croire que la paix était possible. Dès-lors, mon système de défense fut perdu, parce que les moyens de résistance restèrent au-dessous du danger.

Il fallait recommencer une révolution pour me donner toutes les ressources qu'elles créent. Il faut remuer toutes les passions pour profiter de leur aveuglement. Sans cela, je ne pouvais pas sauver la France.

J'en aurais été quitte pour régulariser une seconde révolution, comme je l'avais fait de la première; mais je n'ai jamais aimé les orages populaires, parce qu'il n'y a point de bride pour les mener : et je me suis trompé, en croyant qu'on pouvait défendre les Thermopyles en chargeant ses armes en douze temps.

J'ai voulu faire cependant une partie de cette révolution; comme si je n'avais pas su que les demi-partis ne valent rien. J'offris à la nation, de la liberté, parce qu'elle s'était plainte d'en avoir manqué sous mon premier règne. Cette liberté produisit son effet ordinaire. Elle mit les paroles à la place des actions. La caste impériale se dégoûta, parce que j'ébranlais le système auquel elle avait attaché ses intérêts. La foule de la nation leva les épaules, parce qu'elle se soucie fort peu de la liberté. Les républicains se défièrent de mon allure, parce qu'elle n'était pas dans ma nature.

Je mis ainsi moi-même la désunion dans l'État. Je m'en aperçus ; mais je comptais sur la guerre pour le rallier. La France venait de se relever avec tant de fierté ; elle avait montré tant de mépris pour l'avenir ; sa cause était si juste (puisque c'était le droit le plus sacré des nations), que j'espérais voir prendre les armes à tout le peuple, par un seul cri d'honneur et d'indignation. Mais il était trop tard.

Je sentis le danger de ma position. Je mesurai l'attaque et la défense : elles n'étaient pas en proportion. Je commençai à me défier de mes moyens ; mais ce n'était pas le moment de le dire. Par un hasard malheureux, ma santé se dérangea aux approches de la dernière crise. Je n'avais plus qu'une âme ébranlée dans un corps souffrant. Les années s'avançaient. Dans la mienne, il y avait du dévouement, et de l'enthousiasme dans le soldat. Mais il n'y en avait plus dans leurs chefs. Ils étaient fatigués et n'étaient plus jeunes ; ils avaient beaucoup fait la guerre ; ils avaient des châteaux, des palais. Le roi leur avait laissé leurs fortunes et leurs places. Ils ne voulaient plus, comme des aventuriers, les risquer de nouveau avec moi. Ils recommençaient leur carrière; et quelque dédain qu'on ait pour la vie; on n'aime pas la risquer tant de fois : c'était peut-être trop exiger de la nature humaine.

Je fus visiter le quartier-général; seul contre le monde entier, j'essayai de combattre, et la victoire nous fut fidèle le premier jour; mais elle nous trompa bientôt, et nous fûmes vaincus; et la gloire de nos armes vint finir dans les parages où elle avait commencé vingt-trois ans auparavant.

J'aurais pu me défendre encore, car mes soldats ne m'auraient pas abandonné ; mais la guerre était contre moi seul. On demandait aux Français de me livrer aux ennemis : on leur demandait une lâcheté pour les forcer à se battre.

C'était à moi à me démettre. Je n'avais pas même de choix ; et, contraint de céder aux ennemis, j'espérais qu'ils se contenteraient de l'ôtage que j'allais mettre dans leurs mains, et qu'ils placeraient la couronne sur la tête de mon fils.

Il était impossible de mettre cet enfant sur le trône en 1814; la chose était, je crois, convenable en 1815. Je n'en dis pas les motifs; l'avenir les dévoilera peut-être.

Je n'ai quitté la France qu'au moment où l'ennemi s'est approché de ma retraite. Tant qu'il n'y eut que des Français autour de moi, j'ai voulu rester au milieu d'eux, seul et désarmé : c'était la dernière preuve de confiance que je pouvais leur donner. C'était un grand témoignage que je rendais à leur loyauté, à la face du monde.

La France a respecté dans moi le malheur, jusqu'au moment où j'ai quitté pour jamais son rivage. J'aurais pu passer en Amérique, et promener ma défaite dans le nouveau monde; mais, après avoir régné sur la France, il ne fallait pas avilir son trône en cherchant d'autre gloire.

Prisonnier sur un autre hémisphère, je n'ai plus à défendre que la réputation que l'histoire me prépare. Elle dira qu'un homme pour qui tout un peuple s'est dévoué, ne devait pas être si dépourvu de mérite que ses contemporains le prétendent.

FIN.

NOTE PREMIÈRE.

PATENTE N° **1**.

« Nous François Ier, par la grâce de Dieu, empereur d'Autriche, roi de Jérusalem, de Hongrie, de Bohême, de Lombardie et de Venise, de Dalmatie, de Croatie, d'Esclavonie, de Gallicie, de Sodomérie et d'Illyrie, archiduc d'Autriche, duc de Lorraine, de Salzbourg, de Styrie, de Carinthie, de Carniole, de la haute et basse Silésie, grand-prince de Transylvanie, margrave de Moravie, comte princier de Hapsbourg et du Tyrol, etc., etc., savoir faisons :

» Comme nous nous trouvons, par suite de l'acte du congrès de Vienne et des négociations qui depuis ont eu lieu à Paris avec nos hauts alliés pour son exécution, dans le cas de déterminer le titre, les armes, le rang et les rapports personnels du prince François-Joseph-Charles, fils de notre bien-aimée fille Marie-Louise, archiduchess d'Autriche, duchesse de Parme, Plaisance et Guastalla, nous avons résolu à cet égard ce qui suit :

» 1° Nous donnons au prince François-Joseph-Charles, fils de notre fille bien-aimée l'archiduchesse Marie-Louise, le titre de duc de Reichstadt, et nous ordonnons en même temps qu'à l'avenir toutes nos autorités, et chacun en particulier, lui donnent en lui adressant la parole, soit de vive voix, soit par écrit, au commencement du discours et au haut d'une lettre, le titre de *duc sérénissime*, et dans le texte celui d'*altesse sérénissime*.

» 2° Nous lui permettons d'avoir et de se servir d'armoiries particulières, savoir de gueules à la fasce d'or à deux lions passants d'or tournés à droite, l'un en chef, l'autre en pointe; l'écu ovale, posé sur un manteau ducal, et timbré d'une couronne de duc; pour support : deux griffons de sable armés, becquetés et couronnés d'or, tenant des bannières sur lesquelles seront répétées les armes ducales.

» 3° Le prince François-Charles-Joseph, duc de Reichstadt, prendra rang, tant à notre cour que dans toute l'étendue de notre empire, immédiatement après les princes de notre famille et les archiducs d'Autriche.

» Il a été expédié deux exemplaires, identiquement semblables et signés par nous, de la présente déclaration et ordonnance, qui doit servir d'information à chacun, afin qu'on ait à s'y conformer; l'un des exemplaires a été déposé dans nos archives privées de famille, de cour et d'État.

» Donné dans notre capitale et résidence de Vienne, le 22 juillet de l'an 1818, de notre règne le vingt-septième.

« FRANÇOIS. »

PATENTE N° II.

« Nous François Ier, etc., etc., savoir faisons :

» Que, suivant notre volonté impériale, en notre qualité de roi régnant de Bohême, nous avons résolu d'ériger en duché la seigneurie de Reichstadt (Zakopy en langue slave), située dans le royaume de Bohême, autrefois possession bavaro-palatine, actuellement appartenant à notre frère l'archiduc Ferdinand, grand-duc de Toscane, comprenant dans la même section toutes les terres incorporées à ladite seigneurie, ainsi que toutes celles qui pourraient y être annexées par la suite.

« En conséquence, par le présent diplome, nous érigeons en duché la terre de Reichstadt, avec toutes ses dépendances actuelles et à venir; et nous enjoignons à tous, et à chacun des habitants et de nos sujets, quel que soit leur rang ou leur emploi, de se conformer à nos ordres, avec défense d'y contrevenir en aucune manière, sous peine d'encourir le mécontentement et les peines les plus sévères de notre part, de celle de notre héritier, et de tous nos successeurs au trône de Bohême.

» En foi de quoi nous avons souscrit le présent diplôme de notre propre main, et nous l'avons fait sceller de notre sceau secret impérial, dont nous nous servons comme empereur d'Autriche.

» Nous chargeons de l'exécution du présent acte notre cher et fidèle François, comte de Saurau, notre chambellan actuel, conseiller intime, ministre d'État et des conférences, grand chancelier et ministre de l'intérieur, grand-croix de l'ordre hongrois de Saint-Étienne, chevalier de première classe de l'ordre autrichien de la Couronne de fer, officier de la Légion-d'Honneur, grand-croix de l'ordre espagnol de Charles III, de l'ordre royal sicilien de Saint-Ferdinand, de l'ordre de Parme de Constantinien-Saint-Georges.

» Donné dans notre capitale et résidence impériale de Vienne, le 22 juillet de l'an de grâce 1818, et le vingt-septième de notre règne.

« FRANÇOIS. »

(*Suivent les signatures.*)

PATENTE N° III.

« Nous François 1er, par la grâce de Dieu, empereur d'Autriche.........

« Ayant résolu de conférer le titre de duc de Reichstadt au prince François-Joseph-Charles, fils de notre bien-aimée fille Marie-Louise, archiduchesse d'Autriche, duchesse de Parme, Plaisance, Guastalla, nous avons fait connaître notre volonté par notre patente impériale du 22 juillet 1818, il ne restait plus qu'à délivrer à ce prince le diplome dans les formes réglées et habituelles pour de semblables concessions, afin qu'il puisse faire reconnaître ses droits en tous lieux et en tout temps où besoin serait.

» En conséquence, nous déclarons dans le présent titre, signé de notre propre main, qu'en vertu de notre volonté et notre pouvoir impérial, nous concédons à notre bien-aimé petit-fils, le prince François-Joseph-Charles, le titre de duc de Reichstadt. Nous l'autorisons à le porter dès à présent, comme aussi nous ordonnons d'annexer au présent diplome les armes attachées au titre ducal, avec les couleurs déterminées et les insignes de duc, savoir : de gueules à la fasce d'or, à deux lions passants d'or, tournés à droite, l'un en chef et l'autre en pointe ; l'écu ovale posé sur un manteau ducal, et timbré d'une couronne de duc ; pour support : deux griffons de sable, armés, becquetés et couronnés d'or, tenant des bannières sur lesquelles seront répétées les armes ducales.

» Nous ordonnons à tous et à chacun de nos sujets, soit ecclésiastiques, soit laïques, de reconnaître le titre et les armes du prince François-Joseph-Charles, de ne point le troubler dans sa possession, avec défense de contrevenir à nos ordres, sous peine d'encourir notre mécontentement et les peines de droit.

» En foi de quoi nous avons souscrit le présent diplome de notre propre main, nous l'avons scellé du grand sceau privé impérial, dont nous nous servons comme empereur d'Autriche, auquel nous avons fait joindre le sceau du prince François-Joseph-Charles, duc de Reichstadt.

» Nous chargeons de l'exécution du présent acte notre cher et fidèle François, comte de Saurau, notre chambellan actuel, conseiller intime, ministre de l'intérieur, etc., etc.

» Donné dans notre capitale et résidence impériale de

Vienne, le 22 juillet de l'an de grâce 1818, et de notre règne le vingt-septième.

« FRANÇOIS. »

(Suivent les signatures.)

PATENTE N° IV.

» Nous François Ier, par la grâce de Dieu, empereur d'Autriche, etc., etc.

» Déclarons pour nous, nos héritiers et successeurs au trône, et faisons savoir à tous et à chacun, suivant que besoin sera :

» Par notre patente, datée de ce jour, nous avons fixé le titre, le rang, les armes du prince François-Joseph-Charles, duc de Reichstadt, fils de notre bien-aimée fille Marie-Louise, archiduchesse d'Autriche, duchesse de Parme, Plaisance, Guastalla.

» Nous avons, en outre, l'intention de placer ce prince dans une situation qui lui donne les moyens de soutenir convenablement son rang et sa dignité. A cette fin, dans une conférence tenue à Paris, le 4 décembre de l'année dernière, par les ministres d'Autriche, d'Espagne, de France, d'Angleterre, de Prusse et de Russie, nous avons fait déclarer par notre ministre que, convaincu qu'il est de l'intérêt général de fixer le sort du prince François-Joseph-Charles, au moment même où la succession du duché de Parme vient d'être réglée entre les puissances qui, par l'article 99 de l'acte du congrès de Vienne du 9 juin 1815, sont appelées à prendre cet arrangement en considération et à en fixer les termes, nous nous sommes décidé à renoncer pour nous, nos héritiers et successeurs,

en faveur du prince François-Joseph-Charles et de sa descendance directe et masculine, à la possession des terres
de Bohême connues sous le nom de Bavaro-Palatines,
possédées aujourd'hui par Son Altesse Sérénissime et
Royale le grand-duc de Toscane, lesquelles terres, en
vertu de l'article 101 de l'acte du congrès, devraient rentrer dans notre domaine particulier, à l'époque de la réunion du duché de Lucques au grand-duché de Toscane.
En conséquence, la réversion de ces terres à notre domaine particulier n'aura lieu qu'après le décès du prince
François-Joseph-Charles, et l'extinction de sa postérité
masculine.

» Toutefois, pour plus de sécurité, nous avons délivré
audit prince, duc de Reichstadt, dans la forme accoutumée, le présent document de la disposition qui lui assure la jouissance des terres Bavaro-Palatines situées en
Bohême, afin qu'en tout temps il puisse soutenir ses
droits, si quelque puissance venait à les contester. En
conséquence, nous déclarons solennellement pour nous,
nos héritiers et successeurs au trône, que, dans le cas
prévu par l'article 101 de l'acte du congrès de Vienne,
de l'année 1815, où aurait lieu l'incorporation du duché
de Lucques au grand-duché de Toscane, nous renonçons
pour nous et pour nos successeurs, en faveur du prince
François-Joseph-Charles, duc de Reichstadt, au droit de
dévolution à notre domaine des terres situées en Bohême,
inscrites à la table royale de Prague, depuis 1805, au
nom de Son Altesse Impériale et Royale Ferdinand,
grand-duc de Würzbourg, savoir :

« La seigneurie de Tachlowitz, avec les terres incorporées de Jentsch, Drahelt-Schitz, Horzelitz, Litowitz, Rothaugezd, Hostiwitz, Dobra, Dolau, Chrustenitz, Nenatschowitz, Kosolup et Ptitz, dans le cercle de Rakonitz.

« La terre de Gross-Bohen dans le cercle de Leutmeritz.

« La seigneurie de Kasow, avec la terre de Tscheslin, dans le cercle de Czaslau.

« La seigneurie de Kron-Vorzitschen et Ruppau, dans le cercle de Klattau.

« La terre de Misowitz, dans le cercle de Rakonitz.

« La seigneurie de Plosskowitz, avec les terres de Pisskowitz et de Sobenitz, dans le cercle de Leutmeritz.

« La seigneurie de Reichstadt, avec les terres de Zwikow et Politz, dans le cercle de Leutmeritz.

» La terre de Sandau, dans le cercle de Leutmeritz.

» La terre de Schwaden, dans le cercle de Leutmeritz.

» La terre de Swoleniowes, dans le cercle de Rakonitz.

» La terre de Trnowan, située dans le cercle de Leutmeritz.

» La seigneurie de Buschtierad, dans le cercle de Rakonitz.

» Enfin, la maison n° 182, située au Hradschin.

» Nous voulons que les terres et seigneuries susmentionnées, avec toutes les appartenances, meubles et immeubles, ainsi que les droits qui y sont attachés, soient remis sans délai, à cette époque, au prince notre bien-aimé petit-fils, comme l'apanage fixé pour son entretien, et qu'il en jouisse et les possède sa vie durant.

» Telles sont nos fermes et sérieuses résolutions, au maintien desquelles nous, nos héritiers et successeurs, nous obligeons dans la meilleure forme ; et, dans ce but, non-seulement nous ferons enregistrer nos dispositions à la table royale de Prague, mais aussi nous ferons rédiger deux expéditions du présent acte, signées de notre main, et scellées de notre sceau impérial. Nous voulons que, pour l'éternelle mémoire de cet acte, l'un des exemplaires reste déposé dans nos archives de famille, de cour et d'État.

» Nous chargeons de l'exécution du présent acte notre cher et fidèle comte de Saurau, notre chambellan actuel, conseiller intime, ministre d'État et des conférences, grand chancelier et ministre de l'intérieur, etc., etc.

» Donné dans notre capitale et résidence impériale, le 22 juillet de l'an de grâce 1818, et de notre règne le vingt-septième.

« FRANÇOIS. »

(Suivent les signatures.)

NOTE IIe.

(COUR DE VIENNE.)

Nous reproduirons ici un article piquant de M. Alexandre Weil, où l'on trouve une appréciation juste au fond, quoique sévère, du milieu moral où vivait le duc de Reichstadt.

« Les nations, comme les individus, affectent particulièrement les sentiments et les principes qu'ils n'ont pas.
Il est difficile d'afficher de l'esprit quand on n'en a pas,
mais il est facile de se prêter des sentiments. Voilà pourquoi tous les tartufes, y compris celui de Molière, ne
brillent pas par l'esprit, et voilà pourquoi la cour d'Autriche est tartufe !

» La cour de Vienne passe pour être paterne et sentimentale. Elle n'est ni l'un ni l'autre. Il est vrai que ses
mesures officielles sont toujours ouatées de phrases mielleuses et d'intentions personnelles, afin d'en amortir le
coup ; mais, au fond, ces mesures sont aussi brutales,
aussi tyranniques que celles de la Russie. Seulement, la
cour de Russie a le courage de ses principes ; elle est cynique jusque dans ses crimes. C'est du moins une vertu
du vice ; tandis que l'Autriche, à ses vices organiques,
ajoute encore celui de l'hypocrisie.

» C'est ainsi que François II a passé pour bon époux,
bon père et bon régent. La presse officielle, y compris
celle des pays étrangers, lui a toujours attribué les vertus
d'un saint. Eh bien ! le peuple de Vienne et ceux qui
ont particulièrement connu l'empereur, vous diront absolument le contraire. Voici le jugement que le prince
Reuss a porté sur lui dans une lettre secrète adressée en
1813 au cabinet de Saint-James. C'est M. de Hormayer,
ancien historiographe autrichien, qui a publié ce document.

« Il n'est pas chose facile d'analyser le caractère de
François Iᵉʳ, le fléau de l'Autriche ; c'est un mélange de

fermeté et de faiblesse, d'idées saines et fausses, d'ambition et d'indifférence. Il a parfois une connaissance exacte de certains détails d'une affaire, mais il en ignore toujours le fond. Caractère bizarre et inqualifiable, l'empereur, incapable de gérer lui-même une affaire quelconque, n'a jamais été dominé par un homme distingué et supérieur ; personne n'a été sûr de son influence sur lui. Aujourd'hui, un ministre se croira au comble de la faveur impériale ; demain, l'empereur, sans même l'avoir consulté, décidera l'affaire la plus importante, influencé par un de ses domestiques subalternes. MM. Thugut, Colloredo et Lichy ont fait plus d'une fois cette expérience à leurs dépens, et ceux-là ont eu plus d'ascendant sur l'empereur que M. de Metternich. » Et plus loin :

« Le mariage de Marie-Louise n'entrera pour rien dans ces calculs. On a beaucoup parlé des qualités de cœur de l'empereur ; j'ose le déclarer l'homme le plus froid et le plus égoïste, enfin le plus inepte en fait de sentiments. Il a fait bon ménage avec l'impératrice Thérèse, mais il supporta avec une indifférence hébétée la perte d'une mère de douze enfants. Lors de son avénement au trône, trente-quatre millions d'hommes jouissaient d'une heureuse existence dans les provinces de son empire. Il avait hérité de son père un trésor d'amour et de fidélité populaires ; maintenant la misère et le malheur élèvent la voix contre lui sans qu'il s'en inquiète un instant. Il y est tellement habitué, qu'il répond à chaque malheureux : *Na, wir werden sehen,* — Va, nous verrons, — sans qu'il fasse jamais rien. Metternich aura-t-il le front de le faire passer pour un tendre père, un empereur qui a vendu les Tyroliens et sa propre fille ! Je vous le répète, la position de Marie-Louise ne sera jamais d'aucun poids dans la balance politique. »

» Ces lignes écrites en 1813, sont autant de prophéties. Tout ce que le prince a prédit s'est réalisé de point en point. Il connaissait bien l'empereur et la cour.

» C'est à cette cour que la Sainte-Alliance avait confié l'avenir et l'éducation du jeune duc de Reichtadt. Mieux aurait valu pour lui être livré à des Sauvages ; du moins on aurait laissé libre cours à ses forces natives, tandis qu'à Vienne ce malheureux prince a été atrophié avec préméditation, soit au moral, soit au physique.

« Voici les noms qui, en 1813, formaient la petite chapelle, la crème de la crème de la cour de Vienne. A l'exception de l'empereur François qui est mort, et de l'empereur actuel, qui n'a jamais compté comme chiffre, c'est la même en 1845.

» L'impératrice-mère, princesse Caroline, connue par son zèle religieux et par la protection qu'elle accorde aux Jésuites.

» L'archiduc François, ou plutôt l'archiduchesse Sophie, princesse de Bavière, car c'est elle qui porte les bretelles ; non-seulement elle domine complétement son mari, mais encore elle exerce beaucoup d'influence sur la cour, et ses contre-mines éventent parfois le jeu caché du prince de Metternich. L'archiduchesse a un puissant allié dans la personne de l'archiduc Louis, oncle de l'empereur actuel. Dès la tendre jeunesse du duc de Reichstadt, la princesse Sophie s'était généreusement offerte pour lui tenir lieu de mère. Y avait-il une arrière-pensée dans cette protection? A-t-elle semé d'abord pour récolter après?...

» Le duc, à son tour, n'était pas ingrat; il aimait sa mère adoptive avec toute l'ardeur d'un cœur filial; il ne se doutait pas, le malheureux, qu'il eût besoin de protection. Nous ne compterons pas l'archiduc Ferdinand, actuellement empereur, et qui a épousé une sœur du roi de Sardaigne. L'impératrice est au niveau de son auguste mari.

» La maison du prince de Metternich change d'aspect selon l'âge et le caractère de sa femme. On sait qu'il s'est marié trois fois.

» Le comte Kolovrath, l'ennemi intime du prince de Metternich, du reste peu dangereux; un homme d'opposition, qui fait des phrases dont le commencement est une velléité, le milieu une concession et la fin une soumission. Le comte n'a jamais reçu un soù d'appointements; il les abandonne à l'État, c'est-à-dire à la cour, qui s'en sert pour espionner le comte; car, en Autriche, il n'y a pas d'État : l'État, c'est la cour.

» Enfin, le comte Ledlinsty, chef de la police des théâtres et de la censure.

» Je ne compte ni les archiducs, frères de l'empereur, ni les princes bohémiens et hongrois, ni le ban et l'arrièreban de la noblesse de couloir. Parmi les premiers, l'archiduc Jean seul se distingue par ses talents et ses principes

libéraux. Mais l'empereur François s'est toujours méfié
de ses frères. Il avait une police secrète toute particulière
pour eux, et il ne se faisait pas faute de les compromettre
par des agents provocateurs. Pour se convaincre de cette
triste vérité, on n'a qu'à lire les curieux documents de
M. de Hormayer et du comte de Munster, ancien ministre
à Hanôvre, sur les soulèvements en Tyrol. On sait, du reste,
que durant la vie de l'empereur Francóis, il était défendu
à l'archiduc Jean de mettre le pied en Tyrol.

» Il y avait à la cour un Français de l'ancien régime,
un homme animé d'une haine aveugle et stupide contre
Napoléon et sa famille. Ce fut cet homme qu'on choisit
pour intendant, ou, comme on l'appelle à Vienne, pour
maître-d'hôtel du duc de Reichstadt. C'est, dit-on, malgré
l'empereur que la puissance occulte de la cour nomma ce
monsieur à ce poste; car, parcourez tous les journaux de
l'Europe de ce temps, vous y trouverez que l'empereur
François aimait son petit-fils avec une sollicitude toute
paternelle, comme si l'empereur avait jamais aimé quelque chose. Il disait : Mes chers prisonniers du Spielberg,
absolument comme il appelait le duc de Reichstadt : Mon
cher petit-fils.

» Il y avait encore au palais un roturier anobli. Cet
homme avait une fille, et cette fille plut à l'empereur. Un
jour, cette pauvre fille sentit quelque chose qui lui inspira
le besoin de prendre un mari ; elle trouva en effet le professeur de son frère, qui en accepta le titre. Ce professeur
est le fils d'un portier. A Dieu ne plaise que je reproche à

ce digne homme son humble extraction ; c'est même son unique mérite. Ses enfants, qui, certes, ne manquent pas de père, ont eu le bonheur de trouver des rois et des empereurs pour parrains. C'est ce monsieur qui fut nommé professeur du fils de Napoléon. Il fut décidé par la cour qu'on en ferait un savant, en d'autres termes, un cuistre ; et, certes, il faut rendre justice à la cour : elle eut la main heureuse. Un jour, ce digne professeur demanda une audience particulière à l'empereur, son auguste compère.— Sire, lui dit-il, nous sommes arrivés à l'histoire de Napoléon ; faut-il que j'apprenne au duc l'histoire de son père ? —Dites-lui, répondit l'empereur, que c'était un coquin. Le professeur fit son salut, et s'en alla en disant : Je suis de l'avis de Votre Majesté. Le mot de l'empereur fut répété dans tous les salons de Vienne ; il y fit fortune. C'est là l'histoire de France qu'on apprit au duc de Reichstadt.

» M. le comte de Dietrichstein fut nommé gouverneur général de la maison du duc.

» Maintenant, soyons juste. Il est vrai que le duc de Reichstadt, malgré ses bonnes dispositions, a été hébété et abruti systématiquement. Ce que la République faisait brutalement du fils de Louis XVI, la cour d'Autriche l'a fait jésuitiquement à l'égard du fils de Napoléon ; mais après cela il n'y avait chez lui nulle trace de ces mouvements d'impatience, de ces boutades précoces, d'ordinaire les précurseurs d'une volonté ferme, souvent le signe de l'esprit et parfois du génie. A l'âge de douze ans, le duc était Autrichien.

» Ce mot dit tout !

» Cependant le duc a demandé plus d'une fois qu'on fît venir de Paris son berceau et sa voiture d'enfant, pour avoir au moins sous ses yeux un souvenir de sa patrie. Ces deux précieux objets ne vinrent à Vienne qu'après la mort du duc. Ils sont encore exposés dans la *Reichskammer* (la chambre de l'Empire).

» Le berceau, d'un travail admirable, lui fut donné par la ville de Paris ; il est encore dans tout l'éclat de son état primitif, à l'exception des deux gros diamants qui jadis brillaient sur les deux côtés du cercle en or où est attaché le voile. La voiture, qui était attelée de six moutons blancs harnachés d'or, lui fut donnée par son père. Malheureusement le prince, en quittant sa patrie, était trop jeune pour garder des souvenirs de son pays, et là-bas il lui était défendu d'adresser aucune question à ce sujet, et si, par hasard, il en faisait, on lui répondait en des termes impérieux, comme ceux que je viens de citer de son grand-père.

» Outre sa qualité de maître-d'hôtel, chef de cuisine et valet-de-chambre, M. de W... remplissait les fonctions de rapporteur. Il faisait des rapports sur les aptitudes et les dispositions du prince, sur sa manière de vivre, sur son sommeil et ses rêves, et non-seulement pour la cour d'Autriche, mais encore pour des cours étrangères. Après cela, il était l'ami du duc, qu'il entourait de tous les soins imaginables. Toutefois, le jeune prince avait un instinct qui ne le trompait pas ; il détestait son maître-d'hôtel, sans cependant s'en plaindre. Il n'aimait guère non plus son professeur, qui, en fait d'histoire, ne lui apprenait que des mensonges et des dates. Le duc ne se sentait à l'aise que dans le cabinet de l'empereur, qui l'aimait, ou bien dans le boudoir de la princesse Sophie. Un instant, cette princesse eut l'intention d'en faire un homme sérieux ; mais soit qu'elle reculât devant les conséquences politiques, soit qu'elle craignît de le rendre orgueilleux, elle ne s'occupa que de son bien-être matériel. Sous ce rapport, elle eut liberté complète. Bientôt l'écolier devint un beau et vigoureux adolescent, et la princesse, qui l'avait aimé comme mère lorsqu'il était encore enfant, ne put subitement lui retirer et son cœur et son amour. Elle brava même les observations de la cour et les cancans de la ville. Ce n'est certes pas le courage qui manqua à la princesse Sophie. Elle croyait remplir ses devoirs de mère en prodiguant à son jeune pupille toutes les attentions auxquelles la jeunesse et la beauté ont droit ; et, certes, en accompagnant toujours son enfant chéri, elle n'avait d'autre but que de le préserver des dangers auxquels un jeune homme sans expérience est exposé, dangers qui croissent en proportion de la fortune et du rang. Malheureusement, les efforts de la princesse n'eurent pas un succès complet. Bientôt le duc, qui n'avait pu connaître d'autres plaisirs que ceux de la matière, se jeta tête baissée dans la vie efféminée de la haute noblesse de Vienne, et ne rêva que dîners, maîtresses et chevaux. Il était devenu aussi Autrichien que les plus lions des magnats de Vienne. Il est probable que si le duc avait vécu plus longtemps, il eût jeté aux orties ce froc chamarré de capucin; mais, enfin, à l'âge de dix-huit ans, non-seulement il parlait le français avec une légère teinte d'accent viennois, mais encore le fils de Napoléon n'avait pas la moindre conscience de son importance personnelle.

» Il n'en fut plus de même après 1830, époque où le prince atteignit l'âge de vingt ans. On eut peur qu'il ne se sentît, et qu'il n'apprît enfin à se connaître. Il ne trouva plus les mêmes affections au sein de la famille impériale, et devint le point de mire de tous les espions des ambassadeurs étrangers.

» Le duc était d'une constitution robuste (il ressemblait plutôt à sa mère qu'à son père); il était souvent affecté du mal de dents, et s'en fit plomber une qui lui causa encore plus de mal après l'opération. Il est bon de savoir qu'à Vienne, ville qui se pique de cultiver les sciences exactes, l'art de la médecine et de la chirurgie est aussi arriéré que la liberté politique. La réputation des médecins ne se fait ni selon leur mérite, ni selon leur savoir, mais selon leur savoir-faire à la cour et auprès des dames nobles à la mode. L'Autriche se gardera bien d'appeler à ses universités des médecins célèbres de l'Allemagne ; ils sont tous suspects d'idées libérales, et puis on craint leur indiscrétion encore plus que leurs idées. Il y a quelquefois un grand secret d'État caché sous un cataplasme.

» Le médecin du duc était M. C..., médecin de la cour. A Dieu ne plaise que je soupçonne la science de ce digne disciple d'Esculape, mort il y a longtemps ; mais qu'il me soit permis de répéter le bruit répandu parmi le peuple de Vienne, qui prétend qu'il y avait autre chose que du plomb dans la dent cariée du duc de Reichstadt.

» N'importe! le duc, à mesure qu'il se plaignait d'avoir tantôt mal à la tête, tantôt mal à l'estomac, la plupart du temps mal partout, était entouré de tous les soins imaginables par le comte Dietrichstein, qui l'aimait, par la princesse Sophie et par une célèbre danseuse viennoise, depuis européenne. Il y a tout un roman dans les amours de la danseuse et du prince. Ce ne fut pas le prince qui, le premier, brûla d'amour, mais la danseuse, qui, chose extraordinaire, chaste comme Diane, céda les prémices de son cœur au prince Ganymède.

» La belle sylphide a été une véritable fée pour le prince. Elle lui a adouci les plus belles heures d'une vie qui s'en allait. Peut-être que si elle eût eu une expérience acquise à ses dépens, elle eût exercé sur lui une influence plus salutaire; mais enfin, elle était jeune, belle, gracieuse, étourdie, naïve même. Il est des femmes, comme dit l'Arioste, qui ont des abîmes d'amour!

» Ce fut le lendemain d'un bal à l'hôtel de l'ambassadeur russe, que le prince se vit obligé de garder le lit. Echauffé par la walse, il avait demandé un verre d'eau sucrée glacée, qui lui fut préparé à la fleur d'oranger, et qu'il avala d'un seul coup. Les médecins reconnurent aussitôt le danger : on n'est pas médecin pour rien. Ils lui prédirent qu'il aurait la fièvre et du délire; et, en effet, la prophétie de ces devins se réalisa de point en point. On parlait cependant de toutes sortes de maladies auxquelles un jeune homme est sujet. Dans le délire, dit-on, le duc parla de perles pilées et avalées; mais ce n'était que du délire. On fit venir un médecin italien, le docteur Malfatti : le nom justifie l'homme. Enfin, le duc devint si malade, le danger fut si imminent, que sa mère daigna faire le voyage de Parme à Vienne pour sauver, non son fils, mais les apparences. Sa douleur fut grande, à en croire les journaux; mais il est de fait qu'elle quitta Vienne aussitôt après la mort de son malheureux fils. Les médecins abandonnèrent également la ville, et bien leur en prit, car le peuple de Vienne, qui aimait beaucoup le duc, à tort ou à raison, n'aimait pas du tout ses médecins. Le peuple partout est soupçonneux et prend des conclusions rapides et irréfléchies. Une seule personne pourrait éclaircir ces doutes; c'est la mère du duc. Une heure avant sa mort, il fit, dit-on, des révélations importantes à cette princesse, en la priant de prendre des notes. Elle prit la poste.

» Le duc de Reichstadt a demandé à être enterré dans le caveau impérial. Il repose à côté de son grand-père, l'empereur François.

» Gœthe a dit un mot profond qui est applicable à la cour d'Autriche sous bien des rapports. Cette cour, qui n'est aimée ni de ses peuples ni de l'étranger, se maintient cependant dans sa position respective, et vit aujourd'hui comme elle a vécu il y a quatre siècles. C'est que, selon Gœthe, les dieux mêmes luttent en vain contre la bêtise : *Gegen die Dummheit kæmpfen die Gœtter selbst vergebens.* »

NOTE IIIe.

(QUELQUES MOTS SUR LE PRINCE DE METTERNICH.)

Lorsque la révolution de Vienne éclata, rien n'était prévu par le cabinet autrichien. Déjà, depuis quelques années, M. de Metternich, soit que l'âge eût amorti en lui la puissance des convictions politiques, soit qu'après avoir tenu pendant un tiers de siècle la haute direction de l'absolutisme, il eût foi dans sa durée, M. de Metternich, disons-nous, était loin de soupçonner que le trône du *statu quo* allait être ébranlé par la secousse qui venait de bouleverser la France, l'Italie et la Prusse. C'est surtout depuis la retraite du baron de Hügel qu'on remarqua dans l'administration de l'empire une hésitation qui, sans amener un retour à des idées plus libérales, révélait la caducité du système.

Le prince de Metternich, si entier dans ses vues, si inflexible dans ses volontés, était, dans son intérieur, d'une facilité de rapports qui allait jusqu'à la faiblesse. On eût dit que, fatigué de son rôle officiel, il ne cherchait plus, au foyer domestique, que la simplicité et le repos. L'orgueil et la hauteur de sa dernière femme, l'affectation qu'elle mettait à se charger de parure, fournirent souvent au vieux diplomate le texte de représentations inutiles.

On raconte que, peu de temps avant la révolution, le prince, qui s'était rendu dans l'Allemagne rhénane pour y étudier les dispositions de quelques personnages influents de la Diète, avait particulièrement recommandé à la princesse de mettre plus de bienveillance et d'amitié dans son accueil ; il avait même chargé une des dames qui l'accompagnaient de corriger, autant qu'il serait possible, par des égards et des prévenances, l'impression fâcheuse que pouvaient laisser dans les esprits la froideur et le ton dédaigneux de sa femme. Dès les premiers jours, M. de Gagern vint faire une visite au ministre, et ne trouva chez lui qu'une dame qu'il prit pour la princesse de Metternich ; enchanté de son accueil, qui contrastait avec tout ce qu'il avait entendu dire des manières hautaines de la femme du ministre, il allait lui témoigner son regret d'avoir cru trop facilement à des bruits calomnieux, lorsque la princesse entra. Il ne fallut pas longtemps à M. de Gagern pour revenir de son erreur. « Pardon mille fois, dit-il en se retirant, à la dame qui l'avait reçu, je vous avais prise pour la princesse. »

L'agitation était déjà à son comble, et le chef de la police de Vienne ne voulait pas encore croire au danger. M. de Hügel prévoyait depuis longtemps une catastrophe, et son désaccord à ce sujet avec le prince, avait été cause de sa disgrâce. A une revue où devait assister le monarque, on avait donné l'ordre aux soldats de crier : vive l'empereur ! le baron de Hügel s'était opposé fortement à toute manifestation de cette nature : « Si aujourd'hui, disait-il, vous leur faites crier : vive l'empereur ! demain il crieront : à bas Metternich ! »

A l'heure du péril, le baron ne se souvînt plus de ces dissentiments ; informé que le prince venait de s'échapper, il apprit qu'il avait pris la fuite avec tant de précipitation qu'il était exposé à manquer même du nécessaire. L'assurance qu'on lui donna que le frère du prince était allé le rejoindre pour lui porter des valeurs en portefeuille, ne lui suffit pas; il prit lui-même la diligence, au risque d'être arrêté. Reconnu par des étudiants, il remarqua qu'un d'entre eux avait donné un papier au conducteur; quelques pièces d'or le mirent en possession de cette pièce qui enjoignait au maître de poste de ne point le laisser passer outre. Il trouva le frère du prince découragé et incertain s'il devait continuer sa route. Le baron se chargea de tout, et retrouva l'ex-ministre à Leipsick, dans le dénûment le plus complet, mais supportant la mauvaise fortune avec autant de sérénité que s'il eût assisté à un de ces congrès où ses volontés étaient reçues comme des oracles. Ce qui paraissait contrarier le plus la princesse, c'était l'obligation de renoncer à ses parures; tant il est vrai que les blessures de la vanité sont plus cuisantes que celles de l'orgueil. La mission de dévouement du baron de Hügel était remplie; le prince continua son voyage jusqu'à Ostende, d'où il s'embarqua pour l'Angleterre. Quelles ont dû être les réflexions du vieux duc de Wellington, en attendant à Londres l'ancien conseiller de la sainte alliance, à côté du duc de Bordeaux, de Louis-Philippe et de M. Guizot!..

NOTE IVe.

RAPPORT SUR L'ÉTAT DE SANTÉ DE SON ALTESSE LE DUC DE
REICHSTADT.

« D'après les souffrances passées, leur traitement médical et les observations que je viens de faire sur la santé de Son Altesse, il résulte :

» 1° Que, par suite d'une croissance extrêmement rapide, et d'une remarquable disproportion dans le développement physique, le prince se trouve dans un état général de faiblesse qui doit nous inquiéter, particulièrement l'état de la poitrine.

» 2° Qu'en conséquence de la faiblesse de la poitrine , Son Altesse est facilement atteinte d'affection catarrhale, et sujette à une toux d'irritation qui a principalement son siège dans la trachée-artère et dans les bronches. La fréquence et la durée de cette souffrance locale n'a pas, sans une grande raison, alarmé les médecins précédents ; c'est pour cela que, même à cette heure, il a été ordonné à Son Altesse de boire les eaux de Seller au lait.

» 3° Outre le développement retardé des organes de la poitrine, je crois devoir admettre encore, comme cause de la maladie, une discrasie de tout le système cutané. J'ai retrouvé réellement sur différentes parties du corps, particulièrement aux avant-bras et à la nuque, la peau constituée de manière à ne pas méconnaître le commencement d'un principe dartreux; même les mains de Son Altesse offrent de telles anomalies qu'on ne peut attribuer leur état à de simples engelures.

» Des bains adaptés et fréquents agiront favorablement sur cette discrasie.

» Une pareille constitution de la peau extérieure, qui se propage si facilement aux membranes intérieures, particulièrement sur la trachée artère et sur les bronches, peut aussi chez Son Altesse baser la disposition au mal local de ces organes. Il y a toute probabilité que cette discrasie de la peau est héréditaire du côté paternel.

» Dans l'époque actuelle, l'anomalie du développement du duc de Reichstadt laisse espérer des bornes et des changements consolants, et la discrasie herpétique cédera peu à peu, comme je l'espère, à l'usage des bains. Toutefois, aussi longtemps que le développement du prince ne sera pas terminé, il ne faudra pas perdre de vue l'une et l'autre cause ; car toute maladie accessoire qui pourrait survenir pendant cette époque de croissance, serait très significative et dangereuse, soit pour le présent, soit pour l'avenir ; ce qui serait d'autant plus à craindre, que le prince n'a eu aucune maladie exanthématique de la peau, telle que rougeole, scarlatine.

» Le prince doit éviter les grands efforts, et principalement ceux de l'organe de la voix ; se garder d'échauffements et de refroidissements, en particulier dans les temps d'orage, et observer un juste régime.

» La vigilance pour sauver le prince de ces causes nuisibles, ne pourra jamais être assez grande, si l'on considère son tempérament vif et fougueux, si difficile à modérer.

» Je prendrai, en conséquence, le plus grand soin du prince, particulièrement en l'observant en automne, époque où les symptômes décrits se reproduisent plus facilement, et en dirigeant alors le régime et le traitement d'après les circonstances.   « Docteur Malfatti. »

Vienne, le 15 juillet 1830.

PROCÈS-VERBAL

DE L'AUTOPSIE DU CADAVRE DE SON ALTESSE LE DUC DE
REICHSTADT.

« Dans la section du cadavre de Son Altesse le duc de Reichstadt , laquelle a eu lieu à Schœnbrünn , le 23 juillet 1832, les soussignés ont vu et constaté ce qui suit :

» A. Examen extérieur.

» Le corps entièrement émacié ; outre les taches bleues particulières aux cadavres, on a trouvé les traces des sangsues appliquées au cou, et, sur le sommet de la tête ainsi que sur la poitrine, celles des frictions instituées avec la pommade émétique ; aux deux bras des taches de vésicatoires. La caisse de la poitrine était, en proportion du corps, étroite et longue ; le sternum aplati ; le cou long.

» La longueur de son corps était de cinq pieds neuf pouces.

» La peau rude à l'attouchement et facile à détacher. »

» B. Dans la cavité de la tête.

» La consistance du crâne était assez compacte ; cependant le long des sutures déjà entièrement fermées, il était transparent et adhérent sur plusieurs points à la dure-mère. En ôtant la partie supérieure du crâne, il était sorti une petite quantité d'humeur séreuse, à la suite d'une lésion de la dure-mère occasionnée par la scie ; la dure-mère extraordinairement épaisse. Dans la direction du processus falciformis , elle était fortement attachée à la pie-mère par des filaments fibreux. Les vaisseaux sanguins du cerveau étaient remplis d'un sang foncé. Le cerveau plus compacte qu'il ne l'est ordinairement et comme pressé par ses enveloppes. Dans le ventricule gauche du cerveau s'est trouvée près d'une demi-once de sérosité, et un drachme environ dans le ventricule droit; à la base du crâne, après avoir ôté le cerveau, une once à peu près de sérosité. Le cervelet est aussi plus compacte qu'à l'ordinaire; au reste, dans un état sain.

» C. Dans la cavité de la poitrine.

» Le sternum n'avait que la largeur d'un demi-pouce, et il était extrêmement court. Le poumon droit était attaché en même temps à la plèvre, au médiastinum et au diaphragme. Toute sa substance ne consistait que dans d'innombrables sacs de matières (vomiques) qui formaient une base squirrheuse, carcinomateuse, contenant une matière fluide, ichoreuse et de la plus mauvaise odeur. A la partie supérieure du poumon gauche, il y avait un gros tubercule près de passer en suppuration; le reste du poumon gauche était aussi normal que le cœur et le péricarde.

» La glande thymus bien plus grande qu'à l'ordinaire, cartilagineuse et endurcie. La substance, grumeleuse à l'attouchement, offrait dans l'intérieur le même aspect que celle du poumon détruit lorsqu'il avait été délivré de la matière. La membrane muqueuse de la trachée-artère de tout côté corrodée probablement par le passage du liquide ichoreux qui sortait du poumon.

» D. Dans la cavité du bas-ventre.

» Le foie gros ; la substance normale, la vessie du foie petite, contenant peu de bile jaune ; le pancréas sain ; la rate extraordinairement grande et molle ; l'estomac plus petit qu'à l'ordinaire, du reste normal ; l'omentum et le mésentère sans graisse ; les glandes mésentériques plus grandes et plus dures qu'à l'ordinaire. Rien d'abnorme dans tout le canal intestinal. Les deux reins, particulièrement le gauche, plus grands que de coutume ; du reste sains, ainsi que la vessie urinaire.

» Semlitsch, chirurgien de la cour ; Joh. Malfatti, archiâtre du prince ; François Weihrer, docteur médecin ; Jos. de Huber, médecin de la cour ; docteur Rinna, médecin de la cour ; docteur Zangueri, médecin du château impérial. »

DIRECTOIRE

DONNÉ PAR M. LE COMTE GERMOI, GRAND-MAITRE DE LA COUR,

POUR LES CÉRÉMONIES RELATIVES A LA TRANSLATION ET

AUX FUNÉRAILLES DE SON ALTESSE LE DUC DE REICHSTADT.

Après avoir exécuté l'exentération accoutumée au corps à Schœnbrünn, il sera embaumé par les officiers apothicaires de la cour, posé sur une table couverte de drap noir, entouré de bougies ardentes.

Un crucifix placé aux pieds ; la coupe d'argent avec le cœur, à gauche des pieds ; le vase de cuivre à droite, l'un et l'autre couverts de taffetas noir. Deux ecclésiastiques et deux personnes de la suprême Chambre feront alternativement les prières.

A l'approche de la nuit, le curé de la cour dira la bénédiction sur le corps qui sera mis dans le premier cercueil, couvert d'un linceul de taffetas blanc, porté en bas
par les gens de la chambre ducale, dans la litière de la
cour prête à le recevoir, et devancé par plusieurs jockeys
de la cour portant des lanternes allumées, et sera amené
incognito à la ville, dans l'église de la cour. Le convoi sera
accompagné par le major-général, le chambellan, baron
de Moll, et les gens de la chambre de l'auguste défunt,
tous en voiture, et par l'inspecteur des équipages de la
cour à cheval. Arrivé à la ligne, le convoi sera conduit
par un fourrier de S. M. I. et R. par la porte de sa cour,
dans l'église paroissiale du château, où le curé l'accueil-
lera et dira la bénédiction sur le corps, qui ensuite sera
déposé sur le catafalque dressé dans l'église près du maître-
autel.

L'exposition solennelle et la seconde bénédiction auront
lieu le lendemain matin à huit heures. C'est en ce moment que le public pourra entrer dans l'église. Pendant
la matinée, l'on dira les messes sur les autels, et les prières seront faites par les valets de chambre impériaux-
royaux de même que ducaux, et des laquais, jusqu'au
temps des funérailles.

Après midi, à deux heures, les vases avec le cœur et
les entrailles seront descendus, bénits, et puis le cœur
transféré le premier par le corridor des Augustins dans
la chapelle Loretto.

A la tête, un fourrier de la cour, suivi par un garçon
de la chapelle de cour, avec la croix;

Un valet de la cour avec l'encensoir et l'eau bénite;

Deux chapelains de la cour;

Le curé de la cour;

Un fourrier de la chambre;

Deux valets de chambre ducaux;

Un valet de chambre impérial-royal entre deux pages, avec des flambeaux allumés, portant la coupe d'argent avec le cœur;

Deux arciers, et deux gardes-du-corps hongrois; enfin par dehors, de deux côtés, deux trabans feront le cortége secondaire;

M. le major général;

Le chambellan, baron de Moll;

Deux laquais impériaux-royaux et deux laquais ducaux.

A la grille du corridor des Augustins, le cœur sera bénit par le curé de la cour et reçu ensuite par le prieur du couvent des Augustins; après quoi la procession se continuera jusqu'à la chapelle Loretto, où le cœur doit être déposé.

Le cortége étant de retour des Augustins, et arrivé à l'église paroissiale de la cour, le vase avec les entrailles sera enlevé par deux valets de chambre impériaux-royaux, avec le même cérémonial, et posé à la tête dans la voiture ordinaire qui l'attendra à l'escalier des ambassadeurs, et dans laquelle se placeront vis-à-vis du vase, M. le major général et le chambellan, baron de Moll, pour le transférer à Saint-Étienne.

Le convoi se composera de la manière suivante :

Un valet de la cour, à cheval;

Une voiture à deux chevaux de la cour avec un fourrier de la chambre;

Deux valets de chambre impériaux-royaux et deux va-lets de chambre ducaux, dans une voiture de la cour, à deux chevaux;

Le vase dans la voiture ordinaire à six chevaux;

A chaque portière, marcheront un laquais ordinaire, impérial-royal et un laquais ducal;

Par dehors, la voiture sera accompagnée de six hom-mes des gardes-du-corps des trabans, sous le commande-ment d'un sergent en second.

A l'arrivée à Saint-Étienne, le vase sera descendu de la voiture ordinaire, porté sans escorte à l'église, et reçu par le prévôt du chapitre et le clergé. On donnera la bé-nédiction, ensuite on l'accompagnera dans le caveau dans l'ordre suivant:

Un fourrier de la cour;

Le clergé de la cure archiépiscopale;

Le chapitre;

Le cérémonitaire de la cour;

Quatre lévites;

Le prévôt du chapitre;

Un fourrier de la chambre;

Deux valets de chambre ducaux;

Deux valets de chambre impériaux-royaux portant le vase entre deux pages, avec des flambeaux allumés, et les gardes-du-corps;

M. le major général;

Le chambellan baron de Moll;

Deux laquais impériaux-royaux et deux laquais ordinaires ducaux.

Toute la procession, à l'exception des gardes-du-corps et des laquais ordinaires, descendra dans le caveau où se fera la bénédiction, et où le vase sera déposé.

C'est alors que le cortége de la cour retournera sans les gardes.

A cinq heures de l'après-midi, auront lieu les funérailles. Le corps étant bénit, le cercueil sera fermé et porté, partie par des valets de chambre impériaux-royaux, partie par des valets de chambre ducaux, sous l'assistance d'un nombre égal de laquais ordinaires impériaux-royaux et ducaux, accompagné par M. le major général, le chambellan baron de Moll, et les individus de la chambre, jusqu'au char funèbre, près le chef-escalier, où le corps sera bénit, posé dans le char ; sur quoi le convoi funèbre se mettra en mouvement par la place Joseph et la place de l'Hôpital, à l'église des Capucins, sur le Marché-Neuf, dans l'ordre suivant :

Un détachement de cavalerie ;

Un valet de la cour, à cheval ;

Un fourrier de la chambre, dans une voiture de la cour, à deux chevaux ;

Les valets-de-chambre impériaux-royaux et ducaux en deux voitures de la cour, à deux chevaux ;

Un détachement de cavalerie ;

Un valet de la cour, à cheval ;

Un fourrier de la cour, à cheval ;

Une voiture de la cour, à six chevaux, au fond de laquelle sera M. le major général, et en arrière le chambellan baron de Moll ; à chaque portière marchera un laquais ordinaire, ducal ;

Les laquais ducaux ;

Les laquais impériaux-royaux, deux à deux ;

Deux fourriers de la cour impériaux-royaux, à pied ;

Le cercueil dans la voiture ordinaire à six chevaux ;

Aux portières marcheront deux laquais ordinaires impériaux-royaux, et deux laquais ordinaires ducaux ; des deux côtés, quatre pages impériaux-royaux, portant des flambeaux allumés ;

Le cortége de droite sera fait par six gardes-du-corps hongrois, et en dehors, des deux côtés, par six gardes-du corps des trabans, sous leur sergent en second ;

Une compagnie de grenadiers ;

Un détachement de cavalerie.

Arrivé à l'église des Augustins, sept ecclésiastiques se joindront au convoi, sous la conduite d'un fourrier de la cour impérial-royal.

Au portail de l'église des Capucins, le cercueil sera descendu de la voiture, porté à l'église et déposé sur le catafalque dressé. M. le major général, et le chambellan baron Moll, après l'avoir accompagné jusque-là, se rendront alors dans le prie-Dieu qui leur sera désigné.

Après la bénédiction, le cercueil sera relevé et descendu dans le caveau. Tout le clergé le devancera, il sera suivi par le représentant du premier grand-maître impérial-royal, de M. le major général, et du chambellan baron de Moll. Arrivé en bas, le représentant du premier grand-

maître impérial-royal fera ouvrir le cercueil par un fourrier de la chambre, montrera l'auguste corps au père gardien des Capucins, fera refermer le cercueil, et remettra
l'une des clefs, reçue par le fourrier de la chambre, au père
gardien, l'autre au conseiller aulique impérial-royal, et
directeur de la grande maîtrise, pour être déposé dans le
trésor. Alors le cortége se séparera, et chacun se retirera
individuellemeut.

Par l'office de la grande-maîtrise impériale-royale.

Vienne, ce 22 juillet 1832.

FIN.

TABLE DES MATIÈRES.

PARIS. — Imprimerie de Cosson, rue du Four Saint-Germain, 43.

www.ingramcontent.com/pod-product-compliance
Ingram Content Group UK Ltd.
Pitfield, Milton Keynes, MK11 3LW, UK
UKHW020719120726
13693UKWH00001B/64